우석훈 선대인의

누나를 위한 경제

우석훈 선대인의

누나를 위한 경제

초판 1쇄 발행 2012년 7월 30일
초판 4쇄 발행 2013년 2월 25일

지은이 · 우석훈, 선대인, 김미화, 김용민, 황덕창
발행인 · 표완수
편집인 · 문정우

펴낸곳 · ㈜참언론 시사IN북
출판신고 · 2009년 4월 15일 제 300-2009-40호
주소 · 100-858 서울시 중구 중림로 27 가톨릭출판사빌딩 신관 3층
주문전화 · 02-3700-3256, 02-3700-3250(마케팅팀), 02-3700-3255(편집부)
주문팩스 · 02-3700-3209
전자우편 · book@sisain.kr
블로그 · book.sisain.co.kr

· 시사IN북은 시사주간지 〈시사IN〉에서 만든 출판 브랜드입니다.

· 잘못된 책은 바꾸어 드립니다.
· 책값은 뒤표지에 있습니다.

ISBN 978-89-94973-09-8 03320

나는 꼽사리다 Episode 1

우석훈 선대인의 누나를 위한 경제

우석훈
선대인
김미화
김용민
황덕창

시사IN북
Book

"99%를 위한 편파방송, 〈나는 꼽사리다〉"

1

방송인 김미화 씨의 힘찬 오프닝으로 방송은 시작된다. 나는 그를 미화 누님, 미화 선배 등등으로 부른다. 이 오프닝 멘트는 미화 선배가 만든 것이다. 그러고 나면 "와" 하는, 함성이 이어진다. 정봉주가 엄청 촌스러운 오프닝이라고 했던 바로 그 시퀀스이다. 이 함성은 한미 FTA가 국회에서 막 날치기 통과된 저녁에 방송을 하면서 시작된 것으로 기억한다. 지하 녹음실에서 축 처진 채 방송을 시작하려니 너무 분위기가 울적해서, 소리라도 좀 지르자고 시작한 게, 이제는 오프닝과 클로징의 상징처럼 자리를 잡게 되었다.

박수 치면서 "와" 하는 이 독특한 소리는, 방송에서는 아마도 가카를 빼고는 가장 많이 등장한 외부 인사라고 해야 할 '야옹구'와 관련이 있다. 길에서 죽어가던 길고양이 한 마리를 입양해서 같이 살고 있다.

입맛이 까다로운데 과메기를 너무 좋아해서 '영포라인 고양이'라는 별명으로 더 많이 통하는 녀석이다. '야옹구'가 멋진 점프를 하면 "와!" 하고 박수를 치면서 놀아주고는 했다. 그러면 얘가 은근히 좋아하고, 자랑스러워하는 듯하다. 내가 그렇게 신나게 놀고, 정말로 아무런 가식 없이 감정을 표현할 수 있는 게, 고양이 앞에서나 그렇지 않겠나 싶다. 어쨌든 평소에, 나는 그러고 논다.

2

이 방송이 처음부터 이렇게 힘차게 시작된 것은 아니다. 가끔 나는 이 방송을 '선대인 방송'이라고 부르는데, 그가 이런 방송을 열망했기에 시작된 것이지, 내가 처음부터 이걸 하자고 제안했던 것이 아니어서 그렇다. 1년 전 봄이 끝나갈 무렵, 그가 뭔가 대안 미디어 같은 걸 만들어봐야 하지 않겠느냐고 얘기를 꺼냈다. 신문 형태든, 미디어 형태든, 어쨌든 뭔가 하자는 것이다. 솔직히 그때 나는 시큰둥하게 반응했다. 돈도 없고, 재미도 없는 사람들이 그런 걸 만들어낼 수 있을지 회의적이었다.

어쨌든 우여곡절을 거치면서, 우리끼리는 이 방송의 제작자이자 PD라고 생각하는, 당시 〈나는 꼼수다〉가 한창 인기 몰이를 하던 시절의 김용민이 〈딴지일보〉 쪽과 힘을 모아보자고 얘기했다. 가을이 시작될 무렵, 방송의 기본적인 골격이 세팅이 되었고, 가을 내내 "이 상태로는 사람들에게 들려줄 수 없다"는 곤혹스러움이 계속되었다. 서울시장 선거에서 박원순 시장이 한창 선전하던 무렵, 세상에 꺼내지 못한 시험 방송이 녹음되었다.

여기에 결정적으로 미화 선배가 합류하면서, 지하 골방에서 우리의 가슴을 아프게만 하던 방송이 드디어 세상으로 나가게 되었다. 그렇게 또 하나의 얘기가 시작된 것이다.

〈딴지일보〉에서 대학로에 '벙커1'을 차리면서 지금은 녹음 스튜디오를 그쪽으로 옮겼고, 스튜디오의 빈 시간을 찾아 떠돌던 시절도 마감했다. 다른 사람은 모르겠지만 나는 그 스튜디오를 좋아했다. 드라마 〈커피 프린스〉는 드라마로도 좋아했고, 문화경제학에 대한 책을 쓸 때 중요한 분석 사례로 사용하기도 했다. 무엇보다도 '파스텔 뮤직'에서 만든 음악을 아주 좋아했는데, 결국 드라마 대화까지 포함된 앨범까지 3장이 나왔다. 드라마에서 이선균이 불렀던 〈바다여행〉이라는 노래는 가끔 강연 시작하기 전에 어색함을 지우기 위해 기타를 퉁기며 직접 부르기도 한다. 코드가 아주 간단하다. 바로 그 음악들을 녹음한 스튜디오에서 〈나는 꼽사리다〉의 방송이 만들어졌다. 나에게는 그게 자랑스럽기도 하고, 의외로 설렘을 주기도 했다.

3

팟캐스트 방송 형식으로 하자는 것은 선대인의 아이디어였다. 얼떨결에 나도 같이 시작하게 되었는데, 하면서 배운 게 좀 있다. 방송국이나 기관에서 전폭적인 지원을 받는 게 아닌, 그야말로 독립 방송인 경우에 가장 중요한 것이 인격이라는 생각이 들었다. 인격? 미화 누님, 가까이에서 지켜보니 정말 한 인격 하신다. 선대인, 대인이라는 이름대로, 여기도 인격 좀 되는 편이다. 공중파에는 기획자들이 있고, 담당 PD 등 수많은 스태프가 매일매일 수십 가지의 의사결정을 내린다. 나중에는 어떻게 될지 모르지만, 팟캐스트 방송의 경우에는 기획자가 따로 있지도 않고, 수많은 잡일을 그때그때 출연자들이 해결해야 한다. 그 수많은 결정을 누가 주도해서 내릴 것인가? 아무나 먼저 보거나, 먼저 생각한 사람이 결정을 내려야 하는데, 왜 당신이 맘대로 했느냐, 누가 권한을 가지고 있느냐, 의사결정은 이렇게 해야 한다, 이런 문제들이 생기기 시작하면 팟캐스트 방송은 진행은 물론이고 제작 자체가 곤란해진다.

보수 쪽에서 만든 팟캐스트가 오래가지 못하는 가장 큰 이유가, 그렇게 서로 참아가면서, 아, 다 이유가 있어서 그랬겠지, 이렇게 멤버십 같은 걸 만들지 못하면 방송 제작 자체가 불가능하기 때문이다. 금전적 보상이 아니더라도 뭔가 보상이 있어야 동력을 얻을 수 있다. 진보 쪽의 팟캐스트에는 보람은 있지만, 보상은 없다. 보람으로 움직이는 사람이 보상으로 움직이는 사람들을 이길 수 있는 것, 그게 내가 팟캐스트 방송에 참여하면서 느끼고 싶은 가장 큰 보상 아닐까 싶다.

잘 참는 게 인격이라고 한다면, 팟캐스트는 일종의 인격 고양 장치일 법도 하다.

지금 와서 돌이켜보면, 실력이나 전문성으로나 〈나는 꼽사리다〉가 팟캐스트치고는 성공한 장기 방송으로 자리 잡은 건 아니다. 우리들도 나름 바쁘다면 바쁜 사람들이라서 그런지, 10회가 넘도록 단 한 번도 처음 정한 시간에, 처음 정한 장소에서 녹음한 적이 없다. 누군가에게 사정이 생기고, 예기치 않은 일들이 벌어지면서, 긴급히 연락을 주고받고 장소를 섭외하면서 새벽에 들어가거나 아니면 꼭두새벽부터 나오거나…… 보람이라는 말로만은 잘 설명이 안 되고, 인격! 아, 내가 이렇게 인격적으로 훌륭한 사람들하고 같이 일을 하고 있구나, 그게 내가 즐거운 마음으로 녹음을 하러 집을 나서는 가장 큰 이유라는 걸 알게 되었다.

4

이 기회를 빌려, 우리가 방송을 제작하는 순서를 공개하고자 한다. 무슨 엄청난 비밀은 아니지만, 6개월 이상 외부 지원 없이 방송을 만들다 보니, 업무 환경에 나름대로 최적화 비슷한 것이 생겨났다.

기본적으로는 1주일 단위로 방송을 제작하는데, 최근에는 게스트의 참여가 늘면서 2주까지 미리 결정을 하기도 한다.

〈나는 꼽사리다〉 팀은 현재 6명으로 구성되어 있다. 4명이 출연을 하고, 백업을 해주는 스태프가 2명이다. PD 역할은 김용민이 하고, 황덕창 작가가 대본과 긴급 편집을 맡는다. 총선 출마로 김용민이 직접 편집하기 어려울 때, 보조 편집요원으로 맹활약했다. 그리고 '우연'이라는 닉네임의 매니저가 같이 활동을 한다. 우리의 스케줄 관리와 진행을 맡는다. 오프라인 토크쇼를 준비해나가는 것은, 이 두 분 덕분이다.

방송 주제는 나와 선대인이 상의해서 결정한다. 그 과정에 스태프들도 의견을 제시하고, 몇 가지 아이디어를 상황을 봐가면서 정한다. 게스트 섭외도 같은 방식으로 한다.

주제가 결정되면, 목요일까지는 대체적인 방향을 잡는데, 별도로 기획회의를 하지는 않는다. 특별히 민감한 얘기, 내리고 싶은 결론, 빠지면 안 되는 강조점이나 다른 주제와의 충돌 지점 같은 것에 대한 얘기를 주로 나눈다.

질문지 작업은 금요일에서 토요일 사이에 이루어진다. 방송 취지, 10개 안팎의 핵심적 질문이 간략한 형태로 정리된다. 주제나 형편에 맞추어서 선대인과 나누어서 만든다.

일요일부터 화요일 녹음 때까지는 가대본 작업을 한다. 물론 방송은 대본대로 진행되지는 않는다. 그러나 얘기가 길을 잃고 한참 헤매고 있을 때, 대본마저도 없다면 우리는 원래 위치로 돌아오지 못한다.

최근 진행하는 '나꼽살 문학상'도 대본 만드는 과정과 같이 진행된다. 선정 대상은 황덕창 작가를 포함해 서로서로 의견을 내면서, 꽤 많은 기사들 중에서 좁혀나간다. 시민단체나 노조에서 꼭 다루어달라는 요청이 들어오는 것도 보통은 이 시간들이다.

녹음은 특별한 일이 없으면, 화요일 오후 5시에 벙커1에서 공개녹음으로 진행한다. 2시간을 기본으로 하는데, 좀처럼 그 시간 안에 끝내지 못한다. 할 얘기가 많아서가 아니라, 우리끼리도 정리가 잘 안 되는 경우가 많아서 그렇다.

그러고 나면 김용민과 황덕창이 가편집, 본편집 등을 나누어서 한다. 최종 데스킹이라고 부르는 마지막 검토 작업은 김용민이 주로 하는데, 총선 때에는 내가 하기도 했다. 각 방송마다 나름대로 노하우가 있을 텐데, 우리도 그런 업무 노하우가 좀 생긴 것 같다.

대본 없이 질문지만 가지고 진행하는 쪽과 대본을 가지고 하는 쪽, 양쪽을 다 해봤는데, 역시 대본이 있는 방송의 내용이 체계적이다. 방송감 없는 두 사나이들이 합의를 본 건, 우린 방송 재능 없잖아? 역시 시스템을 활용하는 편이, 있지도 않은 개인적 능력을 발휘하는 방향으로 진화하는 것보다는 유리하다는 것이다.

5

본격적인 경제 방송으로서는 〈나는 꼽사리다〉가 첫 번째고, 이 책은 우리가 방송에서 다루었던 내용이 체계적으로 정리되어 나오는 첫 번째 책이다. 꽤 많은 출판사에서 접근해왔지만, 그래도 세상은 의리로 움직이는 것. 음으로 양으로, 방송 출발부터 지금까지 적지 않은 신세를 지고 있는 주진우 기자에게 뭐라도 좀 보태주자는 생각에서 시사IN북에서 내게 되었다. 우리 모두 〈시사IN〉 팬이기도 했고.

경제에 대해서 얘기할 기회는 많지만, 경제 방송에 대해서 얘기할 기회가 그렇게 많지는 않다. 2012년 대선이, 누군가 너무 싫어서 생겨난 증오의 힘으로 움직이는 게 아니라, 우리가 만들고 싶은 세상에 대한 사랑의 힘으로 움직였으면 좋겠다는 소망을 아직도 가지고 있다. 증오는 힘이 강하고, 또 순간적으로 엄청난 격정을 만들어낼 수 있다. 그러나 증오가 아닌 또 다른 힘은, 폭발적이지도 않고, 격정적이지도 않다. 우리의 경제 방송은, 방송으로서는 그런 핸디캡을 처음부터 안고 있다. 선대인과 내가 만들고 싶었던 방송은 폭로 전문 방송은 아니다. 과연 우리가 대선 혹은 그 이후의 정치 과정을 통해서 만들고 싶은 세상이 어떤 모습이냐, 그런 논의를 시민들과 함께하는 기회를 만들고 싶었다.

그러기 위해서는 더 웃기고, 더 재미있어야 하는데, 이게 참 어렵다.

시민이라는 표현을 요즘 많이 쓴다. 정치적인 의미에서의 시민은 아마도 촛불집회 혹은 그 후의 〈나는 꼼수다〉 열풍 등을 통해 생겨난 것 같다. 어느새 스스로 시민이라고 생각하고, 시민으로서 행동하고자 하는 사람들이 늘어난 것 같다. 그렇다면 경제에서의 시민이란 무엇일까? '경제 시민'이라는 게 한국에 있는가, 있다면 어떤 모습인가? 이런 질문들을 부쩍 많이 해본다.

'시민의 경제'라는 표현은 〈나는 꼽사리다〉에 출연하기 전에도 했던 질문이다. 그러나 '경제 시민'이라는 질문은 〈나는 꼽사리다〉를 만들어가면서 처음 해보게 된 생각이다. 저자로서 독자들을 만나는 것과, 방송 출연자로서 청취자, 정확히는 팟캐스트의 '적극적 청취자'를 만나는 것은 분명히 차이가 있는 것 같다. 경제 시민? 〈나는 꼽사리다〉를 들으면서, 이래라저래라, 우리에게 요구하는 그 사람들이 바로 경제 시민인 것 아닌가?

그런 점에서 지금 우리는 경제에 대한 작은 지식을 전달하려는 것이 아니라, 한국이 경제 시민이라는 새로운 존재들을 집단적으로 잉태하고 태어나게 하는 데 산파 역할을 하고 있는 것인지도 모른다. 그렇게 생각하면, 〈나는 꼽사리다〉를 만들고 진행하는 것이, 상당히 보람 있는 일로 여겨진다.

10년 혹은 15년쯤 후에 우리 모두 지금 이 순간을 보람과 행복으로 회상할 수 있으면 좋겠다. 우리가 방송에서 다루는 주제들은 결코 즐거운 주제도 아니고, 모르핀 주사처럼 순간적으로 고통을 줄여주지도 못한다. 그렇지만 우리는 그때 행복을 만들고 있었다, 그렇게 회상할 수 있게 되기를 빈다. 그래야 독자 여러분들의 독서도 의미가 있을 것 아닌가?

우리는 지금 불안, 증오 그리고 고독과 전쟁을 벌이는 중이다. 우리는 펜이 아니라 마이크를 들었다. 우리가 〈나는 꼽사리다〉에서 했던 예측과 진단이 맞을 때, 그때 우리가 이기는 것이 아니다. 경제 시민이 한국에 생겨나고, 드디어 우리가 행복해질 때, 그때 우리가 이기는 것이다.

진짜로 이 싸움에서만큼은 이기고 싶다. 여러분도 이기고 싶지 않은가? 우리의 청년들과 아직 태어나지 않은 다음 세대들에게, 우리가 이룬 승리의 결과물인 행복을 물려주고 싶다. 경제, 진실보다 중요한 것은 진심이 아닐까 싶다.

우리는 '명박 경제'보다 나은 시대를 분명히 만들 수 있다, 그 진심을 여러분들과 나누고 싶다.

2012년 6월 14일 우석훈

차례

한미 FTA 재앙

한국이 외환위기를 겪은 건 대부분 무역수지 적자가 늘어날 때였거든요. 1998년에도, 2008년에도 그랬어요. 몇 년 전부터 무역수지가 줄어드는 판에 FTA가 합쳐져서 무역수지 자체가 나빠지고, 그때 재수 없이 환율이 움직이는 데다 국제적인 위기까지 겹치면 외환위기 때 같은 경제위기가 바로 또 닥칠 수 있어요. 그러니까 한미 FTA는 우리에게 재앙입니다.

한미 FTA가 뭐 어쨌다고?

누나가 알아듣게 좀 얘기해!

김미화 대한민국 99퍼센트를 위한 편파방송, 〈나는 꼽사리다〉. 1퍼센트 기득권층을 제외한 99퍼센트를 위한 편파 방송이죠. 이게 어떤 방송이라구요?

김용민 99퍼센트를 위한 편파 방송이죠.

김미화 우리는 어디다 내놔도 빠지지 않는 명품 출연진입니다. 이런 분들하고 내가 같이 방송을 할 수 있다니. 각자 소개 좀 해주세요.

우석훈 우석훈입니다. 경제학으로 먹고는 사는데, 경제학으로 웃기는 걸 배운 적이 없어요. 아주 고통 받고 있습니다.

김미화 인사 너무 재미없게 한다. 우석훈입니다, 이러면서 자기가 나온 대학 이름 같은 거 팍팍 얘기해주고 그래야죠. 그런데 어느 대학 나왔어요?

우석훈 파리 10대학 나왔는데요.

김미화 발음 조심해야겠다. 왜 이상한 대학을 나와 가지고 속을 썩여.

우석훈 대학 입학했다고 하니까 어머니가 그러시더라구요. "그럼 파리 1대학도 있냐?" "있어요" 그랬더니, "그럼 재수해라."

김미화 진짜 파리 1대학이 더 좋은 대학이에요? 1부터 10까지 있어?

우석훈 경제학은 10대학이 좌파고 1대학이 우파인데, 우리 어머니는 그건 모르시고 재수해서 1대학 가라고 하신 거죠.

김미화 나도 그렇게 생각했으니까. 우리 이렇습니다. 파리 10대학 나온 우석훈 박사. 그리고 옆에서 웃고 있는 저분은?

선대인 저는 뭐 말만 하면 다 아는 하버드에서 2년 동안 정식 학위과정을 밟고 돌아온 선대인입니다. 지금은 세금혁명당 당수·대표·대장·두목.

우석훈 다 해먹어요.

선대인 당주로 있습니다.

김용민 당수가 아니라 당주.

김미화 역시 재미없어. 그래서 제가 긴급 영양제로 투입된 거 아닙니까. 그리고 옆에 있는 시사돼지 김용민 씨, 반갑습니다.

김용민 여기서는 '목사아들돼지'로 통합니다.

김미화 내 소개를 안 했네. 저는 여왕 bee 누나, 김미화입니다. 무슨 뜻인지 알아요?

선대인 예쁘다는 뜻?

김미화 영어로 bee가 뭔지 생각해봐요.

김용민 여왕벌?

김미화 누나를 여왕벌로 모시라는 말이에요.

선대인 우리는 일벌인가, 그러면? 일벌은 오래 못살잖아요. 하여튼 우리한테는 구세주예요.

김미화 우석훈 박사도 지금은 주류 언론에서 안 써주잖아요.

김용민 주류 언론만 보시는 분들은 우석훈 박사가 요절한 줄 알아요.

우석훈 일본에서는 NHK 같은 데서 잘 나갑니다. 제 책이 일본어로도 나왔거든요. 책은 어디서든 팔면 되니까요.

김용민 친일파네 친일파.

김미화 선대인 선수는 어때요?

선대인 저도 좀 아프죠. 2008년쯤에는 방송 3사가 다 저를 찾더라고요. 누님 프로그램에도 나가고. 그런데 시간이 갈수록 처음에는 KBS가 안 찾더니, SBS가 안 찾고, MBC도 안 찾더라고요.

우석훈 저 2주 전에 SBS 나갔습니다.

선대인 제가 안 나가는 건 좋다 이거예요. 한두 사람이 아니고, 일정한 목소리를 내는 사람들이 체계적으로 배제된다는 게 문제죠.

수출로 먹고살아야 하기 때문에 한미 FTA를 한다는 거짓말

NEWS

아나운서 김현종 통상교섭본부장과 로퍼트만 미 무역대표부 대표가 워싱턴에서 한미 FTA 협상 개시를 공식 선언했습니다.

로퍼트만 "두 나라 FTA 협상이 공식 시작되었습니다. 이로써 두 나라 관계가 더욱 친밀해지고 한 단계 도약할 것입니다."

아나운서 김현종 통상교섭본부장은 한미 FTA라는 이 쓴 약을 먹지 않으면 북한이나 쿠바처럼 국제경쟁에서 도태된다고 주장했습니다.

김현종 "만약에 우리가 가만히 있으면요, 개방과 개혁을 하지 않으면요, 경쟁력과 경제 규모를 유지하지 못합니다."

우석훈 원래 한미 FTA는 김현종이라는 WTO(세계무역기구) 변호사를 모셔오면서 시작됐거든요. 그 양반이 한미 FTA 끝나고 나서 한국을 대표하는 유엔 대사가 되었어요. 그건 인권과 공익을 담당하는 자리잖아요. 나 같으면 영광스럽게 생각하고 이 나라의 원로로서 어떻게 살아볼까 생각할 텐데, 이 양반은 그러고 나서 삼성전자 글로벌 법무 담당 사장으로 간 거예요. 삼성 사장보다 유엔 대표가 의미 있는 자리일 텐데 대사까지 한 사람이…… 저는 그건 정말 이해 못하겠더라고요.

김용민 삼성으로 갔단 얘기죠.

김미화 왜 그랬을까요?

우석훈 꼽사리의 실체라는 건, 돈 있는 사람 옆에 또 꼽사리가 있고, 거기서 또 엉겨 붙는 사람이 있고 그런 건데,

선대인 원적지 찾아간 거예요.

우석훈 그 사람 미국 사람이에요.

선대인 그런 의미가 아니고, 김현종 씨는 한미 FTA 추진할 때부터 재벌의 이익을 위해 일했던 양반이거든요. 다만 소속이 대한민국 정부로 되어 있었을 뿐이고. 이제 자기 색깔 찾아서 자기 직장에 간 거죠, 뭐.

김미화 언론이 제대로 비판을 못하기 때문에,

우석훈 살살만 해도 되는데.

김미화 우리가 이렇게 골방에 앉아 얘기를 하고 있는데, 우석훈 씨와 선대인 씨가 경제 얘기를 좀 더 쉽게, 우리 귀에 쏙쏙 들어오게 설명을 해주셔야 할 텐데 걱정이에요. 사실은 내가 지상파에서 두 분을 모셨을 때, 스태그플레이션이 어쩌구, 자기들끼리 아는 용어 사용하면서…… 오늘은 그러지 말고 쉽게 설명해줘야 해요. 이 누나를 설득하지 못하면 안 되는 거예요. 그런 식이면 오늘 방송 또 못 나가.

우석훈 누나 전문 방송까지는 못하고, 누나 설명 방송이나 해설 방송까지는 한번 해볼게요.

김미화 그렇지. 딱딱 짚어서. 지금 한미 FTA가 가장 뜨거운 감자고, 많은 분들의 화두예요. 현재 상황이 어떻게 되어 있어요?

우석훈 한나라당이 날치기를 하려고 하죠. 그런데 대한민국 건국 이후 조약을 날치기한 적은 없어요. 법안을 날치기한 적은 있지만 외국과의 조약을 날치기 한 일은 일본에 우리나라 팔 때 이외에는 없다는 거예요. 그래서 지금 부담을 느끼는 건데…… 10월 29, 30일 첫 번째 날치기를 시도했거든요. 그 이후로 열흘 정도 막고 있는 거고요. 하여간 건국 이후로 한 번도 없던 날치기를 할 거냐, 안 할 거냐 그런 상태죠.

김미화 한미 FTA의 독소조항이 어떻다, 피해가 과장됐다 뭐다 해서 사람들이 혼란스럽잖아요. 여기에 대해서 정말 좋은 대학 나온 두 분이 정확히 이야기해달란 말이에요. 어째서 한쪽에서는 한미 FTA를 해야 한다고 하고, 다른 쪽에서는 하지 말자고 하는지.

선대인 관료들이 주로 이야기하는 건, 우리가 수출로 먹고사는 나라니까 개방을 계속해서 수출을 더 할 수 있는 구조를 만든다는 거죠.

김용민 FTA가 미국에 수출할 때 관세를 떼어버리는 기능이 있으니까.

선대인 그렇죠. 그래서 관세를 낮춰서 수출이 좀 더 많이 될 수 있도록 하자는 이야기죠. 그런데 지금 한국은 내수가 굉장히 약하거든요. 우리는 내수 비중이 50%밖에 안 돼요. 미국은 70% 정도 되죠. 그렇다고 미국이 개방이 안 되어 있는 나라냐, 아니죠. 유럽이나 일본도 모두 일정하게 교역으로 먹고사는 나라지만 내수 비중이 60%는 되니까, 결국 한국이 내수가 취약하다는 거죠.

우석훈 못사는 사람이 먹고살기 어렵다는 이야기죠.

선대인 이렇게 보면 우리가 그동안 수출에 너무 치중했고, 대기업 위주로 수출을 몰아줬으니까 이제는 내수를 강화해야 할 때가 아니냐고 이야기할 수 있거든요. 이런 관점에서 보면 한미 FTA에 대한 판단이 완전히 다른 거죠.

우석훈 같은 데이터를 두고, 한쪽에서는 상황이 이러니까 재래식 시장도 키우고 지역 경제도 키우자는 얘기를 하는 거고, 다른 쪽에서는 우리가 미국 가서 잘돼야 하니까 다른 건 죽여도 된다는 거죠.

김미화 김종훈 통상교섭본부장도 우리는 수출로 먹고사는 나라라고 했죠.

선대인 수출로 계속 먹고살았는데, 일반 사람들이 잘살게 되었냐고요. 아니잖아요. 특히 2008년 이후로 우리가 환율을 높여서 수출 대기업이 돈 잘 벌었거든요.

김용민 다른 나라 가면 싸지니까.

우석훈 그 대신 물가는 올라가니까 기름값 , 쌀값 다 비싸지는 거죠.

선대인 그런 식으로 국민 호주머니에서 성금 거둬서 대기업 수출 보조금 줬단 말이에요. 그런데 지난해 6.2% 성장했다는데, 일반 가정 소득은 안 늘었어요.

우석훈 부채가 늘었죠.

선대인 이자 부담도, 물가 부담도 늘어나고. 우리가 이런 경제를 원하냐, 이거죠.

김미화 선대인 좋았어. 깔끔해.

우석훈 저축률 가지고 이야기해보면, 한국은 1970~1980년대 저축률 20%로 세계 1위였던 나라예요.

김미화 한 푼 두 푼, 많이 했죠.

우석훈 외환위기가 닥친 1998년에 엄청 힘들었는데도 저축률이 19~20%나 되어서, 일본하고 한국이 세계에서 저축 1위를 했어요. 무섭게 저축한 나라죠. 그런데 2003~2004년부터 저축이 줄어서 지금은 마이너스예요. 기업을 빼면 순저축률이 3%밖에 안 되는데 지금 물가상승률이 4%잖아요. 그러니까 지금 한국 국민은 마이너스 금리에 마이너스 저축으로 매년 가난해지고 있거든요. 거꾸로 그때 상위 1%는 매년 부자가 되고 있는 거죠. 우리가 힘든 건 저축률이나 물가상승률을 보면 설명이 돼요. 평균적으로 우리는 매년 빚을 지고 사는 거예요.

김미화 그러니까 우리가 수출로 먹고산다고 생각해서, 나라에서 정책적으로 대기업이 수출을 잘할 수 있도록 뒷받침을 해줬다 그런 말인가요?

김용민 고환율 정책을 썼던 거죠.

우석훈 1980년대까지는 수출을 하면서 저축을 했으니까 수출로 먹고 살았다는 이야기가 맞죠. 그런데 지금은 수출을 하는데 저축이 마이너스니까 수출은 늘지만 우리는 먹고살지 못한다는 거죠.

선대인 사람들이 잘 먹고 잘살기 위해서 경제를 성장시키는 거잖아요. 지난해 6.2% 성장이면 OECD 국가 가운데 거의 최고 수준이거든요.

김미화 OECD 국가가 어디어디야?

선대인 경제협력개발기구를 말하는데 30 몇 개국 정도 되고, 말하자면 선진국 클럽에 가깝죠. 한국은 왜 OECD 국가인지 모르겠지만.

우석훈 YS가 가자고 했으니까.

선대인 하여튼 그만큼 성장률이 높았다는 말이에요. 그런데 일반 가계는 잘살게 되기는커녕 오히려 물가 부담만 느끼잖아요.

한미 FTA 할 것 없이 G20 회의 한 번 더 하지 그러셔?

우석훈 정부에서 얘기하는 '몇 % 성장'이라는 거 있잖아요. 그게 호주 등에서 사용하는 모델 가지고 모델링을 한 건데, 그대로 하면 한미 FTA가 아무 효과 없어요. 원래는 수출이고 뭐고 아무 효과가 없다고 나오는데, 거기다가 한국이 똑똑해진다는 외부 효과 비슷한 항목을 넣은 거예요. 미국과 교역을 하다 보면 우리가 많이 똑똑해지니까 혁신율이 생긴다면서 6%인가를 확 올렸거든요. 사실 개뻥이죠. 그런 게 있다고 쳐서 억지로 만든 게 수출고용 등의 효과거든요. 정상적으로 계산해보면 마이너스일 거예요.

김용민 G20 회의 하면 450조 원인가 경제효과가 발생한다고 그랬잖아요. 각 국민마다 몇 천만 원씩 입금이 가능한…….

김미화 그때 우리 삼성동 근처에도 못 갔잖아요.

우석훈 상인이 손해본 건 꽤 돼요.

선대인 한미 FTA 하지 말고 G20 회의를 한 번 더 하자고요. 그거 한 번 더 하면 450조 원의 경제효과가 생기잖아. 한미 FTA 해서 6% 성장한다는데 그거 해봐야 60조~70조 원 정도거든요. G20 한 번 유치하면 한미 FTA 7, 8번 개최하는 효과가 나잖아요.

김미화 G20은 계속 유치해도 괜찮은 건가?

김용민 그건 하겠다면 해주는 거예요.

선대인 돌아가며 계주 한 번씩 하는 거랑 같아요.

우석훈 그런데 G20은 계모임보다 더 나쁜 게, 의장국이 뭔가를 줘야 하거든요. 사실은 혐오시설이에요. 의장이 되면 우리가 뭘 좀 하겠다고 해야 결론이 날 거 아니에요. 그러니까 한국에도 차지가 오는 거죠.

김미화 혐오시설이라는 걸 풀어서 이야기하면 뭔가요?

우석훈 그걸 갖다놓으면 우리가 다른 나라에 뭐 하나를 해줘야 하는 거예요.

김용민 쓰레기소각장 설치하면 그 지역에다 선물을 주잖아요.

우석훈 의장이나 유치 국가가 되면 우리나라가 국제적으로 양보를 해야 한다는 거죠. 의장이니까. 그러니까 일본도 안 하죠. 좀 이상한 대통령이 있는 나라가 해요. 프랑스에서 하잖아요. 사르코지도 만만치 않아요. 그런 사람들이 혐오시설 유치해서 광고할 때 한 번 쓰는 거죠.

김용민 이탈리아의 베를루스쿠니도 유치한다고 하지 않았나요? 베를루스쿠니가 엽기적인 사람인데, 오바마 대통령한테 "아유 선탠 잘했

구먼" 그랬던 사람이에요. 그리고 지진 피해 때문에 구호소에 있는 분들한테 캠핑 나온 걸로 생각하라고…… 뭐냐고, 총리가 가서 약 올리냐고.

우석훈 일본 사람들이 한미 FTA 한다니까 협정문 분석하면서 굉장히 좋아한다는 거예요.

김미화 왜요?

우석훈 적이 망하니까.

김미화 아니에요. 내가 일본 아침 프로그램을 보니까 일본 기자들과 정치 전문가가 나와서 이야기하는데, 한국이 FTA를 하면서 많이 양보했기 때문에 일본에도 어떤 영향을 끼치지 않을까 굉장히 두려워하면서 걱정하던데요.

우석훈 일본 사람들 NHK 안 봐요. 인터넷 유튜브 가서 보지.

김미화 그러면 NHK는 왜 그렇게 했지?

선대인 국영방송이니까. KBS보다 심하죠.

우석훈 요새는 KBS가 더해.

선대인 지금의 KBS는 대적할 자가 없지.

김미화 나는 일본이 참 고맙다, 어떻게 저렇게 방송에서 많은 시간을 할애해서 우리나라를 걱정해주나, 그랬지.

선대인 국내에서 CGE 모델Computable General Equilibrium model 가지고 한 번도 제대로 한 적이 없어요. 늘 엉터리야. 2014년 인천 아시안게임 경제효과도 이 모델로 계산했거든요. 이것도 대외경제정책연구원에서 했어요. 13조 원 정도의 경제효과가 생긴다면서 추진했단 말이에요. 그런데 아시안게임 하기도 전에 빚 폭탄 맞아서 사람들이 반납하자고 그러잖아요. 이렇게 엉터리예요.

김미화 그렇게 매번 확인도 할 수 없는 모델을 대입해서는, 이런 건 이만 한 경제효과가 있다, 이렇게 얘기하는 게 말이 되나?

우석훈 ·원래는 반대하는 시민단체와 같이 검증하는 방법이 있어요. 똑같은 모델을 여러 사람이 보면서 같이 검증하는 방법이 있고, 다른 모델로 각자 체크해보는 방법도 있어요. 그런데 안 하거든요. 검증하면 0 혹은 마이너스 나올 거니까.

김미화 통계는 원하는 사람에 맞춰서 숫자가 나올 수 있게 하는 거잖아요.

우석훈 그래서 이명박 대통령 지지율이 지금 꽤 높게 나오잖아요.

김미화 어디에서 하느냐에 따라서.

김용민 방식만 원하는 쪽에 유리하게 만들어주면…….

우석훈 어떤 항목을 빼고 어떤 질문을 넣느냐에 따라 달라지는 거죠. 그래도 그런 설문은 여러 번 하니까 그럴듯하게 속거든요. 그런데 한미 FTA 계산할 때는 너무 티가 나게 한 거예요. 딱 한 번 하니까.

김용민 그리고 협정 체결한 2006년 당시에 너무 기가 막혔습니다. 적어도 국회의원 정도는 협정문 원본 같은 건 읽게 해줘야 하는 거 아닙니까. 못 읽게 하고, 의원이 와서 컴퓨터 화면으로만 봐라, 프린터 안 되고 메모도 안 된다. 거기다 영어로 되어 있고. 어떻게 하라는 거야.

선대인 김현종 씨가 쓴 책이 있어요. 제목은 말하지 않을게요. 그 책을 읽어보면 미국 의회 지도자들은 수차례 만나서 설득도 하고 협의도 하고 그래요. 그런데 한국 국회의원을 만났다는 얘기는 없어요. 한국 의회나 시민단체의 지적에 대해서는 비방이니, 근거 없는 괴담이니,

논쟁·논란이니 이렇게 묘사해요.

김미화 그런데 김현종 씨가 참여정부 시절에 대통령을 설득해서 한미 FTA를 추진한 거 아닙니까?

우석훈 그런 줄 알았는데 책을 보니까 그렇지 않아요. 김현종 씨가 제네바 WTO 본부에 있는데 전화가 걸려오는 게 책 첫 장면이거든요.

김미화 노무현 대통령한테서?

우석훈 아니, 쫄따구한테서요. 당선자한테 국제무역을 보고하라는 전화를 받는 게 첫 장면이에요.

선대인 진짜 참으면서 봐야 해요.

우석훈 그러면 인수위에서 이미 FTA를 하기로 하고, 김현종과 접촉했다는 얘기거든요. 나는 사실 인수위 때 노무현 측근들이 FTA를 하자고 이미 결정했다는 걸 민변(민주사회를 위한 변호사 모임)에서 들었어요.

선대인 한미 FTA가 추진되는 과정 자체에 문제가 많았어요. 김현종 씨 이야기를 들어보면, 자기가 구상한 대로 대통령한테 보고하고 국무회의 들어가면 별로 반론도 없이 죽 갔다는 거예요. 의회에 설명하는 과정도 없지, 시민단체한테는 반대한다고 윽박지르지. 그런 식으로 해서 정부 차원에서 협정이 타결되기까지 1년 2개월 걸렸거든요.

김미화 그러면 참여정부에서 잘못한 거구만.

선대인 사실 많은 부분이 그렇죠.

우석훈 김현종 씨 책에서 제일 충격적인 건, 노무현 대통령이 뭐든 자기 혼자 결정한 일은 없었는데, 멕시코에서 '내가 이 건은 혼자 결정하겠다'고 했다는 거예요. 진짜인지 아닌지는 모르겠는데.

김미화 그건 이미 뭐, 고인이시니까.

선대인 미국이라는 세계에서 가장 거대한 시장하고 협상을 하는 건데, 당연히 신중해야죠. 국회나 시민단체뿐만 아니라 국민 전반의 여론을 수렴하고 전문가 끼리도 충분히 정보를 공개해서 협의해야 하는데, 국회의원한테도 제대로 보여주지 않았다는 거죠.

김용민 지금 한나라당 의원들도 자세한 내용은 모를걸요.

우석훈 PDF 파일 보니까 검색 기능을 막아놓았어요. 여러 가지를 제약해놓은 파일이에요. 보는 건 좋은데 고생 좀 하라는 거죠. 우리말로 된 것만 막았더라고요.

선대인 미국이 캐나다·멕시코하고 북아메리카 자유무역협정NAFTA을 체결했는데, 협정 타결까지 7년이 걸렸어요. 우리는 뚝딱 해치운 거예요.

김미화 그럴 일이 아닌데, 신중하지 못했다.

선대인 과정이 생략된 상태에서 진행한 거예요.

우석훈 한나라당 사람들끼리도 의견 교환 안 했어요.

선대인 완전히 관료독재야.

참여정부 시절 국회의원과 청와대 참모는 졸았어요?

김미화 그럼 참여정부 시절 국회의원이라든지 청와대 안에 있던 사람들은 도대체 뭐 한 거예요?

선대인 답답하죠. 상당수가 반성도 안 하고 입장을 바꿔버리니까, 저쪽에서도 '너희가 시작하지 않았냐, 그러니까 우리가 끝맺겠다.' 이런 식으로 홍보까지 하는 거 아니에요. 국익, 국익 하면서.

우석훈 국익이 아니라 너의 이익.

선대인 맞아요. 수출하면 된다, 성장지상주의 이런 게 전부 그 사람들의 이데올로기예요.

김용민 참여정부 출신 인사들은 그렇게 말하잖아요. 참여정부 때 한미 FTA는 국익에 기초했던 것이고, 지금 이명박 정부가 재협상을 통해 완성한 한미 FTA는 미국 이익에 집중한 것이다.

선대인 우리가 얻을 수 있는 건 기본적으로 자동차밖에 없어요. 그거 말고는 다 내줘야 해요.

우석훈 자동차도 공장 다 미국에 가 있는데 뭐.

선대인 우리가 자동차 수출하는 데 관세율이 2.5%밖에 안 돼요. 그러니까 사실 그 관세율 낮춰봤자죠. 이미 50% 정도를 미국 시장 안에서 생산해요. 그리고 섬유 관세율이 지금 50%나 되니까 섬유 수출이 늘 거라고 이야기해요. 이미 우리나라 외환위기 지나면서 중국, 동남아, 또 미국과 NAFTA 체결한 멕시코에도 밀려서 섬유 수출 못해요. 고사 상태야. 그런데 미국이 얻어가는 건 뭐냐. 기본적으로 자동차에다 의료, 지적재산권, 항공기, 전자정밀기계, 금융서비스, 쇠고기까지 다 잖아요.

우석훈 농업도 크죠.

김용민 금융서비스는 구체적으로 뭡니까?

우석훈 아, 졸릴 준비 됐나요?

김미화 그 전에 잠깐만요. 의료 얘기 나와서 그러는데, 지금 트위터 등에서 떠도는 이야기들 있잖아요. 한미 FTA에 대해서 이러쿵저러쿵 이야기하면 검찰이 어떻게 하겠다는 거.

우석훈 제가 써왔어요. 쉽게 풀어쓴 독소조항.

김용민 어디서 나온 자료입니까?

우석훈 외교통상부 통상교섭본부.

김용민 유언비어에 대한 해명이군요.

우석훈 네. 안내말씀. 인터넷 중심으로 떠도는 한미 FAT 독소조항, 근거 없다. 이거예요.

김미화 의료비에 관해서는 나도 좀 알고 싶던데.

김용민 금융서비스도 궁금하고요.

NEWS

기자 검찰이 한미 FTA 반대집회에 대해 강력하게 대응하기로 결정했습니다. 허위사실 유포에 대해서도 구속수사로 대응하기로 결정했습니다. 한미 FTA가 발효되면 맹장수술 의료비가 900만 원이고 감기약은 10만 원이 된다거나…….

우석훈 의료비는 일반적으로 이야기되는 내용이 과장된 게 맞아요.

김용민 부풀려졌다는 거죠.

우석훈 미국의 맹장수술 비용이 평균 1천500만 원인 건 사실이지만, 한국이 당장 그렇게 되는 건 아니에요. 그런데 한 가지는 확실합니다. 약재비를 결정할 때 지금은 건강보험공단에서 '이 약은 얼마'라고 결정하거든요. 그런데 한미 FTA를 하면 중간에 위원회가 생겨요. 거기서 약값을 결정하는 거죠. 그러면 아무래도 미국 약에 대해서는 조금 높게 책정할 거예요. 그러면 의료보험 재정 부담이 늘 거고 어디선가

보조금을 줘야 하는데 그건 주기 어렵고. 왜냐하면 미국 약재회사가 제소를 할 수 있거든요.

김용민 위원은 누구입니까?

우석훈 공무원, 약사. 우리를 지켜줄 사람들은 못 들어갈 거예요.

김용민 한국 약 먹으면 되잖아요.

약값 비싸지고, 건강보험 무너질 수도

우석훈 새로 생기는 위원회에서 약값을 결정하면 시간이 지날수록 계속 비싸지겠죠.

김용민 미국 약의 가격경쟁력이 떨어지지 않도록 하기 위해서.

우석훈 그리고 우리 것도 비싼 거 쓰라고 할 수도 있겠죠.

선대인 지금도 사실 국내 카피약이 굉장히 비싸거든요. 리베이트 주면서 약값이 두 배 정도 부풀려져 있어요.

김미화 내 걱정은, 우리가 의료보험증은 계속 가지고 있을 수 있나 하는 거예요.

우석훈 외교부가 지킨다고는 하는데, 그건 외교부에서 말할 게 아니잖아요. 정작 보건복지부는 가만히 있더라고요.

김미화 외국 보험회사들도 생명보험 회사라든지 외국계가 얼마나 많아요. 그들이 와서 우리 보험회사들의 보험 체계를 그냥 놔두겠냐는 거지.

우석훈 비용은 계속 높아질 거고, 그다음에 민간보험이 생기면 공보험이 어려워지는 문제가 있어요. 지금 우리는 공보험이 얼마를 해주면 빈 부분을 민간보험이 맡게 되어 있잖아요. 그래서 의료 과잉이 벌어지는 거예요. 기본은 공보험에서 해주고 남는 걸 사보험에서 해주는 건데, 사보험이 커지면 공보험은 결국 무너지거든요.

김용민 공적으로 해주는 건강보험이 무너진다는 거죠. 사보험은 일반 보험사가 하는 의료보험이고.

우석훈 약값 비싸지고, 그다음에 영리병원 늘어나고, 사보험 늘어나면 몇 년 지나 어떻게 될지 모르죠.

선대인 협정상으로는 제주도 같은 국제특별자치도, 경제자유구역 이런 데서만 허용한다는데, 정부가 지금까지 해온 거라든지, 재계에서 영리병원 도입하자고 떠드는 거 보면 신뢰가 가지 않죠. 이게 들어오면 삼성화재하고 삼성생명이 '노나'는 거니까. 거기다 이건희 지분이 엄청 많잖아요. 이건희 지분으로 합법화되었으니까. 그러니까 사실은 영리병원 하면 삼성생명, 삼성화재가 신나게 되어 있어요. 그러면 지금은 경제자유구역 안에서만 허용하게 되어 있지만 '저런 거 봐라, 잘되지 않느냐' 하다 보면 결국엔 '경제자유구역 아닌 데도 풀자', 이런 여론몰이를 할 수 있다는 거예요. 정부는 차단막을 쳐놨다고 이야기하지만, 우리는 신뢰하지 못하는 거죠.

김미화 언제 우리한테 차단막을 그렇게 잘 쳐줬어.

선대인 실제로 현 정부 초기에 영리병원 도입할 것처럼 막 떠들었잖아요.

우석훈 그때 촛불집회 하면서 겨우겨우 안 한다는 얘기 들은 건데, 3, 4년쯤 지나면 대통령 바뀌고, "우리 기억 안 나요." 이렇게 되는 거죠.

2008년 세계금융위기 주범 파생상품이 몰려온다

선대인 영어 써도 되나요? 금융서비스 문제는요, 보통 FTA 같은 걸 하면 양국 재계의 민간 부문에서 대표를 정해서 입장도 전달하고, 서로 국내에서 여론몰이도 하거든요. 미국 재계 대표자 중 한 사람이 이른바 씨티그룹, 이번 금융위기 때도 굉장히 문제가 많았고 공적자금도 엄청 받은 곳이죠. 미국 의회 로비스트인 씨티그룹의 수석 부회장이에요.

김용민 쓰겠다는 영어가 씨티였습니까?

김미화 그런가봐. 하버드 대학 나왔다고 지금 우리 무시하나요?

선대인 그 양반이 뭐라고 표현했냐면, It is the best financial…….

김미화 발음은 좋지 않다.

김용민 동부 사투리가 섞여 있어요.

선대인 긴장해서 못하겠다. 다시 할까? 다시 할게요, 이거 자르고.

김미화 자기 혼자 편집하나, 우리 시사돼지가 편집해줘야 편집이지.

선대인 풀어서 무슨 뜻이냐면, 지금까지 체결된 모든 FTA에 삽입된 금융 관련 조항 중에 가장 최선이다.

김용민 한미 FTA가 미국의 이익을 가장 잘 반영한다는 말이군요.

선대인 한국의 무역협회 같은 미국의 기관이 작성한 한미 FTA 경제효과 분석 내용에도 '한국이 돈 벌 건 하나도 없다. 미국은 엄청 번다. 그래서 미국 재계가 무지 환영한다'는 식의 표현이 계속 나오는 거예요. 사실 미국 입장에선 한국의 무역 규모가 그리 크지 않은데도 집착하는 이유가 뭐냐면, 결국엔 중국과 일본을 노리는 거거든요. 그런데 한국에서 먼저 귀싸대기 맞겠다고 들어온단 말이죠. 완전히 글로벌 호구지. 화끈하게 열겠다는 거예요. 너무 좋은 거지.

김용민 우리에게 미치는 피해가 뭐냐고요?

선대인 2008년 금융위기 때 국내에 들어와 있는 외국은행에서 팔던 파생금융상품이라는 게 있어요. 파생금융상품은 뭐냐면,

김용민 한마디로 돈 빌려주는 거죠.

선대인 돈 빌려주는데 좀 복잡해서, 이건 나중에 특집 때 따로 설명할까요?

김미화 따로 하지 말고, 파생상품이 도대체 어떤 건지 쉽게 설명해봐요.

선대인 이런 거예요. 주택담보대출을 해주잖아요. 미국에서는 모기지 대출이라고 하죠. 빌려주고 그걸 회수해서 다시 빌려주려면 시간이 오래 걸리잖아요. 그러니까 대출채권을 일종의 담보로 해서,

우석훈 그러니까 집을 살 돈을 빌려주는데 그걸 가지고 다시 '와리깡'을 하는 거지.

김미화 아 쉽다! 파리 10대학 나온 사람 입에서 와리깡 이야기가 나오네.

김용민 그걸 한국에서 한다는 거예요?

선대인 이미 2008년에 국내에 들어와 있는 외국은행 지점이 파생상품 거래를 했어요. 그때 이미 손실이 10조 원 이상이었죠. 그럼 돈을 번 건 어느 쪽이겠어요? 금융상품 가져다 판 미국 쪽 금융기관들이죠.

김미화 중소기업이 난리가 났었죠.

우석훈 IB라는 투자은행들이 돈을 좀 벌었죠.

선대인 키코(KIKO, 미리 약정한 환율에 거래할 수 있는 파생상품)는 어떻게 보면 작은 부분이고, 그 외에 이자를 거래하는 상품도 있거든요. 그

런 걸 가지고 10 몇 조 원씩 우리가 손실을 봤다고요. 앞으로 진짜 걱정되는 게 뭐냐면, 우리 주택담보대출이 엄청나게 늘어났잖아요. 이걸 우석훈 박사님 표현대로 와리깡을 해서, 쪼개서 파생상품으로 판단 말이에요. 미국이 들어와서 그런 걸 할 수도 있어요. 금융당국에서 건전성 감독을 한다지만, 외환위기 이후로 2003년에 카드빚 사태 있었죠. 부동산 거품 불러일으키면서 가계부채 지금 천문학적 수준까지 늘어나 있죠.

우석훈 가구당 8천만 원이래요.

선대인 그런데도 계속 방치했잖아요. 그리고 저축은행 괜찮다고 했지만 괜찮습니까? 뒤늦게 영업정지 먹이고, 지금 서민 피해 엄청나잖아요.

김용민 게다가 금융감독원에선 뒷돈을 받고…… 고양이한테 생선을 맡긴 격이죠.

선대인 도덕적 해이라는 건 말할 것도 없고, 이런 식으로 계속 금융 사고를 쳐온 금융당국을 어떻게 믿겠냐고요. 그런데 예를 들어서 가계대출을 와리깡하는 방식으로 파생금융상품을 만들어서 막 뿌린단 말이에요. 그러면 당장은 문제가 되지 않겠지만 나중에 부동산 자산 가격이 확 떨어지면 급격하게 무너질 수 있어요. 2008년에 우리가 그래도 미국처럼 주택 가격이 폭락하지 않았던 이유 중에 하나로 늘 이야기했던 게, 우리는 그래도 미국처럼 파생상품이 많지 않았다는 거였는데,

우석훈 전문용어로 이야기하면 그때는 머리 나빠도 살았던 거야.

선대인 지금은 우리가 그걸 막아야 할 시기인데 오히려 그런 것들이 들어올 소지가 있다는 거죠.

김미화 미국 금융이 들어와서 그렇게 안 할 수도 있잖아요. 좀 건전하게.

우석훈 돈 되는데 왜 안 하겠어요. 와리깡하면 바로 돈 나온다니까. 와리깡 30% 찍어놔도 현금 들고 '토끼면' 되잖아. 도망가는 걸 우리가 잘 막을 수 있느냐, 못 막을 거라는 거죠.

김미화 그렇지. 론스타 사태도 있었고.

우석훈 론스타만 해도 좀 건전한 친구들인데, IB의 진짜 본진, 그러니까 투자은행은 진짜 무서운 사람들이거든요.

김용민 진짜 조심해야 할 은행들의 이름은 뭡니까?

우석훈 리만브라더스는 벌써 망했고. 우리나라 금융계도 말을 재미있게 하는 게, 한국의 리만은 이명박과 강만수라는 거 아니에요. 그래서 우리의 리만은 망하지 않았다고.

선대인 그런데 미국 금융기관들은 대부분 투자은행처럼 되어 있어요. 골드만삭스니, 메릴린치니, 씨티그룹도 마찬가지고요. 우리가 익히 아는 금융기관은 다 그렇죠.

김용민 강만수. 산은금융그룹 회장 아닙니까. 그분이 소망교회에서 이명박 대통령을 만났잖아요.

김미화 시사돼지 김용민 씨가 목사님 아들이라 그런 건 확실하게 알아요.

김용민 대통령 각하는 주차장 봉사를 했어요. 우리 강만수 형님은 소망교회 2층에서 예배 때 헌금 걷는 걸 했죠. 참 어울리는 봉사를 하셨다는 평가가 많아요.

버스 요금 오르고, 경전철 적자 나고

김미화 신금융상품 문제, 부동산, 그리고 서울시 버스 공영제 문제? 이건 한미 FTA랑 무슨 연관이 있는 거죠?

우석훈 이런 거예요. 대통령께서 서울시장 하실 때, 시내버스 준공영제를 도입했어요. 노선을 조정해야 되니까, 그 손해를 서울시가 보전해주거든요. 매년 4천억 원 정도예요. 이명박 대통령은 서울시장 시절 자기가 버스 흑자를 냈다고 했는데, 그 준공영제 때문에 적자가 나는 거고 앞으로도 더 늘어날 거예요. 공영제로 가면 적자가 또 늘어날 거고요.

이를테면 이런 거죠. 미국 회사 입장에서 보면, 한국 정부가 민간 버스 회사에 보조금을 주는 거잖아요. 미국 기업이 들어와서 버스 운행도 좀 하고 싶은데, 여기 준공영제라는 게 있어서 시에서 돈을 준다면…… 우리는 공영제로 버스 요금을 줄여야 하는데, 여기에 대해서는 전혀 생각을 안 했으니까 손을 안 댔어요. 이를테면 서울시에서 하는 버스 준공영제 혹은 공영제에 대해서는 한미 FTA에서 손대지 말라고 했어야 하는데, 그런 부분이 없거든요.

김용민 그러면 항목에 들어갈 수 있다는 거네.

김미화 당연히 들어가는 거지.

우석훈 서울에서 버스를 운영하려고 보니까 보조금을 주고 있네? 이거 안 되겠다 싶어 부당하다고 ISD(투자자-국가 소송제)에 걸면 골치 아픈 일이 벌어지는 거죠.

김용민 그러면 만일 준공영제가 사라지고 보조금 지급이 안 된다면요?

우석훈 버스 요금이 올라가는 거죠.

김미화 그렇지. 우리 버스 요금이 당장 올라가네. 이건 진짜 문제네.

우석훈 뒤져보면 서울시든 어디든 이렇게 보조금이 지원되는 준공영 문제 같은 게 많을 거라고요. 조금 더 있으면 경전철 생기잖아요. 분명히 적자 날 거예요. 그러면 중앙정부든 누구든 보조를 해줄 텐데, 여기 또 돈 바르는 사람들이 있잖아요. 용인도 마찬가지죠. 용인 경전철 외국업체가 했잖아요. 지금은 대충 와리깡하자, 퉁치자 이러고 있는 건데, 한미 FTA 때는 그렇게 퉁치자고 하면 바로 ISD 가는 거죠.

김미화 국가를 상대로 소송 걸면 그냥 걸리는 거네.

우석훈 그러니까 '경전철 등에 대해서는 ISD 안 간다'고 어디 써놨어야 되는데, 지금 뒤져보면 안 써놓은 게 많을 거라는 말이죠.

선대인 그러니까 유보를 해놓은 게 건강·안전·환경·부동산 정책, 네 가지만 있는데, 이 네 가지에서 제외되는 것 중에 우리가 미처 생각 못 한 게 많거든요. 걱정이 많죠.

우석훈 네거티브 리스트의 폐해라고 하는데, 10~20년 후면 사회가 변해서 모르는 영역이 생길 거 아니에요. 그런데 '뭐, 뭐, 뭐만 된다'라고 해놓으면 나머지는 다 마음대로니까, 우리가 아무리 똑똑해도 20년 후를 어떻게 알아요. 예측을 할 수가 없는 거죠. 용인 경전철 문제는 노무현 정부 시절에는 이렇게 될 거라고 생각도 못했잖아요. 그런데 앞으로 또 어떻게 될지는 모르는 일 아니에요.

한 나라의 대통령이 폼 내려고 한미 FTA를 한다고요?

김미화 그렇다면 이명박 정부에서 한미 FTA를 지금 추진하려는 진짜 이유가 뭔지 알고 싶은데요.

우석훈 G20으로 작년에 각하께서 굉장히 기분 좋았잖아요. 청사초롱 나오고. 그래서 올해 한 번 더 해보고 싶은 거예요. G20 때 폼 내기 위해서 11월 4일까지 통과시키라고 한 거죠. 그런데 민주당에서 뭐라고 하니까 그럼 10월 30일까지 통과시켜라, 그래서 G20 때 오바마 만나서 선물로 주려고 지금 밤새고 이 지랄 하는 거 아니에요.

김미화 에이, 아무렴 한 나라의 대통령이 폼 내기 위해서 그럴까.

선대인 우리가 최종 재협상을 언제 했냐면, 연평도 포격 사건 때문에 우리 해역에 미국 군함 들어와 있을 때였거든요. 그 상황에서 우리가 제대로 얻어냈겠냐고요.

김미화 그때 큰 항공모함 들어올 때, 저 배가 들어오면서 우리에게 또 어떤 것을 요구할 것인가 하는 염려의 목소리도 좀 있었어요.

선대인 구한말 포함외교가 생각나더라고요.

우석훈 일단 발효가 되면 다음 총선 때까지 우리가 할 수 있는 건 아무것도 없어요. 대통령이 없앨 수는 있는데,

김용민 각하에게 그런 의지가 있겠어요?

우석훈 그러니까 총선에서 이겨야죠. 3분의 2 정도로 이기거나 아니면 대선 때 대통령을 바꿔서…… 하여간 총선 이기고 대선 이기면 돼요. 그러면 다시 WTO라는 일반 규정 안으로 들어가는 거예요.

김미화 그걸 미국이 받아줄 거냐는 말이죠.

우석훈 상관없어요. 재협상은 양쪽이 동의를 해야 하는데, 폐기는 어느 한쪽이 결정하면 180일만 경과하면 되는 거예요.

김미화 그러니까 한쪽에서 '우리 안 해', 그래버리면 끝나는 거네. 그런

데 그렇게 되기가 쉽지 않을 텐데요.

선대인 그런데 통상 당국 쪽에서는 뭐라고 하냐면, 이렇게 큰 FTA를 하고 나서 이걸 폐기해버리면 우리가 앞으로 어떤 FTA를 할 수 있겠냐.

우석훈 FTA 안 하면 되잖아요.

선대인 안 하는 건 쉬운데, 저는 개방 자체를 반대하지는 않거든요. 그런데 한미 FTA가 너무 큰 사안인데 지나치게 불공정하게 협정을 맺으려는 게 문제죠.

우석훈 제가 생각하는 건 폐기 후 재협상인 거죠. 한쪽의 대통령이 바뀌거나 집권당이 바뀌는 건 커다란 정치 변화니까요. 그 정도는 국제적으로 용인될 수 있다는 거죠.

선대인 캐나다 같은 경우도 NAFTA를 추진하고 나서 여론이 너무 안 좋아서 집권당이 다음 선거에서 졌어요. 그래서 1993년에 새로 들어선 정부가 재협상을 추진하다가 재협상까지는 가지 않고 추가협상 두 건을 했어요. 그러니까 사실 쉽지는 않은데, 그나마 해결할 수 있는 방법은 결국 정치적으로 지금 다른 목소리를 내는 정치세력이 정권을 잡아서 하는 수밖에 없어요. 저는 현실적으로 폐기까지는 어렵다고 생각하고 재협상을 추진하는 쪽으로 가는 수밖에 없겠죠.

김미화 지금 한미 FTA를 반대하는 국민 입장에서는 두 전문가의 얘기를 들으면서 걱정스러운 마음이 더 커지겠는데요.

우석훈 제 생각에는 폐기가 맞는데요. 3~4년 지나면 그동안 많은 기구가 생기니까 재협상밖에 길이 없지만, 시작한 지 1년 안에는 사실 한게 별로 없잖아요. 폐기를 하고 다시 WTO로 들어가면 되는 거예요. WTO에서는 그거와 상관없이 일반적인 무역보복은 못하게 되어 있거든요. 다만 각하가 정치보복을 당할지도 몰라요. 그건 그 사람 문제고. 만일 새로 생긴 정권이 국회 의석의 3분의 2 정도를 차지한다면 헌법을 개정할 수 있는 거 아니에요? 그 정도의 지지를 받는 정권이 폐기를 공약으로 내걸고 정권을 잡았다면, 폐기하고 다른 식으로 하더라도 규정상 문제는 생기지 않는다는 거죠.

- 이상 1회(2011년 11월 18일 방송)

경술국치 이래 가장 치욕적인 4분

한미 FTA 날치기 기습통과

김미화 우리 네 사람이 오늘 방송을 웃으면서 시작하려고 했지만, 도저히 웃을 수 없는 상황이 되었죠.

선대인 경술국치 이래 가장 치욕적인 4분이었습니다.

김미화 홍분을 좀 가라앉혀야 할 텐데.

김용민 1996년에 노동법을 비롯한 여러 법을 날치기로 통과시키고 그 이듬해에 정권이 바뀌었죠. 그때는 7분이었는데 이번에는 4분이었습니다.

우석훈 기록 경신이네요.

선대인 홍준표 씨가 1996년에 노동법을 날치기로 통과시켜 당시 정권이 몰락했다고 말했는데, 이번에는 자신이 주역이 되었죠. 하여튼 이번 일이 현 정권 몰락의 도화선이 될 수도 있겠습니다.

김미화 11월 22일에 한미 FTA가 날치기로 통과됐는데, 그 과정을 보면서 국회와 국회의원에게도 실망하게 됩니다.

우석훈 저는 평소에 민주당이 무능하다고 생각했고, 허당이라고 생각했거든요. 그런데 허당도 이런 허당은 처음 봤어요.

김용민 허당도 아니고 '없을 무無'자 써서 무당無黨입니다.

우석훈 본회의장에서 날치기를 할 거라는 것쯤은 알았을 테니, 민주당에서 파수병 정도는 세웠어야 하는 거 아닌가요?

선대인 그 시간에 민주당 김성곤 의원 출판기념회에 가 있었잖아요. 전남 여수갑이 지역구인 김성곤 의원은 사실 대표적인 협상파거든요. 그리고 한나라당 정태근 의원이 한미 FTA 비준안 합의처리하자고 단식할 때 지지한다고 백팔배까지 했던 양반이에요. 이런 사람 출판기념회에 민주당 의원들 40여 명이 몰려가 있었어요.

우석훈 40명이나 갔어요?

김용민 노무현 대통령 탄핵 때는 격렬했지만 이번에는 그렇지도 않더라고요. 김진표 대표는 단상에서 의장석 향해 손만 흔들고.

선대인 며칠 전에 들은 이야기가 생각나더라고요. 한국에서 활동하는 외국계 방위산업 로비스트가 한 이야기인데, 이 양반이 한미 FTA가 생각보다 빨리 통과될 거라고 말하는 거예요. 왜 그렇게 생각하느냐고 물었더니 이런 말을 해요. 미국의 방위산업 로비스트가 지금 한국에 왕창 들어와 있는데, 자기가 10여 년 동안 이쪽에서 일하면서 이런 경우는 처음 본다는 거예요. 그리고 이 로비스트들이 정부하고 의회 쪽에 엄청나게 로비를 한다는 거죠.

우석훈 로비스트가 한 건당 100억 원 정도 받는 걸로 알고 있거든요.

그 사람들은 로비 한 번 잘못하면 평생 그 일을 못하게 되거나 킬러들도 쫓아오잖아요. 인생을 포기하는 대가가 100억 원인 거죠.

선대인 언론에서 제대로 보도하지 않은 부분이 있는데, 한미 FTA가 미국 쪽에서 통과될 때 이명박 대통령이 미국을 방문했잖아요. 그때 대통령이 미국 국방성에 갔어요. 그리고 미국 국방성 관료들한테 한반도 안보 상황을 브리핑 받았죠. 우리가 내년에 14조 원어치 무기를 사주기로 되어 있거든요. 이건 사상 최대 규모예요. 그러니까 이것과 한미 FTA가 맞물려서, 로비스트들은 이렇게 생각하는 것 같아요. 이제 미국 쪽 무기 체계를 한국에 엄청나게 꽂을 수 있다고.

김미화 그래서 각하가 미국 가서 경례를 하고 그러셨나. 그 사진 대서특필하고 그랬잖아요.

김용민 한미 FTA를 하면 각하에게 어떤 사적 이익이 있습니까?

우석훈 뭔가 큰 거래에 편의를 주거나 정보를 주면, 국제적으로는 그 대가를 100억 원으로 보거든요. 그러니까 우리 각하가 열 건 했다고 하면 1천억 원, 그렇게 되는 거죠.

김용민 제가 각하를 너무 경망되게 일컫는 건지는 모르겠지만, 우리 각하는 사적 이익 없이는 절대 움직이지 않을 분 같다는 느낌을 받습니다.

선대인 그런 걸 수도 있고요. 어쨌거나 이 양반들이 국익이라고 할 때, 그때 나라 국國자는 한국이 아니고 미국이거나 삼성공화국, 뭐 이런 정도 아닌가 싶어요.

김용민 혹시 민주당이, 한나라당이 파행처리를 하게끔, 적극적으로 방어하지 않고 제지하지 않은 것에 대해서도 어떤 대가가 있지 않았을까요.

선대인 민주당이 방조하는 차원을 넘어서 날치기 통과를 유도한 게 아닌가 하는 느낌도 들어요. 통과하면 사람들 열 받을 거 아니에요. 그러면 국민한테 '저런 한나라당 말고 우리 민주당을 더 찍어달라'고 이야기하기 위해서요.

김용민 매국노 명단은 한나라당뿐만 아니라 민주당 버전도 만들어야 합니다. 내년에 국회에서 더 이상 보기 싫은 의원들,

선대인 엑스맨 명단 만들어야 하고요.

김용민 그리고 관료 출신. 이 사람들 중에 엑스맨 많습니다.

김미화 그분들은 절대 변하지 않죠. 야당의 원천무효화 주장 같은 건 이제는 어떻게 할 수 없는 건가요?

우석훈 먼저 기술적으로 가능한 부분이 있어요. 물론 기술적으로만 가능하고 현실적으로는 불가능한 방법이지만,

김용민 이론적으로만 가능한 거죠.

우석훈 국회에서 통과된 부분에 대해서 대통령이 거부권을 행사할 수 있어요.

김용민 그럴 리가 있겠어요.

김미화 그러면 협상 중에 FTA를 중단했던 다른 나라의 사례들이 있나요?

우석훈 에콰도르에서는 엄청난 민중 봉기 수준으로 싸워서 중단했어요. 촛불집회 100번쯤 했다고 보시면 돼요.

김용민 결국 미국과의 FTA를 없던 일로 했습니까?

우석훈 예, 중단했어요. 그리고 선진국 중에서는 스위스 사례가 있는데,

스위스에서 농업과 관련된 문제를 국민투표에 부쳤어요. FTA를 직접 투표에 부친 건 아니고, 농업보조금을 걸었죠. FTA를 하게 되면 농업보조금을 줄 수 없으니까. 그런데 투표에서 국민이 이겼어요. 그 이후에 정부에서 '이건 국민이 하지 말라는 거구나'라고 판단해서 스스로 중단했어요.

김미화 정부에서 그렇게 느낄 정도면 굉장히 성숙한 거네.

우석훈 우리나라는 스위스 모델은 아닌 것 같고, 에콰도르에 가깝죠.

선대인 한미 FTA 통과할 걸 대비해서 연합뉴스발로 미리 기사를 준비해둔 거 같아요. 연합뉴스에서 한미 FTA 통과되자마자 '무역대국으로 나아가는 길, 한국 경제 재도약의 단초' 같은 제목으로 기사가 나왔어요. 그리고 연합뉴스 기사가 포털사이트인 다음에 볼드체 제목으로 해서 걸려 있거든요.

김미화 마치 양 날개를 단 듯이.

선대인 내용도 문제예요. 수출이 얼마나 늘어나고, 일자리가 얼마가 늘어나고, 불필요한 규제와 제도 시스템을 개혁하고, 그래서 한미 FTA가 금방이라도 한국 경제의 모든 문제를 날려버릴 만병통치약이라도 되는 것처럼 이야기를 하고 있어요.

우석훈 KBS나 MBC 뉴스를 보니까, 11월 22일 날치기로 통과시킨다는 걸 민주당 빼고 다 알았던 것 같아요.

김미화 민주당조차도 알았던 거 아닐까요?

우석훈 정동영 의원은 진짜 몰랐던 거 같아요. 날치기하는 날 저랑 약속을 했거든요.

김미화 어떻게 정동영 의원을 만나는 사이냐. 대단하네.

김용민 정동영 의원이 요새 그다지 몸값이 높지 않습니다.

우석훈 끈 떨어진 갓이잖아요.

선대인 저도 만나요. 아무나 다 만나요.

우석훈 예전에 KBS 도청 사건 있었잖아요. 우리가 그것도 사실은 정부와 KBS 사이에 어떤 커넥션이 있었을 거라고 보잖아요. 그런 것처럼, 한미 FTA 통과된 직후에 나오는 뉴스를 보니까, 다 가지고 있다가 오늘 내보내는 거라고 하자, 이러지 않았으면 나오지 못했을 방송들이 나오더라고요.

정권 바꾸면 한미 FTA 없던 일로 할 수 있다

김미화 언론도 그렇고 모든 것이 지금 급박하게 한미 FTA 찬성 쪽으로 돌아가는데, 그러면 앞으로 이 나라 어떻게 되는 겁니까, 우리가 어떻게 해야 합니까?

우석훈 '발효 및 종료에 관한 FTA 조항'이 24조 5항의 2조, 3조거든요. 2조를 읽어드릴게요. "이 협정은 어느 한쪽 당사국이 다른 쪽 당사국에게 이 협정의 종료를 희망함을 서면으로 통보한 날부터 180일 후에 종료된다."

김용민 180일이면 여섯 달 아니에요?

우석훈 이건 무슨 의미냐면 재협상은 양쪽이 다 동의를 해야 할 수 있는데, 종료시키는 것, 우리말로 하면 폐기죠. 폐기는 어느 한쪽이 팩스 한 장 보내면 된다는 거예요. 팩스 보내고 180일이 지나면 끝나는 거죠. 그러니까 우리가 정부를 바꾸거나 혹은 다수당이 되었을 때 이 절차를 지켜서, 꼭 필요하면 그 후에 재협상을 할 수 있다는 거죠.

선대인 이건 굉장히 간명한 조항이고 사실 미국 쪽에서 자기들이 혹시 폐기할 경우가 있지 않을까 해서 삽입한 조항인데, 어쨌거나 지금 상황에서 보면 우리한테 유리한 무기가 된 거죠. 미국 쪽에는 독소조항이 된 거고.

우석훈 마지막 독소조항이겠죠.

선대인 중요한 건 국민의 선택이에요. 한미 FTA를 폐기하는 게 국제 관례상 부담이 되는 건 사실이죠. 하지만 대한민국 주권은 국민에게 있고, 국민한테서 모든 힘이 나와요. 국민이 정치적 선택을 하면 되는 거예요. 2012년 총선이나 대선에서, 예를 들어 개헌할 수 있는 수준, 그러니까 야권이 3분의 2 의석을 차지한다든지 하는 식으로 압도적으로 이겨야 해요.

김용민 그 야권에 김진표, 강봉균이 있으니까 문제죠.

선대인 그런 사람들이 들어가면 국물도 없죠. 그런 사람들을 뺀 야권이어야죠.

우석훈 미국이 국제적으로 비슷한 일을 한 적이 있어요. GMO라는 유전자조작식품에 관한 국제협약에서 마지막 순간에 빠졌거든요.

김용민 '쥐 애모'가 아닙니다. 쥐를 애모하는 게 아니에요.

우석훈 이 카르타헤나 의정서가 미국 없이 발효된 최초의 국제협약이었어요. 그리고 기후변화협약과 관련된 교토의정서도 비준 직전에 부시가 대통령이 되면서 하지 않겠다고 해서 미국 없이 진행되었거든요. 이렇게 미국이 빠진 경우가 한두 번이 아니에요.

김미화 그러니까 중단하는 게 국제적으로 특별한 경우는 아니라는 말이네요.

우석훈 정권 바뀌는 게 큰일이죠.

선대인 미국은 힘이 세니까 그런 식으로 많이 했죠.

우석훈 특히 미국은 대통령 바뀌면 그렇게 잘하거든요. 그러니까 국제적으로 이런 일이 전혀 없다고 할 수는 없는 거죠.

김미화 그러니까 FTA 협정이라는 게 국가 간에 맺어지는 게 아닌 거죠. 우리나라는 국가지만, 미국과 맺는 협정은 다른 국가와 맺는 협정과 다르다는 이야기를 들었는데요.

우석훈 실제로 그래요. 우리나라도 그렇고 다른 모든 나라는 통상 권한이 행정부에 있는데, 제2차 세계대전 이후에 미국의 통상 권한은 국회에 있어요. 그래서 우리는 비준이라는 절차를 거치지만, 미국은 통상법을 의회가 가지고 있으니까 여러 통상조약에 대해서 비준을 거치지 않고 이행법안을 내요. 그 이행법안은 연방정부만 지키면 되고, 지방정부와는 다른 식으로 교섭하게 되어 있어요.

김용민 그러면 우리는 연방정부하고만 조약을 체결한 건가요?

선대인 예를 들어서 주 정부 같은 경우는 인정하지 않을 수도 있어요. 그러면 적용이 안 되는 거죠.

우석훈 이를테면 우리나라는 정부가 서울시에 대해서 무엇을 해야 된다, 그러면 서울시는 해야 되거든요. 그런데 캘리포니아에서는 '그건 연방정부에서 한 거고 우리는 모르는 일이에요' 할 수 있거든요. 어느 나라에나 미국과의 관계에서는 그런 비대칭성이 있습니다.

선대인 예를 들어서 민주통합당에서 비준 후에 재협상하는 문제에 대해 장관 선에서 합의를 해오라고 요구했단 말이에요. 우리나라는 외교통상부 통상교섭본부장이 장관급이고 실제로 협상 권한이 있죠. 그런데 미국의 경우는 행정부 안에 있는 미국무역대표부USTR가 협상을 진행하지만, 기본적으로는 의회가 통상교섭정책의 가이드라인을 가지고 있거든요. 그러니까 미국무역대표부가 협상을 진행한다고 해서 우리나라처럼 강제력을 가지면서 협상을 할 수 있는 게 아니라는 이야기죠.

김용민 제가 몰래 청와대에 잠입해서 팩스를 보내면 되겠군요.

김미화 우리 둘이 같이하자. 시사돼지는 몸이 너무 무거워서 좁은 곳에는 못 들어가잖아. 나는 들어갈 수 있단 말이야.

선대인 한미 FTA가 미국 의회에서 상하원 통과하는 데 46분밖에 걸리지 않았어요. 그만큼 미국 쪽에서 보면 좋다는 거죠. 완전히 노나게 생겼으니까 빨리 통과시켜야 한다고 달려드는 거죠.

우석훈 게다가 우리는 4대 선결조건을 미리 내줬잖아요. 미국에서는 이미 받은 게 있는 거죠.

김용민 4대 선결조건이란 무엇인가요?

우석훈 스크린쿼터, 쇠고기, 의학계에서 약재비 관련해서 내줬죠. 그리고 미국 차들이 크니까 오염을 많이 시키는 부분에 대해서, 환경오염 기준을 완화해서 예외조건을 하나 달아줬죠.

선대인 포를 떼어주고 시작한 거죠.

우석훈 이런 부분을 미리 해줬으니까 한미 FTA 하지 않아도 이미 미국은 이익을 받는 건데 조금 전에 선대인 씨가 무기 체계 이야기를 했잖아요. 지난번에 국빈 방문 때 공수표를 얼마나 써주고 갔는지 모르거든요. 쇠고기도 지난번 광우병 때는 30개월 이상은 못하게 했는데, 지금은 그것도 열어주겠다고 재협상 들어간다는 거 아니에요. 아마도 선물보따리를 줬을 거예요. 미국 입장에서는 이거 통과시켜서 이걸로 먹고, 다른 것도 먹는 거죠. 그러니까 만장일치가 나오죠.

김용민 그런데 보수 정서를 가진 분들은, 미국이 그동안 우리나라를 챙겨줬으니까, 우리가 선물 좀 주면 어떠냐는 식으로 생각해요. 이런 정서도 실제로 있더라고요.

우석훈 그렇다고 선물로 자기 집을 주는 사람은 없죠.

맹장수술 비용은 정말로 그렇게 될까요?

김용민 이제 일상의 것들을 짚어보는 것이 좋겠어요. 맹장수술 비용은 어떻게 되는 겁니까?

김미화 미국이 의료비 엄청 비싸잖아요. 그런데 우리나라가 미국처럼 된다는 거예요?

우석훈 지난번에 얘기했듯이 미국 맹장수술 비용이 평균적으로 1천500만 원 정도인데, 우리나라가 당장 그렇게 되지는 않을 거예요. 일단 약값은 매년 조금씩 올라갈 것 같아요.

김미화 병원 쪽에서는 기계를 관세 없이 싸게 들여올 수 있다는 이야기를 하거든요.

우석훈 그건 1%도 되지 않을 거예요. 실제로는 약값이 크죠.

선대인 언론에서는 농산물 같은 것도 싸게 들어오는 게 아니냐는 식으로 이야기를 해요. 한칠레 FTA 진행할 때도, 이거 하면 우리가 농산물 싸게 사 먹을 수 있다고 떠들었죠. 실제로 한칠레 FTA 하고 나서 그렇게 싸지지 않았어요. 와인 같은 건 오히려 몇 십 퍼센트씩 뛰었어요. 우리가 관세 얼마 낮춰주면 그만큼 가격이 낮아질 것 같지만, 현실적으로는 유통업자들이 마진으로 다 떼어먹기 때문에 이런 현상이 나타납니다. 그리고 자꾸 소비자 후생 이야기를 하는데, 예를 들어 300조 원까지 늘어난다고 개구라를 치는데,

우석훈 진짜 그렇게 늘어난다면 나도 FTA 반대 안 해요.

선대인 재벌 독과점 유지하고 환율이 뛰어서 수입 물가가 뛰니까 우리가 비싸게 사 먹는 거예요. 이렇게 해서 우리가 엄청난 부담을 지는데도, 이런 부분은 손도 대지 않아요. 실제로는 재벌에게 좋은 방향으로 진행하면서, 소비자 후생이 엄청나게 늘어난다는 식으로 거짓말을 하는 거죠.

우석훈 농업 얘기 조금 더 하면, 우리가 쌀농사를 잘할 때, 우리나라에 들어오는 쌀은 쌀 수밖에 없어요. 돼지고기도 싸다는 말을 하는데, 그것도 우리한테 축산농가가 있으니까 그런 거예요. 멕시코의 경우를 생각해보면, 처음에는 옥수수값이 쌌지만 농민이 무너지고 난 뒤에는 값이 막 치솟았어요.

김미화 싼 쌀을 사 먹는 데 누가 농사를 짓겠어. 힘드니까 농사를 점점 안 짓게 되지.

우석훈 쌀은 당장은 막은 것 같지만 결국은 개방될 것이고, 하나씩 하나씩 우리 농가가 무너지면 그다음에는 몇 배로 비싸지거든요.

김용민 그러면 식량안보, 식량주권 이런 건 기대할 수 없는 거 아니에요?

선대인 기대하기 힘들죠. 그리고 정부에서 하는 말이, 농업에서 손실이

15조 원 정도 되니까, 손실을 메우기 위해서 22조 원을 푼다고 했어요. 이게 사실은 예전에 예산 집행된 거 다 합쳐서 그런 건데, 결국 15조 원 손실 보는 걸 22조 원으로 메운다는 거잖아요. 이런 손해나는 장사를 왜 하냐고요. 이건 진짜 황당한 이야기죠. 그다음에 자동차에서 어쨌든 돈을 좀 벌어요. 그러면 이익은 재벌기업이 챙기고, 손실은 농가가 보는데, 그 손실분 메우는 건 국민 세금으로 해준다는 거야.

김미화 자동차 업계가 소하고 무슨 상관이 있어서 농산물 피해를 보전해주겠어요.

우석훈 정부가 추가로 보전하겠다는 액수는 사실 1조 원 정도고, 나머지는 기존에 하던 것들을 스테이플러로 찍어서 모은 거예요.

김미화 사실 보조해줄 돈도 없지.

우석훈 4대강 하고 나서 무슨 돈이 있겠어요.

선대인 무역수지도 나빠져요. 지금 한미 간 무역수지를 보면, 상품 수출·수입에서는 108억 달러 정도 흑자가 나요. 그런데 서비스에서 왕창 적자를 봐서 실제로는 96억 달러 정도 적자가 나죠. 다만 우리가 외환보유고 잔뜩 쌓아놓고 미국 측에 투자해서 이자놀이로 번 돈으로 간신히 수지를 맞추는 건데, 우리나라 같은 경우는 자동차 말고는 추가로 수출할 게 별로 없어요. 자동차하고 자동차 부품 정도가 고작이에요. 그런데 서비스 쪽은 미국이 완전히 다 밀고 들어오게 되어 있단 말이죠. 이렇게 되면 무역적자가 엄청나게 늘어나는 거예요. 더구나 지금 세계 금융위기가 계속 이어지다가 유럽발 위기로 다시 터져 나오는데, 이런 상황에서 내년에 환율이 불안해지기 시작하면, 달러가 부족해지고 그러면 환율이 2008년처럼 또 급등할 수 있는 조건이 될 수 있어요.

우석훈 중요한 이야기를 지적하신 건데, 한국이 외환위기를 겪은 건 대부분 무역수지 적자가 늘어날 때였거든요. 1998년에도, 2008년에도 그랬어요. 몇 년 전부터 무역수지가 줄어드는 판에 FTA가 합쳐져서 무역수지 자체가 나빠지고, 그때 재수 없이 환율이 움직이는 데다 국제적인 위기까지 겹치면 외환위기 때 같은 경제위기가 바로 또 닥칠 수 있어요. 그러니까 지금 한미 FTA를 서둘러서 추진할 일이 아닌 거죠.

- 이상 2회(2011년 11월 30일 방송)

가계부채 폭탄

관료들은 자기 임기 동안만 사고가 터지지 않으면 된다는 식으로 사고를 해요. 그래서 근본적으로 해결하려고 하지 않고 늘 '관리'라는 표현을 써요. 특히 이 정부 같은 경우는 집값을 올려주겠다고 공약하고 나온 정부이기 때문에, 집값을 떨어뜨리는 건 고사하고 계속 DTI 규제를 풀었죠. 2011년 12·7 부동산 대책도 마찬가지예요. 집값이 너무 높아서 떨어지는 게 정상인데도, 집값이 떨어지지 않게 떠받치는 정책이나 투기조장책을 내놓으면서 '정상화 대책'이라고 표현하잖아요. 그러니까 이 사람들이 얼마나 비정상이냐고요.

이러다 보니까 외환위기 직전인 1996년에 148조 원이던 가계부채가 15년이 지난 지금에 와서는 여섯 배로 불어났어요. 한마디로 온 국민을 빚더미에 올려놓은 거예요.

빚더미에 오른 대한민국 가계

언제 터질지 모르는 폭탄, 주택담보대출

김미화 이번에 이명박 대통령이 우리나라의 경제 문제를 심각하게 생각하셨는지, 물가라든지 가계부채, 서민 관련 지표를 종합 검토하라고 지시를 하셨다네요. 이 부분에 대해서는 어떻게 평가를 해야 하나요?

NEWS

MB "이 물가 문제를 공직자가 공직을 걸고 이건 하자, 이렇게 해서 금년 한 해는 그런 식으로 물가에 대한 책임실명제를 했으면 좋겠다."

기자 품목별 물가를 정부 당국자들이 관리하는 방식은 경제개발 초기 정부가 사실상 가격을 결정하던 관치물가 체제를 연상시킨다는 비판도 있습니다.

유종일 KDI국제정책대학원 교수 "정부가 특정 품목들의 가격을 통제해서 물가를 안정시킨다는 것은 가능하지도 않고, 역작용만 만들어낼 뿐이거든요."

우석훈 저는 무서운 생각이 들었어요. 대통령이 잘하라고 하면 그때부터 확 뛰거든요.

김용민 이명박 디스카운트 현상이죠.

우석훈 가계부채도 올해 특별 관리하라고 했으니까, '빚 있는 사람들은 다 죽었구나'라는 직감이 들더라고요.

선대인 자기가 앞에서 했던 말하고 뒤에서 한 말이 어긋나는지 모르는 게 이명박 대통령의 특징 중 하나예요. 제가 누누이 설명하지만, 물가 문제도 마찬가지죠. 금리 낮춰놓고 환율 올려서 물가가 계속 오를 수밖에 없는 상황을 만들어놓았거든요. 비유하자면 양동이로 물가가 오르는 방향으로 막 퍼 올리고, 물가가 올라가면 또 이걸 억지로 국자로 퍼내듯이 해요. 특정 물가 찍어서 무슨 양배추 과장 만들고 새우깡 과장 만들어서 담당하게 해놓고 물가를 내리겠다는 거예요. 그러면서도 자기가 무슨 잘못을 했는지 생각을 안 해요. 서울시장 시절에 이명박 씨를 모셨던 공무원들은 기본적으로 사고의 아귀가 맞지 않는 양반이라는 걸 그때 이미 간파했더라고요.

우석훈 그러면 그때 이야기를 좀 하죠. 그 사람들은 간파를 했는데도 왜 가만히 있었대요?

선대인 찍소리 못하고 가만히 있는 정도가 아니죠. 지금은 다 대통령 따라서 청와대에 가 있거나 국정원에 가 있고, 온갖 요직으로 진출했죠.

NEWS

기자 직장인 김모 씨. 집 마련하느라 3억 원을 빌렸는데 월급 가운데 30%는 만져보지도 못한 채 이자로 나갑니다.

김모 씨 "이자로만 120만 원 정도 한 달에 나가는데, 이자는 계속 오르는데 조금 있으면 원금도 상환해야 할 때가 돌아오고 막막합니다."

기자 우리나라 가계대출의 65%를 차지하는 주택담보대출. 주택경기 침체로 담보가치가 더 떨어지면 금융기관의 무더기 부실과 경제위기로 이어지는 시한폭탄이 될 수 있습니다.

김미화 오늘 가계부채 이야기를 해보려는데, 2013년인가 2014년인가, 서민이 가계부채의 원금을 갚아야 하는 시기가 몰렸다는 이야기가 있던데, 무슨 말인가요?

선대인 지금 전체 가계부채가 900조 원 정도인데, 그중에서 400조 원 정도가 주택담보대출이에요. 2005년, 2006년에 수도권에서 2차 집값 폭등이 왔을 때 사람들이 빚을 내서 엄청나게 많이 집을 샀어요. 보통 3년 거치로 하니까 이게 2008년, 2009년에 만기가 돌아왔는데 금융위기가 터지면서 정부에서 계속 연기를 해줬어요. 지금 3년째 연기해주고 있죠. 제가 그동안 경고했던 게 뭐냐면, 이런 식으로 연기해줘서 당장은 충격을 피할 수 있을지 모르지만, 계속 늦춰줘서 새로 가계부채를 빌리는 사람이 쌓이다 보면, 2012년 하반기에 가면 2009년에 비해서 분기별로 돌아오는 가계부채액이 두 배로 늘어난다는 거였어요. 실제로 지금 그런 상황으로 가고 있는 거예요. 그러니까 언제까지 늦춰줄 수 있냐는 거죠.

우석훈 거치방식이라는 건 처음부터 원금을 갚아나가는 게 아니라 어느 기간은 이자만 내는 거예요. 3년이 지나면 그다음부터 원금을 갚기 시작하거든요. 결국은 3년 동안 열심히 이자를 냈어도 원금은 하나도 갚지 못한 거죠. 그러다 보니까 돈을 생각보다 많이 빌리게 되는 데다 관리도 안 되는 거예요. 1929년에 미국에서 세계대공황이 시작되었잖아요. 그때도 부동산 거품이 터진 거였어요. 그래서 그 이후로 미국 등 대부분의 국가는 이런 거치방식을 금지했어요. 우리는 지금도 거치방식이라 제도상으로 돈을 더 많이 빌리게 되어 있는 거죠. 이건 부동산 가격이 오르지 않으면 어느 순간 자빠지게 되어 있어요.

김미화 부동산 가격은 오를 기미가 없잖아요.

선대인 지금 주택담보대출을 받은 사람의 80%가 이자만 내고 있어요.

김미화 그러면 빚이 계속해서 늘어나는 거잖아요?

선대인 빚이 줄지 않는 상태에서 이자만 내는 데도 허덕이는 상황이죠. 게다가 80% 중에서 20% 정도는 자기 소득의 절반 정도를 이자로 내요. 이건 굉장히 무서운 이야기예요. 이 20%는 집값이 계속 올라서 팔 수 있는 분위기가 만들어지지 않으면 더 이상 버티지 못해요. 3년 거치방식이라는 걸 다른 말로 '벌룬 페이먼트balloon payment'라고 하는데, 벌룬이 풍선이고 페이먼트는 지불하는 거죠. 풍선을 생각하시면 돼요. 풍선의 입구는 좁잖아요. 그때는 이자를 내는 단계니까 별로 부담이 되지 않지만, 원리금을 같이 상환해야 할 때가 오면 70만 원씩 이자만 내다가 300만 원씩 내는 식으로 부담이 늘어나는 거예요. 이걸 누가 감당하겠어요. 그런데 한국의 주택담보대출은 지금 기본적으로 다 이렇게 하도록 되어 있어요.

미국 같은 경우 금융상품 중에서 이런 식의 구조로 되어 있는 게 5%도 되지 않았는데, 그런 상태에서도 서브프라임론 사태가 터졌잖아요. 그런데 우리는 80%가 이자만 내는 데도 허덕이는 사람이 많고, 80% 중에서 또 20%는 가계소득의 절반을 이자 내는 데만 쓰죠. 그러니 언제까지 이걸 지탱할 수 있겠느냐고요.

우석훈 그런 사람들의 일부가 '빚 갈아타기'라는 걸 하죠. 3년 거치를 해서 3년이 끝나면 돈을 조금 더 물고 그 빚을 들고 다른 은행으로 옮겨가요. 그러면 새로 3년이 출발하죠. 이런 식으로 두 번을 했다고 치면 6년 동안 이자만 낸 거지 갚아야 할 원금은 하나도 줄지 않은 거예요. 터지지는 않았지만 하나도 풀리지 않은 거죠.

김미화 시한폭탄을 안고 있으면서 '올해 터지나, 내년에 터지나' 그런 상황이군요.

우석훈 조금이라도 원금을 갚아야 빚이 줄어드는데, 6년 혹은 9년 동안 꼬박꼬박 돈을 내도 원금은 하나도 갚지 못한 상태가 되는 거죠.

선대인 폭탄을 돌리는데 그냥 돌리는 게 아니고, 더 키워서 돌리는 거예요.

김미화 설마 가계부채 문제가 터지겠냐고 생각하는 사람이 많은 것 같아요.

선대인 그런데 주택 가격이 이미 수도권에서 가파르게 가라앉았고, 부산도 떨어지는 상황이에요.

김용민 폭탄이 터진다는 말을 이해하지 못하는 분들이 많더라고요. 개인이 더 이상 빚을 갚지 못해서 자빠지고, 결국 은행은 그 돈을 못 받아서 파산하고, 이런 상황인가요? 어떤 건지 구체적으로 설명을 해주시죠.

선대인 경제에 미치는 파급효과가 큰데요. 심각한 사안이라서 조금 차분하게 설명을 드리겠습니다. 최악의 상황이 되지 않기를 바라는데, 지금 부동산 가격은 부동산 업자들이 이야기하듯이 지역 보고 오르는 게 아니에요. 기본적으로 금융 현상이고 가계부채 문제예요. 이게 앞뒷면으로 맞물렸어요. 집을 사두면 돈이 된다니까 빚을 와장창 끌어다 사놓은 건데, 강남의 은마아파트를 예로 들면, 10명이 집을 산다고 하면 그중에 9명은 전세를 끼고 사요. 그러니까 자기 집을 사는 게 아니라 투자 또는 투기 목적으로 사는 거예요. 그리고 그 10명 중에 6명 내지 7명은 빚을 얻어서 사요. 이때 빚을 얻는 전형적인 유형이 어떤 식이냐면, 3억 원 빚을 내고 그다음에 3억 5천만 원 전세를 내요. 거기에 자기 돈 3억 5천만 원을 더해서 10억 원짜리 집을 사는 거예요. 그런데 생각을 해보세요. 원리금 상환 시기가 오면, 예를 들어 3억 원 빚을 냈다고 하면 원리금을 몇 백만 원씩 내야 하니 감당을 못한다고요. 게다가 집값이 빠지기 시작하면, 그나마 집값이 올라서 돈을 조금 벌 수 있겠다고 생각했던 사람들이 조금이라도 손해를 덜 보려고 집을 막 내놓아요. 이런 걸 투매라고 하죠.

우석훈 증권으로 치면 일종의 손절매죠. 손해를 덜 보게 싸게 내놓는 거죠.

선대인 그런데 집값이 떨어진다고 생각하면 누가 사겠어요. 매물은 줄을 잇고 사줄 사람은 없고, 그 과정에서 집값이 점점 내려가요. 한두 사람씩 그렇게 집을 내놓기 시작하면 계속 매물가가 내려가는 거죠.

김미화 셋돈 빼줄 돈도 없는 거고요.

선대인 저는 이런 단계에 들어섰다고 생각해요. 그런데 정부에서 원리금 상환 시기를 계속 연장해주고, 주택부양책을 내놓으니까 사람들이 조금만 버티면 정부가 어떻게 해줄 것 같은 기대감을 가지고 부동산 시장 언저리를 맴돌아요. 저는 이런 정책을 투기조장책이라고 부릅니다. 이런 정책들로 문제가 해결되면 다행이지만, 지금까지 진행되어온 과정을 보면 가계부채만 계속 늘어나고 그러는 동안 사람들은 이자 내면서 계속 더 가난해지죠. 정부에서 이런 투기조장책을 쓰지 않았으면 사람들은 차곡차곡 모아 저축이라도 하면서 대책을 세웠을 것 아니에요. 그래서 지금 많은 사람들이 하우스푸어House Poor가 되어 있는 거예요.

늘어나는 하우스푸어

김미화 은행권 대출보다 저축은행이니 새마을금고니, 제2금융권 같은 곳들이 이자가 더 비싼 데도 어려운 서민이 여기서 돈을 빌리는 것도 문제 아닌가요?

우석훈 저축은행까지만 가도 괜찮은데, 대부업체에서 급전을 빌리는 게 문제죠.

선대인 정말 마음 아픈 일이죠. 이미 신용이 바닥났고 금융권에서도 돈을 안 빌려주니까 대부업체를 찾아가잖아요. 지금 우리나라 대부업체 이자율이 39%거든요. 일본은 20% 수준이고, 독일은 1금융권 금리의 두 배 이상을 못 받게 되어 있어요. 그런데 우리는 완전히 날강도 같은 금리를 인정해주는 거예요.

우석훈 그것도 겨우겨우 제도를 만든 게 그만큼이에요.

선대인 원래는 49%였고 2007년 대선 때 유일하게 이자 제한 필요 없다고 이야기한 양반이 우리의 위대한 각하죠. 은행에서 대출하는 등급을 1등급에서 10등급까지 정해놓았는데, 신용등급이 7등급 이하로 떨어지면 정상 대출이 안 되거든요. 그러니까 신용등급이 낮은 사람들은 대부업체로 몰리게 되어 있는데, 이 사람들이 수십 퍼센트에 달하는 이자를 감당할 수가 있겠어요?

김미화 직장에 다니다가 자영업을 하는 사람들이 많잖아요. 그런 자영업자의 부채 비중이 엄청나게 는다면서요. 그것도 위험 요소 중에 하나 아닌가요?

선대인 지금 자영업자 부채만 100조 원 가까이 돼요.

우석훈 위기가 온다면 일반적으로 세 가지 경로에서 옵니다. 첫 번째는, 국가 위기예요. 우리가 외환위기 사태 때 본 건데, 다른 곳은 아직은 버틸 수 있는데 정부가 달러를 지킬 수 없으니까 생기는 위기예요. 두 번째는, 경제 주체 특히 생산자에게 위기가 오는 경우인데, 이를테면 이유는 모르지만 회사들이 망하는 거예요. 세 번째 위기가 가계, 개인에게 돈이 없어서 생기는 위기인데, 이건 정말 고질적인 거예요. 국가 위기나 생산자에게 오는 위기는 문제만 풀면 되거든요. 그런데 개인에게 위기가 생기면 국가가 한 명 한 명의 빚을 다 갚아줄 수 없잖아요. 위기에서 빠져나오려면 시간도 오래 걸리고요. 그래서 방치하지 않는 게 제일 중요한데, 국가가 오히려 조장하면서 여기까지 온 거죠.

김미화 조금 전에 선대인 소장이 이야기한 하우스푸어라는 것이, 주택을 가지고 있으면서 주택 마련을 위해 대출을 받았고, 또 원리금 상환으로 생계의 부담을 느껴서 실제로 가계지출을 줄이는 가구를 말하는 거죠?

선대인 그렇죠. 제 친구의 경우를 예로 들면, 2006년에 한창 부동산 값이 뛸 때 분당에 10억 원 정도 되는 아파트 두 채를 샀어요. 수입이 없는 친구도 아니고 꽤 많이 벌어요. 그런데도 빚을 하도 많이 져서 집을 사놓고 나니까 이자만 한 달에 1천만 원 넘게 나가는 거예요. 지금 이 친구가 너무 괴로우니까 저한테 한탄을 하는데 저도 마음이 아파요. 이런 사람들은 극단적인 경우이긴 하지만…… .

우석훈 극단적인 경우 아니에요. 그런 사람들 많아요.

선대인 그런데 언론에서는 아직도 이런 문제를 짚지 않고 틈만 나면 집값이 바닥이니까 집을 더 사라는 식의 보도를 계속하고 있어요.

김미화 우리 정부는 왜 그렇게 대책 마련에 소홀한 거죠?

우석훈 소홀한 게 아니라 오히려 권장을 했죠.

선대인 그들은 서민 편이 아니라니까요.

우석훈 지금까지 내놓은 정부의 부동산 대책이라는 게, 개인의 소득과 부채를 연동하는 DTI(총부채상환비율)라는 것도 다 완화하면서 빚을 내서 집을 사라고 부추긴 거예요. 한시적으로 봐줄 테니까 돈 빌려서 집 사라고 몇 년 동안 이야기를 해놓고는, 지금 와서 개인한테 '왜 빚을 졌냐'고 하는 건 정부가 할 도리가 아니죠.

김미화 그런데 지금 김석동 금융위원장이 가계부채 구조개혁이 급선무라고 이야기를 하고 있어요.

선대인 무슨 구조를 개혁한다는 건지, 웃기는 이야기죠.

우석훈 이런 문제라고 보시면 돼요. 우리나라에서 오랫동안 집단적인 빚이 문제가 되었던 건 농가부채였어요. 그래서 농가부채를 탕감해주는 문제를 두고 논쟁을 많이 했었어요. 그런데 어쨌든 농업은 기간산업이니까 다른 형태로, 예를 들면 농약을 사는 데 도움을 준다거나 하면서 버텨왔고, 문제가 터지지 않았죠. 그런 집단 농가부채 같은 것이 국민의 절반 정도에 해당한다면 이 문제를 어떻게 풀 것인가, 하는 게 지금 우리가 부딪힌 위기예요.

선대인 관료들은 자기 임기 동안만 사고가 터지지 않으면 된다는 식으로 사고를 해요. 그래서 근본적으로 해결하려고 하지 않고 늘 '관리'라는 표현을 써요. 특히 이 정부 같은 경우는 집값을 올려주겠다고 공약하고 나온 정부이기 때문에, 집값을 떨어뜨리는 건 고사하고 계속 DTI 규제를 풀었죠. 12·7 부동산 대책도 마찬가지예요. 집값이 너무 높아서 떨어지는 게 정상인데도, 집값이 떨어지지 않게 떠받치는 정책이나 투기조장책을 내놓으면서 '정상화 대책'이라고 표현하잖아요. 그러니까 이 사람들이 얼마나 비정상이냐고요.

김미화 금융은 부채를 제공하고 부동산은 투기를 유도한다. 이렇게 표현하면 맞나요?

선대인 다 맞물려 있죠. 외환위기 이후에 이 문제가 심각해진 데는 구조적인 문제가 있어요. 외환위기 전에는 은행에서 기업을 대상으로 큰 규모의 대출을 해줬어요. 이른바 도매대출 비슷한 거예요.

우석훈 보통 사업자대출이라고 부르죠.

선대인 그래서 기업이 엄청난 부채를 지고 있다가 외환위기를 거치면서 다 망하고 부실 정리를 했죠. 그러면서 가계를 대상으로 하는 소매대출로 전환했어요. 그런데 신용대출은 많이 해봐야 몇 천만 원 단위니까, 그거 가지고는 은행 매출이 커지지가 않아요. 반면에 주택은 몇 억 원 단위고 거기다 근저당도 잡을 수 있어요. 담보를 잡을 수 있는 거죠. 은행 입장에서 보면 당장 매출을 올려서 은행의 외형도 키울 수 있고 저당도 있어서 상대적으로 위험성도 적어 보이니까 엄청나게 펌프질을 해준 거예요. 그리고 금융 당국은 팔짱 끼고 가만히 지켜본 거고요. 이러다 보니까 외환위기 직전인 1996년에 148조 원이던 가계부채가 15년이 지난 지금에 와서는 여섯 배로 불어났어요. 한마디로 온 국민을 빚더미에 올려놓은 거예요.

김미화 우리가 저축도 많이 하고 살았는데, 지금은 저금한다는 이야기를 별로 들어보지 못한 것 같아요.

우석훈 제가 저축 이야기 좋아하는데, 외환위기 때도 우리나라 순저축이 19~20%로 세계 1위였거든요. 그렇게 어려울 때도 저축을 했는데 2002년, 2003년 사이에 순저축이 뚝 떨어졌어요.

김용민 그때는 사실 저축이 재산 증식 수단으로 유효했던 때 아니었습니까?

우석훈 그렇죠. 이자율도 높았고요.

김용민 그런데 지금은 그렇지 않잖아요.

우석훈 지금은 저축을 하면 저축예금 기준으로 이자를 3.2% 정도 줘요. 물가상승률 따지면 물가는 4% 올라가는데 저축이자는 3.2%니까, 4%에서 3.2% 빼면 -0.8%잖아요. 1년짜리 정기예금을 들면 0.8% 손해보는 거니까 마이너스 상태에요.

김미화 저축하면 손해를 보니 유도를 하려고 해도 할 수가 없는 상태인 거군요.

선대인 그래서 사악한 정부라고 생각해요. 2008년 금융위기는 부동산 거품의 심각성, 또 그와 연계해서 늘어난 부채 문제의 심각성을 세계적으로 생생하게 보여준 것이거든요. 그리고 그 이후로 대부분의 나라가 어쨌거나 부채를 줄였어요. 허리띠를 졸라맸다고요. 예를 들어서 미국 같은 경우는 가계소득 대비 부채 비율이 139%였는데 120%대까지 떨어졌어요. 그런데 우리는 거꾸로 그때 135% 정도이던 부채 비율이 지금 155%까지 올라갔어요. 그러니까 내 가계소득을 가지고도 빚이 1.5배 이상 더 있는 거예요. 굉장히 심각한 문제죠. 그래서 정말 폭탄돌리기라는 거예요.

빚 내서 빚 갚고 또 빚 내고

NEWS

2011년 9월 27일 국회 한국은행 국정감사에서 오제세 민주통합당 의원 "한국은행 전 직원 평균 연봉이 8천만 원이기 때문에 서민과는 다른 세상에 살고 있다. 그렇기 때문에 물가안정에 대한 책임을 다 못 지고 있는 거 아니냐."

꼽사리 해설 물가관리에 실패한 한국은행을 질타하는 목소리는 여야를 가리지 않았는데.

이한구 한나라당 의원 "이게 이 상황이 되도록 한국은행은 무엇을 했느냐. 잘못하면 김 총재 그냥 사표 내라고 이야기할 판이에요. 지금 분위기가."

꼽사리 해설 결국 2011년 한국은행 물가관리의 성적표는?

아나운서 한국은행의 올해 물가관리가 역대 최악이었던 것으로 나타났습니다.

꼽사리 해설 2012년에는 물가 안정에 주력하겠다던 한국은행의 첫 번째 선택은?

아나운서 기준금리가 일곱 달째 동결되었습니다. 물가 걱정이 크지만 가라앉는 경기가 더 문제라는 게 한국은행의 판단입니다.

기자 물가를 잡으려면 금리를 올려야 하지만 금융통화위원회는 기준금리를 연 3.25%로 7개월째 동결했습니다. 물가 잡겠다고 금리를 올렸다가 그렇지 않아도 가라앉는 경기에 찬물을 끼얹을까 우려했기 때문입니다.

김중수 한국은행 총재 "설비투자나 건설투자, 소비 이런 것을 볼 때 과거에 비해서 조금 더 위축되고 있는 상황을 보이고 있기 때문에……."

기자 이 때문에 시장에서는 통화 당국이 기준 금리를 내릴 수 있다는 조심스러운 전망도 나오고 있습니다.

소비자 그"런데 올해는 작년보다 더 비싸. 오늘 간단한 거 사러 나왔는데 진짜 비싸요. 망설이는 게 하나둘이 아니에요."

기자 고물가 파고를 헤쳐온 서민들, 올해가 더 걱정입니다.

우석훈 한국은행에서 이자율을 훨씬 더 높이 올렸어야 한다는 이야기를 했는데, 2008년에 이자율을 내릴 때는 '선제적 통화관리'라고 하면서 확확 내려버렸거든요. 그래서 그때 사람들이 저금해봐야 얻는 게 없으니까 차라리 집이나 사자고 했죠. 그리고 그 뒤에는 거의 안 올렸어요. 개 옆걸음, 고양이 옆걸음 식으로 찔끔찔끔 올려서…… 한국은행법에 따르면 한국은행은 물가안정을 위해서 존재하는 기관이에요.

김미화 그런데 지금은 뭘 위해서 존재하나요?

우석훈 한국은행에서 경기활성 등 여러 가지를 종합적으로 고려한다는

데, 법적으로 따지면 그게 아니라 물가안정에만 신경 쓰면 되는 곳이라는 거죠. 한국은행에서 다른 거 하지 않고 기준금리만 제대로 정해줬어도 사태가 이렇게까지 되지는 않았을 거예요.

선대인 저축 열심히 하는 사람들은 열 받아야 해요. 이분법적으로 나눌 수는 없지만, 지금 빚을 진 사람들은 부동산 투기를 한 거예요. 반면에 저축한 사람들은 상대적으로 근로소득이든 무엇이든 돈을 벌어서 맡겨놓은 거고요. 그런데 이렇게 인위적으로 시장 위험 요소를 반영하지 않는 저금리를 만들어놓으면, 결과적으로 저축을 열심히 한 사람들한테 세금을 부과해서, 부동산에 투자한 사람들의 빚 부담을 줄여주기 위한 보조금을 지급하는 거라고요. 이게 얼마나 황당한 일이냐고요.

우석훈 빚을 내서 빚을 갚고, 또 빚을 내서 빚을 갚으라고 하는 구조예요.

선대인 그래서 2005년, 2006년에 빚이 108조 원 늘어났어요. 2009년, 2010년은 사실은 크게 보면 2005년, 2006년과 비교할 수 없는 부동산 침체기잖아요. 그런데도 가계부채가 또 108조 원 정도 늘어났다고요. 정말 심각하게 늘어난 거죠.

-이상 10회(2012년 1월 31일 방송)

국민인가 난민인가?

하우스푸어에 이어 전세푸어까지

김미화 가계부채가 늘어난 것도 문제인데, 지금 계속 문제가 터지는 저축은행 사태도 불안합니다.

우석훈 저축은행도 부동산하고 가계부채하고 똑같이 연동된 건데, 저축은행 사태가 생긴 이유는 간단해요. 저축은행에서 정상적으로 자기 영업만 하면 되는데, 단기간에 부동산 투기를 시키려고 하니까 그 돈을 저축은행에서 대도록 만든 거예요. 프로젝트 파이낸싱PF이라는 걸 일반은행보다 저축은행이 더 많이 했어요. 그러다 보니 한쪽에서는 저축은행의 부실이 계속 커졌죠. 그리고 일반 소비자는 일반은행이 저축은행보다 이자율이 낮으니까 저축은행으로 간 거예요. 소비자가 특별히 돈을 많이 벌려는 것도 아니고, 내 예금 이자가 다만 물가상승률보다 높았으면 해서 저축은행으로 간 건데, 저축은행은 프로젝트 파이낸싱을 하면서 위기가 생긴 거고 결국은 터졌죠.

돈 많은 사람들은 오히려 안전해요. 부산저축은행 사건 터질 때 들은 이야기가 있는데, 누구누구는 사건 터지기 직전에 미리 돈을 빼갔다고 하더라고요. 결국 힘 없는 사람들은 여기서도 저기서도 당하게 되어 있고, 힘 있는 사람들은 이자율 높은 저축은행에 마음대로 돈 넣었다가 손해보기 전에 미리 뺀 거죠.

김미화 저축은행 사태가 정치권과 연계되어서 하나하나 터지고 있어서 문제가 되는 거 아닌가요? 위대하신 각하의 친척들 이름이 오르내리잖아요.

우석훈 야당, 여당 할 것 없이 고루고루 섞여서 다들 연계되었죠.

선대인 제가 2~3년 전쯤 CEO 한 분을 만난 일이 있어요. 그 사람이 불안했던지 저녁자리를 빌미로 부동산 상황이 어떻게 전개될 것 같냐고 묻더라고요. 그래서 제가 그랬죠. 신이 아닌 이상 단기적으로는 어떻게 될지 모르지만 긴 관점에서 보면 부동산 시장은 살아나지 않을 테니까 위험하게 무리한 대출을 하지 말라고요. 그랬더니 그 사람이, 그래도 우리는 매출 확대 경쟁을 해야 하기 때문에 터지기 몇 개월 전에만 빼면 되니까 그때까지는 대출할 건 한다는 식으로 이야기를 하더라고요. 그런데 그 은행 영업정지 당했어요. 그러니까 뺄 수 있을 것 같지만 정작 그 상황이 오면 대출을 쉽게 빼지 못해요.

김미화 저축은행 사태를 나무의 가지치기에 비유해보면 어떨까요? 나무를 가지치기하면 가운데 나무가 굉장히 커지면서 나이테가 불어나는데, 가지치기를 해주지 않은 나무들은 볼품이 없어져요. 지난 방송에서 우석훈, 선대인 씨가 했던 이야기가 생각이 나는데, 나무 가지치기를 하듯이 고사시킬 건 빨리 없애버려야 하는데 공적자금을 투입해서 살려주는 식으로 상황이 계속되니까 문제가 있다고 했었죠. 여기에도 역시 우리 세금이 들어가는 거잖아요. 그리고 지금도 저축은행 사태 때문에 힘든 분이 많은데, 서민은 이자를 조금이라도 더 받으려고 2금융권, 3금융권 같은 데 돈을 넣고 또는 거기서 돈을 빌렸단 말이죠. 그런데 그런 저축은행이 무너진다면 어떻게 될까 하는 걱정이 들어요. 어떤가요?

선대인 양극화 현상이 생기죠. 대부업체 쪽으로 밀려나는 사람들이 더 많아질 거고요.

우석훈 안전이 보장된 은행권으로만 가거나, 진짜 어려운 사람들은 대부업체 쪽으로 가거나 하겠죠. 길게 보면 결국 그렇게 되겠죠.

선대인 지난해에 은행권, 보험사, 카드사 같은 곳들이 사상 최대 매출을 올렸다고 하잖아요. 그게 사실은 저축은행이 불안해지면서 그쪽에 있던 예금이 옮겨간 거예요. 근본 문제는 뭐냐면, 처음부터 이렇게 위험한 구조가 되지 않도록 금융 감독을 했어야죠. 시장 상황은 저금리로 만들어놓고, 금융 당국은 괜찮다고 하니까 서민이 믿고 저축은행으로 다 들어간 거잖아요. 금리 조금이라도 더 준다고 해서 들어갔단 말이에요. 그랬는데 결국 어떻게 되었어요. 금융 당국이 저축은행 부실을 몰랐을 리가 없어요. 검찰 수사에서도 나오지만 미리 다 알고 있었고 뺄 사람은 다 빼냈다고요. 그래놓고 서민한테는 괜찮다고 하면서 저축은행에 돈 맡기는 사람들 행렬을 계속 길게 만들었죠. 이 책임은 누가 지냐고요. 일을 저질러놓고 아무런 피해가 없게 만들 수는 없어요.

정부는 왜 국민을 괴롭히는가

김미화 김석동 금융위원장이 가계부채 구조개선을 위해서는 고정금리, 비거치식 분할상환 대출을 늘려서 위험에 대비할 수 있는 구조로 바꿔나가야 한다고 말했어요. 이게 구체적으로 무슨 이야기인가요? 또 이건 올바른 해답이라고 할 수 있는 건가요?

우석훈 10년 전에 그렇게 했으면 그게 답이죠. 그 일을 우리가 10년 전에 했으면 지금 이런 일이 생기지 않았겠지만, 일은 이미 터졌어요. 지금부터 하면 새로 대출 받을 사람들한테는 0.001% 정도 도움이 되겠죠.

선대인 김석동 금융위원장이 말한 대책은, 예전부터 그렇게 바꾸자고 이야기는 했어요. 학자들이 상황을 잘 몰라서 그러는 건지, 알면서도 할 말이 없어서 그러는 건지 여하튼 그 말을 계속하는데, 비거치식 분할상환 대출을 늘린다는 건 무슨 의미냐면, 지금 우리는 벌룬 페이먼트라고 해서 3년 동안은 이자만 내다가 그다음에 원리금과 함께 몇 백만 원씩 내잖아요. 이걸 미국의 모기지대출처럼 균등하게 내자는 거예요. 20년, 30년으로 기간을 늘려서 이자와 원리금을 항상 같이 내자는 거죠.

지금부터 그렇게 구조를 만들어 나가는 건 좋다 이거예요. 그런데 지금 우리나라에서는 이자만 내는 가계가 80%라고 했잖아요. 이 이자 내는 것만도 벅차거든요. 이런 상황에서 기간을 조금 더 늘려서 20년, 30년으로 쪼갠다고 하더라도, 이자에 덧붙여서 원리금을 쪼개서 같이 낸다고 생각해보세요. 3년 거치 후에 원리금을 한꺼번에 내는 것보다는 부담이 조금 줄겠지만 그래도 여전히 부담이 만만치 않은 거죠.

우석훈 그 전에 했어야죠. 지금 한다면 현실적으로는 새로 대출 받을 사람들한테 적용하겠다는 이야기밖에 안 되는 거죠.

김미화 그래도 금융위원장인데 왜 그럴까요?

선대인 그래서 김석동 씨가 모피아잖아요. 이런 관료들을 믿고 뭘 하느냐고요. 그리고 고정금리를 왜 해야 하냐면, 지금 우리 주택담보대출은 거의 90% 정도가 변동금리인데, 변동금리는 2008년 말처럼 경제가 충격을 받으면 기준금리와 상관없이 시장금리가 확 뛰어버려요. 6~7%씩 올라가버린다고요.

우석훈 한국은행이 막아줘도 시장이 다 막아주지는 않거든요. 위기가 오면 올라가요.

선대인 그러면 빚 있는 사람들은 빚 부담이 커지고, 부담을 못 이겨서 집을 내놓는 사람들이 많아지면서 충격이 크게 오니까 이걸 고정금리로 바꾸자는 거예요. 그런데 문제는 지금 상태로는 고정금리가 변동금리보다 비싸기 때문에 사람들이 고정금리가 안정적이라고 생각을 하면서도 설마 하면서 계속 변동금리를 쓰는 거예요. 특히 계속 저금리로 억지로 누르니까요.

우석훈 고정금리가 더 좋다는 걸 알아도 바꿀 돈이 없어요. 전환할 때도 수수료가 필요하고 일단 얼마를 더 내야 하니까요.

김미화 지금 30대, 40대들이 정말 많이 힘들겠네요.

선대인 제가 조사를 해보니 1990년대 초반 학번이 정말 불쌍해요. 기본적으로 부동산이라는 건 지금 50대, 60대 부모 세대에게 이득을 줘요. 물론 그중에서도 돈 있는 사람만요. 부모 세대는 부동산 거품 일으켜서 돈을 좀 벌었어요. 그런데 젊은 친구들은 부동산 시장에 돈이 묶이면서 일자리가 없고, 그래서 88만원 세대로 전락한 상황이죠. 그나마 지금 40대인 486세대는 경제위기가 오기 전에 사회에 진출해서 괜찮은 직장에 취직하고 소득도 괜찮으니까 돈 벌어서 집도 한 채 장만했죠. 그런데 90년대 초반 학번은 외환위기 직후에 사회에 나와서 상대적으로 직장도 좋지 않았고, 힘들게 일은 했지만 아직 돈을 모으지 못한 상태에서 집값이 오른다, 오른다 하니까, 초기에는 돈이 없어서 집을 못 사다가, 집값이 한참 꼭짓점이던 2000년대 중후반에 더 이상은 안 되겠다면서 빚을 내서 집을 산 거예요.

우석훈 추격매수라는 걸 한 거죠.

선대인 이렇게 막판에 추격매수를 한 친구들이 빚을 굉장히 많이 졌어요. 돈이 없어서 아예 집 살 엄두를 못 내는 사람들도 많고요. 그래서 1990년대 초반 학번 중에 하우스푸어가 많죠. 안타까운 일이에요.

김미화 하우스푸어뿐만입니까. 지금 '전세푸어'라는 이야기도 나오잖아요.

우석훈 저는 전세는 기본적으로 없어질 제도라고 보기 때문에…….

김미화 그런데 지금 전세금이 엄청 올랐잖아요. 전세를 얻지 못할 정도로요.

우석훈 전세가 없어지니까 전세 공급이 주는 거죠.

김용민 그래서 가격이 뛰는 거고요.

김미화 그러면 월세로 돌리나요?

우석훈 그렇죠. 전세라는 건 아파트를 분양 받아서 전세를 끼고 사고, 그게 오를 거라는 분위기가 형성될 때만 새로 생기는 거잖아요. 그런데 그렇게 전세를 끼고 사봐야 집값이 오르지 않을 게 빤하니까 전세를 할 필요가 없어요. 게다가 시중 이자율이 높은 것도 아니니까요. 이런 조건에서는 무조건 월세로 가게 되어 있어요. 있던 전세가 계속 월세로 바뀌는 중이기 때문에 아파트를 아무리 많이 지어도 전세가 늘어나지는 않습니다.

선대인 그러니까 아파트 수급과 전세 수급은 다른 거예요. 그런데 기득권 언론에서는 전세 수급에 일시적으로 미스매치가 생긴 걸 가지고, 자꾸 주택 공급이 부족하니까 집값이 오를 거라는 식으로 연결하는 거예요. 완전한 거짓말이죠.

우석훈 아파트가 줄면 월세로 바뀔 거고, 그러면 우리는 굉장히 힘들어지는 거예요. 그런데 아파트를 늘려서 전세를 계속 공급하겠다는 것도 맞지 않는 말이거든요. 어차피 오르지 않을 거니까 새롭게 전세가 생기지 않는다니까요. 그렇다면 이제는 월세에 대해서 어떻게 소득보전을 해줄 건지 논의를 해야 하는데, 이건 정말로 복지에 관한 논의죠. 우리는 지금까지 전세융자금을 지원했죠. 특히 35세 이상의 가부장한테. 이 체계를 바꿔야 하는데, 정부에서는 무서운 거죠. 그래서 지금도 월세에 대한 보조는 없고, 전세는 없어지니까 계속 전세융자금만 보전해주겠다고 하는데, 결국 전세라는 건 수년 안에 사라질 제도거든요. 딜레마에 빠진 상태죠.

선대인 저는 수년까지는 아니고 조금 더 길게 보는 편이긴 한데, 그렇다고 전세가가 무한정 오를 거라고 생각하지는 않아요. 이미 전세가는 오를 만큼 올랐어요. 전세 수요는, 원래 학군이라든지 다니는 직장 문제 때문에 사람들이 사는 곳을 떠나지 않으려고 하니까 수요 조정이 쉽지 않아요. 그런데 지난해에는 전세 난민, 전세 유랑민이라는 말이 나왔잖아요. 전세 가격이 하도 오르니까 사람들이 도저히 비싼 전세가를 감당하지 못해서 이제는 사는 지역을 떠나는 현상을 의미하는 거예요. 이 정도로 올랐기 때문에 이제는 전세가가 2~3년 전만큼 폭등하는 사태는 일어나지 않을 거라고 봅니다.

그리고 전세푸어라는 문제는 결국 또 정부가 나쁜 짓을 해서 생긴 거예요. 2008년 말을 생각해보면 알 수 있듯이, 집값이 떨어지면 장기적으로 전세가도 떨어지게 되어 있어요. 그런데 집값이 떨어졌는데도 정부에서 이걸 억지로 떠받치니까, 사람들이 더 이상은 빚을 내서 집을 사지도 못하고 전세시장으로 몰린다고요. 그러면 전세 공급은 줄어드는데 전세 수요는 늘어나고, 전세가가 오르는 현상이 생기는 거예요. 그러니까 이제 또 정부에서 하우스푸어가 된 사람들한테 계속 융자해주면서 빚을 더 내서 비싼 전세를 얻으라는 거죠. 그래서 사람들이 전세푸어가 되는 거예요. 이게 정부가 할 짓이냐고요.

1%의 부동산 부자를 위한 나라

김미화 우리 정부는 왜 이렇게 나쁜 짓만 하는 건가요?

우석훈 '강부자 정권'이라는 말이 딱 맞죠. 강남 사는 부자를 위해서 모든 걸 맞춘다면 다 설명이 되죠.

김미화 강남 사는 부자가 아니라 자기들을 위해서 그런 거 아니에요?

선대인 제가 건설족의 수괴라고 표현하잖아요. 기본적으로 이 양반들의 마인드는 어떻게 하면 부동산, 건설 쪽 먹여 살릴까 하는 생각밖에 없어요. 부동산 부자 1%만 쳐다보면서, 99% 서민을 위한 정책이라고 포장해서 뺑치는 거죠. 국민이 부동산, 건설업체 부자 먹여 살리려고 태어났느냐고요. 아니잖아요.

우석훈 정부에서 개인이 부채 관리를 해야 한다는 신호를 주지 않는 게 문제예요. 아무리 막더라도 이자율은 결국 시장 논리에 따라 올라가게 되어 있거든요. 그러면 이자율이 올라갈지 모르니까 조정을 하라고 조금씩 유도를 해서 연착륙을 시켜야 하는데요.

김미화 예전에는 한국은행이 그런 시그널을 줬던 시절도 있었던 것 같은데요.

선대인 지금 한국은행장은 대통령한테 충성하는 게 목표인 사람처럼 보이잖아요.

김미화 그렇게 하지 않으려고 애썼던 시절도 있지 않았나요?

우석훈 개인이 빚을 너무 많이 지는 건 국민경제에 좋은 건 아니니까요.

김미화 그러니까요. 그러면 이 문제를 우리 정부가 어떻게 풀려는 거죠? 그냥 폭탄만 돌리면 되는 건 아니잖아요.

우석훈 현 정부는 못 풀어요. 어쨌든 지금이라도 문제를 완화하려면 한국은행에서 이자율을 높이지는 않더라도, 언젠가는 이자율이 오를 수 있다는 이야기를 해줘야 해요. 그러면 개인들이 팔 건 팔고, 갚을 건 갚아가면서 조금씩 움직이기 시작하겠죠. 거기에 대해서 일부는 정부에서 고정금리로 바꾼다거나 혹은 줄이는 것에 대해서 지원금을 조금이라도 줄 수 있잖아요. 그렇게 해서 100% 탕감은 못하더라도 10~15% 정도만이라도 개인이 부채 규모를 줄이면 어려운 상황 속에서도 훨씬 좋아질 수 있죠.

미소금융이라니, 쓴웃음만 나온다

김미화 제가 사회복지 단체와 꾸준히 일을 해왔어요. 거기서 진행되던 일들 중에 단체에서 소액 대출을 해주는 마이크로그레딧이라는 게 있었고, 시드머니라고 해서 저소득층을 대상으로 경제적으로 일어설 수 있는 자금을 대주는 제도가 있었죠. 그런데 이런 사업이 폼 나 보이니까 정부에서 미소금융이라는 이름으로 가져갔어요. 그건 지금 잘하는 건지 사실 의심스럽습니다.

NEWS

기자 이명박 대통령이 100호점까지 확장된 미소금융 지점을 찾았습니다. 미소금융 현장방문은 올 들어 세 번째입니다.

MB "우리 미소금융 하시는 분들이 정말 없는 사람, 내가 하면 잘할 것 같아, 나는 다 장사를 해봐서. 그래서 정말 그런 신념을 보여주면 좋겠어요. 이거 뭐 봉사하는 거 아니에요. 봉사하면 잘할 수 있어."

꼽사리 해설 그러나 장사해봐서 다 안다는 각하의 작품인 미소금융에서, 장사하는 사람들은 돈 빌리기 힘들다는데.

기자 서울의 한 재래시장에서 정육점을 운영하는 정홍철 씨. 시장 입구에 들어선 미소금융 지점에서 급전을 빌리려 했지만 집을 담보로 한 대출이 있어 불가능했습니다.

정홍철 씨 "괜히 서민들 마음만 부풀게 해놓고 막상 대출을 받으려면 심사 과정이 너무나 힘들고 그래서 누가 대출을 하겠습니까."

기자 심사를 지나치게 까다롭게 하는 탓에 미소금융은 총 상담건수 15만

1천여 건 가운데 10% 남짓만 실제 대출로 이어졌습니다.

어느 미소금융 중앙재단 관계자의 말 "또 미소금융은 재원이 한정되어 있습니다. 한정된 재원으로 해서 가능하면 많은 분들이 혜택을 받으려면 저희가 회수도 생각하지 않을 수 없습니다."

기자 이러다 보니 미소금융은 자금 회수가 쉬운 차량대출에 집중되었습니다. 전체 대출 2천200여 억 원 가운데 3분의 1은 미소금융으로 구입한 화물트럭과 개인택시를 담보로 잡고 있습니다.

꼽사리 해설 창구 앞에서는 까다로운 대출문턱. 한편 창구 뒤에서는.

아나운서 서울중앙지검 금융조세조사2부는 사회적 기업을 지원한 것처럼 서류를 위조해서 미소금융 자금 23억여 원을 빼돌린 혐의로 뉴라이트 계열 단체 대표 김모 씨를 구속기소했습니다. 또 김씨의 단체가 지원금을 유용한 사실을 묵인해주고 오히려 추가 지원금을 받도록 도와주고 2억 3천여만 원을 받은 혐의로 미소금융 중앙재단 양모 씨도 구속돼 함께 재판에 넘겼습니다.

김미화 미소금융에 대해서 좀 아시나요?

우석훈 하나금융 대표가 미소금융 대표였잖아요.

김용민 MB 친구 김승유 씨죠.

우석훈 겉은 미소금융으로 되어 있지만 안에서는 관리가 엉망이었나 보더라고요. 그래서 직원이 뒤에서 돈 빼가고 그랬다는 거죠. 그리고 마이크로그레딧이라는 제도 자체가, 실제로 돈을 받은 사람이 다시 빚을 지지 않게 하려면 사회적으로 굉장히 큰 지원 시스템이 같이 이루어져야 해요. 이를테면 사회적 기업이라는 장치를 같이 돌리거나,

공동체에서 일자리를 찾아주거나 하는 식으로요. 그러지 않고 돈만 주면 아무 일도 벌어지지 않아요. 그런데 지금 정부에서는 껍데기만 가져와서 돈만 주고 금융사업처럼 해버린 거죠.

김미화 왜 잘하던 걸 빼앗아가서 그렇게 생색내기 사업으로 바꾸는 걸까요?

선대인 이명박은 기본적으로 생색내는 건 자기가 다 해야 하는 사람이에요. 나중에 펑크가 나든 부담으로 돌아오든, 자기 임기 때만 터지지 않으면 된다는 생각이거든요. 지금도 국가 빚을 엄청 늘려서 마구잡이로 사업을 해대면서, 당장은 경기부양 하는 것처럼 보이지만 실제로는 다음 정권에 그 부담을 떠넘겨서 결국은 미래 세대가 짊어지게 만드는 건데도, 그런 건 안중에도 없다니까요.

그리고 마이크로크레딧은 방글라데시의 그라민뱅크가 시초잖아요. 그라민뱅크는 단순히 소액 대출 자체만이 아니라 공동체의 유대와 맞물린 거예요. 서로 조금씩 돈을 모아서 빌려주되, 공동체의 신뢰 속에서 빌린 돈이기 때문에 빚을 갚지 않을 수 없어요. 이렇게 서로 묶여 있다고 생각하는 가운데 소액 사업하는 사람들을 서로 도와주는 구조가 만들어지죠. 그래서 강제력을 동원하지 않아도 상업적인 민간 은행보다 연체율이 더 낮은 거고요. 우리나라 민간 마이크로크레딧에서도 그런 정신을 큰 틀에서 지향했던 건데, 정부가 그걸 가져가서 금융사업으로 만들어버리면서 문제가 생긴 거죠.

– 이상 10회(2012년 1월 31일 방송)

경제권력도 바꿔야 한다

선거에서 본때를 보여주자

김미화 이것도 저것도 다 문제입니다. 개인 가계가 부담해야 하는 지출이 엄청나게 큰데, 그런 가계대출 문제에 더해서 자녀들 대학 등록금도 말할 수 없이 올랐고, 식비까지 엄청나게 올랐어요. 이걸 어떻게 해야 하나요?

선대인 휴우(한숨). 다루어야 할 문제가 너무 많아요.

김미화 한숨 쉬고 끝이에요?

김용민 총선과 대선에서 일단 본때를 보여줘야죠.

우석훈 인물을 바꿀 필요가 있을 것 같아요. 금융통화위원회에서 이자율을 정하거든요. 금융통화위원회 구성을 보면 상공회의소에서 한 자리 추천하고, 은행위원회에서 한 자리 추천하는 식으로 되어 있는데, 상공회의소는 기본적으로 지식경제부 눈치를 안 볼 수가 없는 곳이에요. 그 안에서 그 사람들끼리 결정하는 거니까, 민간이라든지 시민의 목소리를 대변할 수 없고, 대부분 청와대가 컨트롤할 수 있는 사람들로만 구성되어 있죠. 그런 점에서는 지금까지 우리가 한국은행을 너무 정부 우선으로 운영하지 않았나 하는 측면을 볼 필요가 있어요. 그리고 금융위원회나 금융감독원에서 저축은행 문제 같은 것들을 충분히 관리했는지 생각해보면, 문제가 있는 걸 알면서도 그 안에서 조직 실패가 생겼기 때문에 그런 이야기를 하지 않았다고 봅니다.

김미화 그런 부분을 누가 이야기를 해주겠어요. "내가 실패해서 우리나라 경제에 해악을 끼쳤습니다"라고 이야기할 사람이 누가 있겠어요. 금융위원장이 이야기하겠어, 한국은행 총재가 이야기하겠어, 대통령이 이야기하겠어요.

우석훈 그러니까 선거 과정을 거쳐서 그런 자리는 어떻게 구성되어야 하고, 어떤 정책을 가져야 한다는 부분들이 논의가 되어야겠죠.

김미화 선거 과정에서 우리가 바꾸어봤잖아요. 예를 들어서 김대중 정부, 참여정부 다 해봤잖아요. 그런데도 지금까지 똑같은 사람이 잘못된 정책을 펴고 있잖아요.

선대인 정치권력의 교체는 있었지만 경제권력의 교체가 이루어지지 않아서 그래요. 그러다 보니 기본적으로 관료한테 휘둘리죠. 새로운 정책 방향에 대한 명확한 비전과 전략을 갖지 않으면 휘둘릴 수밖에 없어요. 이게 〈나는 꼼사리다〉를 만드는 취지이기도 해요.

정치적 정권교체만 하면 끝나는 게 아니에요. 정권을 교체하는 이유가 결국에는 우리가 집합적으로 잘살아보자는 거잖아요. 김어준 총수가 이야기하는 대로 자기 스트레스를 줄이려는 행위죠. 하지만 정치를 바꾸는 데서 그치지 않고 정말 스트레스를 줄이는 데까지 나아가고, 훨씬 효과적으로 되려면 정책까지 바꿔줘야 하는데, 그런 정책을 체화할 수 있는 사람들이 부족한 거죠. 그래도 그런 방향으로 자꾸 유도를 해야 합니다.

김미화 지금 세상은 좋아졌다고 하고, 트위터로 실시간으로 대화를 하고 난리가 났잖아요. 그런데 왜 우리는 이렇게 어렵게 살아야 하나요? 아이들 학비는 학비대로 오르고 가계대출 늘어나고, 어째서 사는 게 점점 더 이렇게 팍팍해져야 하나요. 왜 그런 건가요?

우석훈 김미화 누님이 요즘 뭘 좀 이해하니까 힘들게 느껴지는 거예요. 그냥 모르고 살면 삶은 늘 힘든 거라고 자조하면서 살게 되어 있어요.

김미화 내가 시사 프로를 너무 오래했나봐요.

선대인 우리 방송이 노무현 정부에 비판적이라는 이야기가 들리는데, 노무현 전 대통령이 미워서라기보다, 이런 구조나 정책의 방향을 자세히 들여다보면 참여정부를 비판할 수밖에 없는 지점들이 있어요.

우석훈 가계부채 문제도 마찬가지예요. 언론에서 자꾸 개인의 문제로 몰아가니까 문제죠. 빚은 내라고 해놓고, 나중에 빚이 있는데 어떻게 하냐고 하면, 빚을 낸 놈이 바보라는 식으로 개인한테 문제를 돌리니까요. 우리가 뭘 바꿔야 할까를 생각해봐야죠. 이를테면 펀드를 만들어서 돈이 급한 사람들에게는 은행이 아니더라도 당장 환매해주고 나중에 갚도록 한다든지…… 방식은 얼마든지 찾을 수 있거든요.

선대인 생각해보면 간단한 거예요. 예를 들어서 우리가 정치권력을 바꿨는데, 22조 원을 4대강 강바닥에 때려 박을 건지, 교육비로 쓸 건지 선택할 수 있는 거죠. 교육비로 쓰면 고등학교까지 의무교육을 하고 지방 국공립대학을 중심으로 등록금을 대폭 낮춰줄 수도 있잖아요.

그런데 특히 외환위기 이후에 우리는 지속적으로 기득권을 먹여 살리고, 토건업체와 금융업체를 먹여 살리는 쪽으로 선택을 해왔어요. 저금리 같은 경우도 마찬가지예요. 금융기관들이 부동산 시장에 펌프질을 하면서 무리하게 대출을 해줬기 때문에 2008년 말에 금융위기가 오면서 금융기관이 어려워진 거예요. 자기들 책임이죠. 그런데도 공적자금을 투입해서 세금으로 먹여 살려주고 금리를 낮춰주니까, 이제는 또 금융기관에서 마진 장사를 해요. 예대마진이라는 건데, 대출금리는 최대한 비싸게 하고 예금 금리는 최대한 싸게 해서 마진을 확 키워버린 거죠. 그렇게 해서 2009년, 2010년 들어서면서 금융기관들이 사상 최대의 매출을 올린 거 아닙니까. 지난해는 거의 극점에 올라간 거고요. 그러니까 늘 가계가 똥바가지 쓰는 거예요. 알고 보면 이게 얼마나 억울한 일이냐고요. 우리가 이걸 알아야 하고, 그래서 〈나는 꼽사리다〉를 들어야 하는 거예요.

서민은 가난해지고, 청년은 희망이 없고

우석훈 장기적으로 보면 출산율이 떨어지거나 20대의 연애가 줄어든 것도 상당 부분 경제적인 이유 때문이에요.

김미화 실제로 무슨 미래가 있겠어요. 그래서 우리 젊은이들이 연애, 결혼, 출산을 포기한 세대라는 의미로 스스로를 '3포세대'라고 한다잖아요.

선대인 저는 거기에 첨가해서 '6무세대'라고 하는데요. 처음에는 젊은이들에게 다섯 가지가 없다는 의미에서 '5무세대'라고 했어요. 2000년대 내내 부동산 시장에 돈이 묶이면서 생산경제로 돈이 가지 않다 보니 공장이 돌아가지 않으니까 일자리가 없죠. 일자리가 없으니 소득은 늘어나지 않는데 집값은 뛰어올라서 집을 가질 수 없죠. 이런 상황에서 연애도 결혼도 못하니까 아이가 태어나지 않죠. 그래서 '5무세대'라고 했더니 제가 트위터에 올린 글을 보고 20대 친구가 멘션을 줬는데, 가슴이 정말 아팠어요. 그 친구가 이러더라고요. "저희는 6무세대입니다. 희망도 없으니까요."

우리가 적어도 젊은이들이 희망을 가질 수 있는 구조는 만들어줘야 하는데, 그것도 못하고 있어요. 예를 들어서 부채가 많은 상황이니까 소득을 부채보다 더 많이 늘려주면 되잖아요. 그런데 이명박 정부는 소득조차도 확 줄여버렸어요. 물가상승률을 반영한 실질가계소득이 2010년 중반 이후로 계속 뒷걸음질 치고 있어요. 이런 상황에서 GDP가 6% 성장했다느니 하는 헛소리를 해봐야 그 성장이 무슨 의미가 있어요. 수출업체, 재벌기업, 건설업체한테 퍼주고 있을 뿐이죠.

그렇다면 해법을 생각해보죠. 선분양제 없애야 하고 3년 거치 대출 구조도 없애야 해요. 선분양제와 3년 거치 대출 구조가 맞물려서 투기 상승작용을 일으키거든요. 선분양제라는 건 분양을 받아놓고 3년 동안 중도금을 납입해가는 과정이에요. 그러고 나서 완공이 되면 입주를 하고 등기를 한다고요. 3년 거치 대출 구조는 이렇게 선분양제에 맞춰서 3년 동안 이자만 내면서 중도금을 납입하다가 완공 시점에 자기 이름으로 등기가 되었을 때, 집값이 올라 있으면 팔아서 그냥 돈만 챙기는 구조로 만들어놓은 거니까, 기본적으로 투기를 조장하는 구조예요.

우석훈 집값이 올라갈 때는 그렇죠.

선대인 물론 내릴 때는 이것 때문에 와장창 깨지죠. 이렇게 부동산 경기 진폭을 키우면서 투기를 조장하는 제도는 이제 없애야 해요. 시대착오적인 제도거든요. 그래서 외환위기 직후에 선분양제하고 분양가 자율화를 패키지로 해서 후분양제로 가면서 분양가를 자율화하자고 했어요. 그런데 외환위기 때 건설업체가 와장창 무너지면서 힘들어지니까, 선분양제는 그대로 놔두고 분양가를 자율화해버렸어요. 주택 소비자 입장에서는 가질 수 있는 권한이 하나도 없는 거예요. 일방적으로 주택 건설업자한테만 굉장히 유리한 구조를 만들어놓은 거죠.

우석훈 "돈은 미리 내놓고 주는 대로 사가. 비싸도 할 수 없어. 싸도 할 수 없어." 이런 거죠.

김미화 밥통을 하나 사도 우리가 미리 좀 보고 사는데.

선대인 이런 식으로 온갖 부동산 투기조장책, 부동산 경기부양책 쓴다면서 매번 국민 세금 가지고 건설업체 도와주고, 부동산 펌프질한 저축은행이나 금융기관에 돈 넣어준다고요. 그러면서 부동산이 깨지면 서민이 더 다친다는 걸 명분으로 내걸어요. 거기다 넣은 돈의 3분의 1만 가지고 제대로 쓰면 서민이 왜 다쳐요. 정말 웃기는 놈들이죠.

김미화 결국 나무의 가지치기를 못해주는 형국이죠. 가지치기를 할 건 분명히 하고, 그런 사인을 딱딱 주고, 정부가 사람들에게 고통분담을 하자고 이야기를 하면 사람들이 정부를 믿고 따르겠죠. 그런데 못 믿겠거든요.

우석훈 정부에서 하는 이야기와는 상관없이 이미 부동산 회사들이 구조조정에 들어가 있어요. 22조 원이 사실은 건설사에 준 돈인데, 그 돈을 받았는데도 너무 덩치를 키웠기 때문에 회사들이 견딜 수가 없어요. 그래서 외환위기 때도 버틴 건설 회사들이 무너지는 중이에요. 그중에 일부가 망하고, 다시 정상적인 회사들이 남는 사이클이 한 바퀴 돌아야 할 거예요.

김미화 부동산이 무너지면 아무 담보 없이 돈을 빌려준 은행에도 문제가 생길 거고, 그러면 또 우리 세금이 들어가게 되고, 이런 현상이 반복되겠군요.

우석훈 그중에서 예금자 보호를 받는 사람들은 받을 수 있고요.

김미화 보호받는다는 예금도 5천만 원이잖아요.

우석훈 이미 문제가 생겼기 때문에 어차피 다 끌고 갈 수 있는 방법은 없어요. 어디선가는 쓰러지면서도 본진이 다 죽지 않는 게 중요한데, 지금 정부처럼 다 끌고 가려다 보면 본진이 한꺼번에 죽을 수도 있죠.

선대인 일본의 전철을 피하자고 이야기하면서, 지금 정부는 일본이 했던 짓을 똑같이 따라 해요. 일본도 부동산 거품 붕괴하고 나서 건설업체 살리려고 공공부채 잔뜩 쌓아두면서 건설사업 만들어줬거든요. 무너져야 할 건설업체까지 다 살려주려다 보니까 안 무너질 업체들까지 질질 끌고 가면서 결국엔 다 무너진 거죠. 부동산 시장 침체도 장기화돼버렸고요.

'신빈곤 시대'에 대처하는 법

우석훈 가계부채라는 주제는 참 어렵습니다. 민감하기도 하고, 개인이

할 수 있는 게 많지 않거든요. 정부가 부채 다이어트 같은 프로그램을 만들어서 움직여야지, 돈이 없는 개인이 갑자기 돈을 끌어올 수 있는 것도 아니고, 개인 차원에서 어떻게 하겠어요.

선대인 그래도 개인이 할 수 있는 걸 몇 가지만 말씀드릴게요. 일단은 집 사는 것도 콩나물 사듯 접근해야 해요. 2000년대에 부동산 값이 마구 뛸 때는 사두기만 하면 오를 것 같으니까 앞뒤 재지 않고 샀지만, 이제는 그렇게 하면 안 됩니다. 우리가 콩나물 한 봉지를 사더라도 돈의 가치에 합당하지 않으면 깎아서 사잖아요. 그런 시대가 왔고, 당연히 그렇게 가야 해요. 비싸다 싶으면 사지 말아야 하고 자기 소득으로 감당할 수 없으면 무리하게 빚내서 사지 말아야 하는 거예요.

그다음에 가계부채 다이어트를 해야 하는데, 개인적으로 할 수 있는 게 몇 가지 있어요. 먼저 사교육비 줄여야 합니다. 지금 학원이나 학원에서 돈 받아먹고 사는 언론에서 학부모의 불안감을 부추기는 광고와 보도를 하고 있어서, 사교육이 지나치게 조장되고 있어요. 그런데 실제로는 사교육이 그렇게 큰 효과가 없어요. 여기서 다 말씀드릴 수는 없고, '사교육걱정 없는세상'이라는 모임에서 만든 〈굿바이 사교육〉 〈아깝다 학원비!〉라는 책을 읽어보시면 도움이 됩니다.

김미화 옆집 아이는 사교육을 시키는데 우리 아이만 하지 않을 수도 없고, 부모 입장에서는 아이들 실력 떨어지는 게 사실 불안해요.

우석훈 그게 일종의 공포마케팅 같은 거죠.

선대인 계속 그런 식으로 경쟁을 시키는 거예요. 그런데 알고 나면 내성이 생기잖아요. 논리적인 내성을 갖출 수 있는 책을 읽는 게 필요하다고 생각해요. 이 책을 읽으면 신기하게도 학원비가 줄어듭니다. 제가 장담해요.

그리고 보험도 너무 많이 들어요. 우리가 보험금으로 100을 지출한다면 보험급여 타 가는 사람이 10도 못 타가요. 실제로는 위험도가 그만큼 크지 않은데, 몇 십만 원씩 뭉텅이로 돈이 빠져나가는 걸 의미하죠. 이런 보험료 가능하면 줄여야 합니다. 물론 암이라든지 중병 같은 경우에 대비해서 일정하게 저축형 보험을 들 필요는 있지만, 무리하게 할 필요는 없고요. 특히 보험으로 재테크할 수 있다는 건 개뻥입니다. 그런 유의 펀드는 절대로 하지 마세요.

김미화 저도 방송 잘리고 나서 보험 깼다고 이야기했잖아요.

우석훈 우리나라에서 사교육비가 작년에 처음으로 줄었어요. 많이 줄어든 건 아니지만 항상 많이 오르다가 약간 줄어든 게 처음이라서, 분석하는 사람들은 진짜 사람들 일상이 어렵다는 이야기를 합니다. 지금의 이런 현상을 신빈곤이라고 해요. 저개발 국가일 때 못사는 건 그냥 빈곤이죠. 그런데 상당한 부자가 되었는데, 정부가 경제운영을 잘못해서 다시 빈곤 현상이 생기는 걸 신빈곤이라고 해요. 지금 우리가 전형적인 신빈곤 현상의 일반화 단계로 들어가 있는 거니까, 정말로 줄일 건 줄여야죠.

김미화 지금 월급도 줄어들고 있죠.

선대인 실질소득은 주는데 물가는 뛰는 거죠. 물가가 5% 뛰었는데 내 월급이 3%밖에 안 뛰었다면 실제로는 2% 줄어든 거잖아요.

김미화 거기다 비정규직이 많아져서 질도 나빠졌고요. 유종일 박사가 책을 냈어요. 그 책에 비정규직 문제에 대한 해결책을 써놨는데 마음에 와 닿더라고요. 정책을 만드시는 분들이 〈나는 꼽사리다〉를 들으

신다니까, 한번 들어보셨으면 해요. 비정규직은 정규직보다 임금을 더 줘야 한다는 게 이분의 주장이에요.

우석훈 그건 주장이기도 하고 미국 포드 같은 데는 실제로 그렇게 해요.

김용민 실제로 유명한 프리랜서들은 정규직이 아니지만 정규직보다 돈을 더 많이 받잖아요.

김미화 우리는 그렇게 못하니까요. 비정규직 임금은 정규직에 비해서 110% 정도로 줘야 하는데, 기업 입장에서 볼 때 비정규직은 해고하는 데 따른 리스크가 없기 때문이래요. 정규직과 달리 아무 때나 비정규직을 해고할 수 있다는 거죠. 그다음에 사내에서 복지 추가비용이 들지 않기 때문이래요. 이런 비용이 들지 않기 때문에 당연히 월급을 높게 책정해줘야 한다는 이야기인데, 우리나라에서는 왜 이런 부분이 적용이 되지 않을까요?

우석훈 미국 제조업, 특히 자동차 분야에서는 그렇게 되어 있고요.

선대인 스웨덴 같은 복지국가 중에는 그렇게 하는 데가 많아요.

김미화 북유럽, 호주, 뉴질랜드 다 그렇더라고요.

우석훈 오랫동안 경제학자들은 임금이라는 게 생산성이라든가 개인 기여도에 의해서 결정되는 거라고 봤는데, 21세기에 들어오면서 많은 경우 임금은 사회적인 약속에 의해서 결정이 돼요. 독일 지역임금제 같은 경우는 특정한 지역에서 똑같은 임금을 주자는 건데, 그 지역에서는 무슨 일을 하든지 임금이 같아요. 그러면 굳이 돈을 더 준다는 이유로 자기가 하기 싫은 일을 할 필요가 없죠. 스웨덴 같은 경우 동일한 노동은 동일한 임금을 받도록 하고, 실제로 이런 방식이 이루어지고 있어요. 그러니까 임금은 우리가 어떤 약속을 할 거냐, 어떤 제도를 취할 거냐에 따라서 결정되는 거죠. 그런 점에서는 비정규직에게 임금을 더 주는 방식도 충분히 해볼 수 있는 제도죠.

김미화 그래서 이런 거 한 번 해보면 살 만한 세상이 되겠다는 생각이 들어요. 지금 비정규직이 굉장히 많잖아요.

선대인 당연히 해야 하는 중요한 과제 중에 하나죠.

우석훈 그런데 그렇게 하면 회사에서는 정규직을 늘릴 거예요.

김미화 그것도 좋은 거잖아요. 결국은 정규직으로 되는 게 좋으니까요.

우석훈 사실은 그게 우리가 바라는 목표죠. 싸게 빼먹을 수 있는 부분을 자꾸 없애야 정상적인 것들의 값을 높여주거든요.

선대인 비정규직을 고용하는 데 따른 부담을 자꾸 늘려줘야 하는데, 현실은 그렇지 않아서 안타깝죠. 비정규직이 정규직이 하는 일의 90%를 하고 있는데 임금은 정규직의 절반도 받지 못하니까요.

정부와 언론 믿지 말고 스스로 빚 줄여나가야

우석훈 오늘 너무 우울한 이야기를 한 것 같네요.

김미화 가계대출 이야기는 정말 우울하네요. 말하자면 불편한 진실인데요. 하지만 우리가 그 진실을 대면하고 똑바로 바라보면서 대책을 세울 필요가 있습니다. 그래서 어려운 이야기지만 우석훈, 선대인 씨가 열심히 설명해줬어요. 오늘 두 사람을 칭찬해주겠어요.

우석훈 방송을 듣는 분들께 부탁 하나만 드릴게요. 이자율이 오르지 않을 거라는 정부의 말은 믿지 마세요.

김미화 정부를 못 믿으면 누굴 믿으라는 말이야.

선대인 〈나는 꼽사리다〉를 믿으세요.

우석훈 정부는 버티고 있더라도 시장 상황 때문에 이자율은 높아질 확률이 높고, 그러면 대출이자도 높아질 거예요. 그러니까 거기 맞춰서 계속 조절하려는 노력이 없으면 진짜 힘들어져요.

김미화 빚은 가능하면 빨리 줄이고, 개개인 스스로 조절하라는 말이네요.

우석훈 그리고 좁은 집에서 사는 게 아예 집이 없는 것보다 훨씬 나을 수도 있고, 생활이 안 되는 것보다 나을 수도 있겠죠.

김미화 계속 이자 내느라고 허덕이느니, 내 인생에서 뭐가 중요한지 파악하고 빨리 결단을 내리라는 거죠.

우석훈 네. 언론에서는 6개월 혹은 1년만 버티면 또 한탕이 온다고 계속 이야기를 할 거예요. 그런데 1년 후면 정권 바뀌어요. 다른 건 몰라도 앞으로는 집값 올리자는 정권은 한국에 들어서지 않을 거예요.

선대인 더구나 이미 시장의 힘이 워낙 강하기 때문에 정권의 힘 또는 정책의 힘으로 떠받치는 데 한계가 있어요. 제가 부동산 구매력이라는 걸 나름대로 측정해보니까, 지금이 100이라고 치면 수도권은 2020년 가면 67 정도로 떨어져요. 67%밖에 안 된다는 말이에요. 거기서 10년 더 지나버리면 40%까지 내려갈 거예요. 지금 100을 산다면 20년 후에는 40밖에 안 남는다는 말이에요. 이게 주로 인구 구조 때문에 그런 건데 그 압력이 굉장히 크기 때문에, '당장 정부가 받쳐주면 괜찮겠지' 라는 생각은 가능하면 버리는 게 좋고, 자기 소득 범위 안에서 판단해야 합니다.

김미화 그동안 금융사나 정부는 다들 자신들의 이득을 취하려고 했습니다. 금융사는 너도나도 대출해가라고 부추겼고, 우리 정부는 저금리로 국민한테 대출하라고 권했죠. 그래서 오늘 우리의 결론은, 정권을 믿지 말고 〈나는 꼽사리다〉를 믿으라는 겁니다. 이렇게 마치도록 하겠습니다.

선대인 우리 방송 끝날 때 외치는 마지막 구호 그걸로 바꿀까요?

김미화 그렇게 해요. 그런데 너무 그러면 누나 잡혀가는 거 아니야? 같이 외쳐봅시다. "정권을 믿지 말고……", 이렇게까지 해야 하나? 서글프네요. 그렇지만 한 번만 그렇게 외쳐보자고요.

– 이상 10회(2012년 1월 31일 방송)

삼성 제국

김용철 변호사가 비자금 규모만 대충 10조 원 가까이 폭로했는데, 결과적으로 삼성특검은 4조 5천억 원만 인정했고, 또 이 비자금에 대해 이건희 회장이 상속재산을 물려받아서 차명으로 관리해왔던 거라니까, "그래 알았다" 하면서 그걸 다 인정해줬어요. 그 결과 삼성생명 지분이 엄청나게 늘어났어요. 이건희 같은 경우는 상장하면서 완전히 떼돈을 번 셈이 되었죠. 그러니까 이게, 불법사건을 수사했는데, 처벌을 하기는커녕 엄청난 돈을 합법화해준 격이죠.

대한민국은 삼성공화국이다?

권력은 '삼성'으로 넘어갔다

NEWS

기자 삼성전자가 지난해(2011년) 4분기 실적 잠정 집계치를 내놓았습니다. 영업이익은 5조 2천억 원으로 기존의 최고치였던 2010년 2분기 5조 1백억 원을 뛰어넘었습니다. 분기별 매출도 사상 최대인 47조 원으로 지난해 매출은 164조 7천억 원을 기록했습니다. 이는 역대 가장 큰 매출 규모로 2010년보다 10조원 이상 증가한 겁니다. 연간 영업이익도 16조 1천5백억 원으로 2010년에 이어 두 번째로 많았습니다.

꼽사리 해설 해마다 승승장구하고 있는 1등 재벌 삼성. 그렇다면 우리의 삶도 그만큼 승승장구하고 있을까요?

기자 지난 3분기 가구당 월평균 소득은 346만 원. 지난해 같은 기간보다 1.4% 줄었고, 물가상승을 감안한 실질소득은 305만 원으로 3.3%나 줄어들었습니다. 가계 동향을 파악하기 시작한 2003년 이래 최악입니다. 특히 소득 하위 20% 계층의 경우 소득보다 지출이 57%나 많아 한 달 평균 41만 원의 적자를 냈습니다.

이근태 LG경제연구원 연구위원 "우리 경제는 수출을 통해서 빠르게 회복이 되면서 기업경기는 개선되고 있지만, 아직까지는 임금이나 가계소득으로는 본격적으로 파급되지 못하고 있습니다."

꼽사리 해설 삼성은 최대 이익을 거두는데 가계는 최악의 적자. 왜 이런 일이 벌어질까요?

기자 최근 5년 사이 대기업들은 급속도로 성장했습니다. 삼성그룹의 매출은 209조 원으로 두 배 가까이 늘었고, 현대자동차, SK, LG 등도 100조 원대 매출에 진입했습니다. 10대 그룹 전체의 매출도 급증했는데 제조업 전체에서 차지하는 비중이 사상 처음으로 40%를 돌파했습니다. 이 같은 대기업으로의 경제력 집중은 지난 2009년 출자총액제한제도가 폐지되면서 가속화되었습니다.

권오인 경제정의실천시민연합 경제정책팀 부장 "재벌들을 견제할 수 있는 규제를 다 풀었기 때문에 재벌들이 계열사의 무분별한 확장이라든지, 손이익 증가, 사내유보금 증가, 토지자산 증가라든지, 주머니만 이제 불리는……."

기자 대기업의 문어발 확장이 일자리의 90%를 책임지는 중소기업과의 격차를 갈수록 벌리고 있습니다.

김미화 삼성공화국에 대해서 특집으로 다뤄보려고 우리가 많은 이야기를 준비했습니다. 삼성이 그렇게 장사가 잘되고 흑자를 내고 그랬다는데, 왜 우리는 이렇게 살기가 힘든가요?

선대인 이번에 삼성화재, 삼성생명, 삼성전자가 사상 최대 매출을 올렸어요. 지난 몇 년 동안 삼성이니 현대니 이런 재벌기업은 돈을 억수로 벌어서,

우석훈 정확히 이야기하면 재벌 수출기업들.

선대인 이번 같은 경우는 삼성생명, 삼성화재도 포함됐지만, 어쨌든 삼성은 지금 연말 성과급으로 과장급은 2천만 원, 부장급은 6천만 원을 줬어요. 재벌기업에서는 한 사람 연봉을 보너스로 줄 정도로 돈을 주체를 못하는데, 가계소득은 2010년 하반기부터는 계속 뒷걸음질 쳤어요. 버는 게 없는 거죠. 그러니까 이건 분명히 뭔가 문제가 있다. 왜 이렇게 되었냐면, 여러 가지를 꼽을 수 있는데, 먼저 환율효과라는 건 제가 몇 번 말씀드렸으니까 아시죠, 다시 설명을 할까요?

우석훈 우리나라의 원화 가치를 떨어뜨리면 수출 가격이 떨어지면서 수출은 잘되죠. 그 대신에 우리가 사오는 건 비싸지죠. 벤츠로 설명을 하자면 벤츠 차값이 비싸지고, 벤츠에 넣는 기름값이 비싸지고, 우리가 쓰는 석유와 관련된 모든 것들, 수입하는 것들은 다 비싸지는 대신 현대차 소나타는 저쪽에 가면 싸지는 거죠.

선대인 예전 같으면 환율이 1달러당 1천 원일 때 1억 달러를 수출하면 1천억 원으로 계산이 되잖아요. 그런데 이게 1천200억 원으로 올라버려요. 그러면 삼성전자는 매출이 1천 억에서 1천200억 원으로 뛰어버리는 거니까, 결국 가만히 앉아서 이득을 보는 거죠.

김미화 일단 삼성공화국이라고 하면 우리가 삼성의 손바닥 위에서 사는 거라는 이야기잖아요. 대한민국이 온통 삼성이라는 말인데, 예를

들어봅시다. 전기, 전자, 생명, 화재, 카드, 증권, 중공업, 석유화학, 호텔신라, 삼성의료원, 복사지, 피자, 핸드폰, 가전, 스타벅스 커피까지 다 삼성이에요. CGV 영화관, 아파트, 한솔, 제일제당의 각종 양념류, 이마트, 패밀리마트, 거기에 에버랜드까지. 성균관대학교 대학생도 에버랜드 가야 한다고 이야기했었죠. 또 신라면세점, 제일모직, 네이버도 태생이 삼성SDI고요. 삼성케미컬, 보광휘닉스파크, 〈중앙일보〉 〈동아일보〉, 신세계 백화점, 제약…… 삼성이 없는 게 뭐야?

우석훈 거기다 최근에는 국방산업에도 들어오려고 해요. 그래서 지금 국방전산화라든지, 일반인에게 공개하지 않는 비행기와 관련한 항공 정보를 전부 삼성에 보내주죠. 그러면 삼성이 국가에 기여하느냐? 그렇기는커녕 우리가 힘들게 키운 공군 파일럿들을 빼가죠.

김미화 이런 식으로 삼성이 돈을 많이 버는데, 물론 삼성에서 사회에 장학금도 주고 혜택도 주죠. 그래서 사회에 삼성장학생도 무지하게 많이 깔려 있는 거 아닙니까. 그런데, 이런 삼성이 왜 욕을 먹는 걸까요?

선대인 앞으로 주는 장학금보다 뒤로 주는 장학금이 너무 많아서 그렇죠.

우석훈 오늘 그린피스라는 국제환경단체에서 제일 문제 있는 기업에 대한 국제적인 조사를 하고 있더라고요. 잠깐 봤더니 삼성이 1위더라고요.

선대인 삼성전자가 1위죠.

김미화 삼성반도체에서 근무하다 백혈병에 걸린 사람들 죽었잖아요. 그런데도 나 몰라라 하고 있단 말이에요. 사회의 모범이 돼줬으면 하는 바람이 많은데, 그걸 못해주는 거죠.

우석훈 모범까지는 바라지도 않아요. 사실 지난 정권 초부터 우리나라 정책 대부분이 삼성을 위해서 만들어졌다고 해도 과언이 아닐 정도예요. 노무현 정부 출범할 때 저희도 좋아질 거라고 기대를 많이 했죠. 그런데 모피아 이야기도 한 번 했지만, 또 다른 축이 삼성장학생이에요. 우리는 노무현 대통령 오른팔 역할을 했던 이광재로 알고 있지만, 노무현 대통령이 "권력은 시장으로 이미 넘어갔다"라고 말했을 때, 여기서 시장은 '국가와 시장' 할 때 시장이 아니라 삼성이고, 권력은 이광재로 해석이 되는 거예요. 이광재도 삼성한테 기울었다는 말로 해석하는 거죠.

김미화 이광재 씨뿐일까요?

선대인 아니죠. 다 깔려 있죠.

우석훈 선대인 씨는 혹시 삼성에서 제안 같은 거 없었나요.

선대인 저는 없었어요.

우석훈 누님은 관리 안 들어와요?

김미화 그러게. 나도 일종의 문화예술계인데 없더라고요.

우석훈 저는 작년에 연락이 왔었어요. 삼성 안에 삼성 CEO들만 보는 인트라넷이 있는데, 거기에 글을 좀 올리면 참고를 하겠다고 하더라고요. 그래서 "저는 쓰면 진짜로 써요" 그랬더니 연락 안 하더라고요. 그때 썼으면 원고료로 A4 용지 한두 장에 1천만 원씩 받았겠죠.

이건희 "모든 국민이 정직했으면 좋겠다"
국민 "당신부터 정직했으면 좋겠다"

선대인 노무현 정부 초기에 노무현 대통령이 삼성경제연구소 보고서가 좋다면서 청와대 보좌진들이나 장관들한테 읽어보라고 권했어요. 그런데 그 보고서들이라는 게, 물론 그중에는 맞는 이야기도 있겠지만, 결국 삼성 재벌을 위한 거거든요. 예를 들어서 G20 경제효과를 삼성에서 24조 원이라고 했는데, 사실 삼성이 정부에서 사업거리를 따내기 위해서 정부에 아부하는 내용이죠. 또 굉장히 황당했던 것 중에 하나는, 삼성경제연구소에서 저출산, 고령화 대책의 하나로 상속세를 줄여줘야 한다고 주장하더라고요.

우석훈 자기네 애들이 상속세 내지 않게 하고 싶겠죠. 일반인들은 낼 상속세가 있나.

선대인 게다가 삼성경제연구소에서는 외부에는 부동산 대세 하락 없다고 이야기하고 삼성그룹 안에서는 '부동산 깨질 위험이 있으니 투자에 굉장히 조심해라', 이런 식으로 이야기를 한다는 거죠.

우석훈 이번에 부동산 하락하면 저는 재벌들도 꽤 피해볼 줄 알았거든요. 그런데 2008년 이후에 삼성, 현대, 롯데 같은 재벌기업은 땅을 새로 산 게 없다는 거예요. 삼성은 선대인 씨가 이야기한 것처럼 내부적으로 땅 사지 말라고 해서 안 샀고, 현대는 그렇게까지 똑똑하지는 않았는데 현대건설을 먹으려다 보니까 현금이 필요해서 안 샀어요. 롯데는 회장이 일본의 거품 붕괴를 한 번 봤기 때문에 한국도 부동산 거품 붕괴가 온다고 해서 안 샀고요. 그래서 사실은 중산층만 속아서 땅

샀지 재벌은 안 샀다는 거예요. 진짜 미치는 일이죠.

김미화 우리나라 재벌 순위를 보면, 이건희 회장이 현재 1위고 4위가 이재용 사장이에요. 정몽구 회장이 2위고 정의선 부회장이 5위, 형제지간인 신동빈 회장과 신동주 부회장이 9위와 10위예요. 이렇게 우리나라에서는 부자지간이나 형제지간이 나란히 부자 순위에 올라 있는데, 이걸 피땀 흘려서 노력한 대가로 볼 수 있나요?

선대인 정몽구·정의선 부자 경우를 예로 들어보면, 굉장히 손쉽게 장사를 하죠. 현대글로비스라는 회사가 있는데, 여기에 현대 계열사들이 물량을 몰아줘요. 현대차, 기아차, 현대모비스 같은 데서 사업 물량의 80% 정도를 대주는 거죠. 그런데 이 글로비스라는 회사는 정몽구·정의선 부자가 대부분의 지분을 가지고 있거든요. 2006년 12월까지는 비상장 회사였기 때문에 주식시장에서 거래가 이루어지지도 않고 공시의무도 없었죠. 그러니까 정보도 틀어쥔 채로, 부자지간에 알짜배기 기업을 만들어서, 배당이익 생기면, 가만히 앉아서 현금배당으로만 한 해에 50억~60억 원씩 벌어들이는 거예요. 그러니까 기업이 현금인출기랑 비슷해요.

이렇게 하는 이유가 뭐냐면, 지금 재벌 2세까지 내려왔다가 3세, 4세까지 내려가는 판인데, 상속세나 증여세 전혀 물지 않고, 편법으로 상속해주려는 거죠. 글로비스처럼 작은 비상장 계열사를 만들어서 거기에 일감을 막 몰아주면서, 사업이 600%씩, 1년에만 50%씩 성장하고, 몇 년 지나면 몇 천 퍼센트씩 성장하는 경우도 있어요.

우석훈 기본적으로 이런 게 다 불공정거래예요. 시장에서 정상 거래를 하지 않고, 특수한 수의계약 같은 형태로 되어 있으니까요. 미국이 자본주의 국가라지만 이렇게 독점적이거나 불공정한 거래는 확실하게 관리하거든요. 엔론이라는 회사가 있었어요.

선대인 미국에서 당시 재계 순위 7위.

우석훈 부시 대통령이 당선될 때 주로 체니 부통령을 통해 돈을 댔던 바로 그 회사인데, 이 엔론 사가 분식회계를 했죠. 분식회계라는 건 회계장부를 조작한 거예요. 우리나라처럼 심한 것도 아니고 살짝 한 건데, 이걸로 인해서 엔론 사 회장이 200년인가 300년 선고를 받았더라고요. 결국 심장마비로 돌아가셨죠. 이렇게 경제범에 대해서는 엄청난 중형을 구형하더라고요.

김미화 100년도 못 사는 사람한테 200년, 300년 선고하는 건 그만큼 경각심을 가져라, 이 얘기 아니야.

우석훈 그때 엔론같이 큰 회사가 무너지는 걸 보면서 놀랐죠. 똑같은 기준을 적용하면 이건희 회장은 1천 년 구형이에요.

김미화 이건희 회장이 아들한테 편법으로 재산을 물려준 건 불법세습 자금이었고, 1조 원이 넘는 돈이었잖아요. 그걸 차명재산으로 사회에 환원한다고 해놓고 아직도 그 약속 지키지 않고 있죠. 문제는 이런 일로 사회가 시끄러워지니까 생전 인터뷰 안 해주던 이건희 회장이 갑자기 딱 한 마디 해요. "모든 국민이 정직했으면 좋겠다. 거짓말 없는 세상이 되어야 되겠다." 호암 탄생 100주년 기념식에 참가해서 그랬다는데, 그러면 모든 뉴스와 기자가 전부 그리로 쏠려서 이재용한테 물려준 불법세습 자금 문제는 싹 덮는 거죠. 그래서 국민이 똑똑해질 필요가 있어요.

증여세 16억 원 내고 2조 원 꿀꺽

선대인 제가 늘 하는 이야기가 뭐냐면, 재벌한테 나눔이나 사회공헌 같은 거·하라고 하지 않을 테니까, 제발이지 초등학교 때 배운 법대로만 하자는 거예요. 일단 범죄를 저지르지 말고, 저질렀으면 벌을 달게 받자고요. 이건희 회장이 1990년대 후반부터 2000년대 걸쳐서 이재용한테 편법으로 상속을 해주었잖아요.

김미화 주식으로 증여를 했단 말이야.

선대인 신주인수권부사채 같은 것들을 저가로 발행하는데, 그걸 인수만 하면 100배 가까이 대박이 나는 데도 인수할 수 있는 권리를 가진 사람이 아무도 권리 행사를 하지 않았잖아요. 그래서 이재용 혼자 그걸 사는 데 이건희가 그 비용으로 60억 원을 증여해줬죠. 그리고 증여세는 이건희가 이재용 대신 16억 원을 납부해주었고요. 딸랑 그것밖에 없어요. 그러고 나서 지금 이재용은 삼성에버랜드니 삼성SDS 지분 포함해서 2조 원대 자산가가 된 거거든요. 세금을 제대로 낸 게 없죠.

우석훈 제가 우리나라가 정말 창피하다고 생각했던 게, 얼마 전에 스티브 잡스가 사망했을 때 초등학생들이 왜 스티브 잡스는 아들이 없냐고, 왜 아들한테 회사를 물려주지 않느냐고 그랬다는 거예요. 우리나라 아이들 눈에는 회사를 아들한테 물려주는 게 당연한 걸로 보이는 거죠. 사실은 미친 짓인데, 언론이 한 마디도 안 하는 거죠. 진짜 이상한 나라예요.

선대인 이런 걸 보고 있으면, 봉건시대 같기도 해요. 우리가 북한을 욕

하는데, 우리나라 재벌은 능력과 상관없이 3대, 4대까지 세습을 하는 거잖아요.

김미화 노회찬 의원 삼성 엑스파일 사건 때 어땠는지 생각해봐요. 말이 안 돼. 떡값 검사 실명을 거론하는 건 국회의원이기 때문에 면책특권이 적용되지만, 인터넷에 이야기한 건 명예훼손죄가 성립된다, 그런 거 아니야.

선대인 말이 안 되죠. 같은 내용인데.

김미화 그리고 8년이나 지났기 때문에 국민이 알 필요도 없는 중대한 사안이 아니라는 게 검찰의 이야기인데, 이게 왜 중요한 사건이 아니야. 당연히 지금도 진실이 궁금하죠.

선대인 김용철 변호사 같은 경우도 굉장히 중요한 내용을 폭로했잖아요. 삼성그룹 안에서 그렇게 핵심 정보에 접근했던 사람이 앞으로도 없을 것이기 때문에 그건 전무후무한 증언이 될 거라고요. 비자금 규모만 대충 추정하기에 10조 원 가까이 폭로했는데, 결과적으로는 삼성특검에서 4조 5천억 원만 인정했고, 또 이 비자금에 대해 이건희 회장이 상속재산을 물려받아서 차명으로 관리해왔던 거라니까, "그래 알았다" 하면서 그걸 다 인정해줬어요. 그 결과 삼성생명 지분이 엄청나게 늘어났어요. 이건희 같은 경우는 상장하면서 완전히 떼돈을 번 셈이 되었죠. 그러니까 이게, 불법사건을 수사했는데, 처벌을 하기는 커녕 엄청난 돈을 합법화해준 격이죠.

우석훈 오히려 돈을 더 얹어주고 너는 사실 죄가 없었다, 해준 거죠.

선대인 그리고 139일 만에 특사로 풀려났잖아요.

출총제 풀리면서 문어발 아닌 지네발 확장

김미화 예전에는 재벌기업의 문어발식 확장을 막는 법이 있었던 것 같은데요.

선대인 그 이야기 하기 전에 한번 물어볼게요. 제가 일부러 준비를 해왔어요. 기업 이름인데요. 보나비, 휴먼TSS, 스태코, SB리모티드, SN폴, 에스코어, 오픈앤즈, 월드사이버게임즈, EX, ECNT, GES, SMP, SDM. 이게 어떤 재벌 회사의 계열사 이름일까요?

김미화 삼성이겠지. 지금 삼성 이야기 하고 있잖아.

선대인 그래서 제가 삼성그룹에 다니는 사람한테 이런 것들이 계열사인 줄 아느냐고 물어봤어요. 그랬더니 모른대요. 신고는 되어 있지만 하도 황당한 계열사가 많으니까 직원도 모르는 거예요.

김미화 계열사를 떠나서, 삼성이라는 거대한 기업이 문어발식 확장을 하면 우리 경제에, 혹은 국민에게 어떤 혜택이 있어요?

우석훈 이런 문제가 있어요. 제조업을 하는 회사 있잖아요. 차를 만든다거나 배를 만든다거나, 이런 큰 회사들이 일반 소매로 들어오고 유통까지 같이 하지는 않아요. 이를테면 차 만드는 회사가 고무도 만들고 그러지 않거든요. 그런데 현대는 지금 철강도 만들겠다는 거예요. 그리고 소매로 들어오는 게, 삼성 같은 경우는 구멍가게까지 한다는 거고요. 유통회사는 유통회사고 제조회사는 제조회사여야 하는데, 다 해먹겠다는 거죠. 삼성이 유독 심해요. 이런 식으로 가다가는 떡볶이까지 할 거예요. 이건 세계적으로 유례도 없는 일이고, 미국이 공정거래 같은 걸 통해서 관리하는 것처럼 우리 정부에서 어느 정도는 관리를 해줘야 하는데, 국회의원이랑 대통령 측근이 다 삼성장학생이니까, 오히려 정부에서 나서서 법을 풀어주겠다고 하죠.

김미화 지금 정치권이나 언론에서 삼성이 마음대로 휘두르는 이 파워에 대고 누가 이야기를 하겠어요. 각하의 말을 삼성이 듣겠냐고요.

우석훈 듣기는 하죠. 따라 하지는 않죠.

선대인 문어발식 확장을 막는 제도가 없냐고 이야기를 하셨는데, 몇 가지가 있어요. 제일 중요한 건 출자총액제한제예요. 출총제라고 표현하죠. 비유를 하자면, 돈 없는 사람이 전세를 계속 끼고 열 채 스무 채씩 지을 수가 있거든요.

우석훈 순환출자라는 거예요.

선대인 그런 식으로 기업 수를 늘려가는 걸 막기 위해서 만들어낸 제도가 출총제예요. 그런데 이걸 2008년에 이명박 정부에서 풀어버렸어요. 그 결과, 노무현 정부 때는 거의 변함이 없거나 오히려 줄어들었던 10대 재벌기업의 계열사 수가, 지난 4년 동안만 64% 늘어났어요. 삼성 같은 경우는 2007년에 59개였는데 2011년에 80개로 늘어나버렸고요. 엄청나게 확장을 하는 거죠. 그리고 중소기업 고유업종이라는 게 있었어요. 이건 2006년 노무현 정부 때 풀어버렸어요. 쉽게 말해서 이런 거죠. 두부, 타이어 제조, 막걸리 같은 것처럼 중소기업이 하거나 아니면 자영업자가 할 만한 작은 사업 있잖아요. 그런 것들을 지정해두고 중소기업 보호육성을 한다고 했는데, 이걸 풀어버린 거예요. 출총제하고 중소기업 고유업종제 풀어버리고,

우석훈 마지막 남은 게 금산분리.

선대인 금산분리도 사실은 굉장히 조건을 완화해준 상태죠. 이렇게 출

총제와 중소기업 고유업종제를 풀어버린 상태에서 재벌이 3세, 4세에게 경영권을 승계해주는 시기가 되니까, 이게 상승작용을 일으키면서 이제는 무한 확장을 하는 거예요. 문어발이 아니라 지네발 상태까지 와버렸죠.

김미화 재래시장 쪽에도 다 침투했잖아요.

우석훈 재벌기업이 동네에 들어와서 이런 식으로 구멍가게까지 잠식하는 나라가 세계 어디에 있냐는 거예요.

김미화 진짜 요즘 구멍가게 찾아보기 힘들어.

대형마트 매출 14조 원 느는 사이,
재래시장은 매출은 16조 원 줄어

NEWS

아나운서 이번에는 롯데가家 3세인 장선윤 사장이 빵 사업에 출사표를 던졌습니다. 이건희 삼성전자 회장의 장녀인 이부진 호텔신라 사장도 지난해(2011년) 외식계열사 보나비를 세우고 빵과 케이크도 함께 파는 커피전문점 아티제를 운영하고 있습니다. 신세계 정유경 사장은 이미 지난 2005년 조선호텔 베이커리를 설립해 현재 이마트와 신세계 백화점에 독점적으로 빵을 납품하고 있습니다.

기자 해물떡볶이, 크림떡볶이, 어묵탕까지 대표적 길거리 음식을 파는 이 음식점이 대기업 계열 음식점이라는 사실을 모르는 사람이 많습니다.

시민 모르겠는데. 서민이 먹는 음식인데 대기업이 이런 것까지…….

기자 20년 넘게 한 자리에서 장사해온 이 분식집은 최근 바로 옆에 대기업 국수집이 문을 열면서 하루 매상이 10만 원 넘게 줄었습니다.

분식집 주인 "여기가 장사가 잘되니까, 자꾸 여기 들어선데. 그러고 안 되면 금방 때려치우고 금방 다시 생기고……."

기자 그동안 외식업에 진출한 대기업은 CJ나 아워홈 등 식품회사가 많았지만, 최근에는 롯데, 신세계, 애경 등 유통업체에 우유, 의류, 간장회사까지 나서고 있습니다.

어느 대기업 관계자의 말 실패하더라도 상대적으로 타격이 크지 않기 때문입니다. 계열분리해서 친인척에게 나눠주기가 편한 부분이 있습니다.

선대인 제가 통계를 보니까 2006년부터 대형마트 매출이 17조 원에서 31조 원으로 늘었으니까 14조 원 정도 매출이 늘어났잖아요. 그 기간에 재래시장 매출이 딱 16조 원 줄었어요. 재래시장에서 사람들이 생계형으로 사고팔던 걸 완전히 다 빨아가버린 거죠.

우석훈 제가 어렸을 때 시장에서 고등어 팔아서 자식 대학 보냈다는 아주머니들이 있었거든요. 그런데 요즘은 시장에서 생선 팔아서 자식 대학 보낸 사람 이야기 못 들어보셨죠? 지금 이 정도로까지 대기업이 들어오는 데는,

김미화 그런데 대기업이 들어와서 매장이 깨끗해지고 그랬으면, 우리가 누리는 것만큼 삶도 좋아져야 되잖아.

우석훈 그럴 리가 있나요. 특수업종이라는 게 있고, 그다음에 지역 경제를 생각해봐야 하거든요. 시장이나 소매 혹은 자영업자들이 중요한 건 그게 결국 지역 경제라서 그래요. 이를테면 부산에 있던 시장을 없애고 큰 백화점이 들어섰다고 생각해보세요. 시장이 있을 때는 그 돈

이 어쨌든 부산 안에서 돌았는데,

선대인 그리고 상대적으로 저소득층 쪽에 돌았고.

우석훈 백화점이 들어서면서 돈이 전부 서울로 와버린 거예요. 돈이 서울로 와서 중산층에게 돌아오느냐면 그렇지도 않고, 그냥 재벌 일가로 가는 거죠. 포항에 롯데백화점이 들어섰거든요. 그럼 포항이 좋아졌을까요? 포항에 시장도 있고 할 때는 포항 경제가 돌지만, 백화점이 들어서고 나면 서울로 바로바로 빨리니까 지역 경제는 더 나빠지는 거죠.

김미화 돈을 그쪽에서 빨아서 이쪽으로 가져오는구나.

우석훈 백화점에서는 돈을 서울로 송금하니까요. 한미 FTA를 하면 우리나라에 뭐 있는 것 같지만, 사실은 미국 기업이 이익을 미국으로 다 송금해 가겠죠. 그런 것처럼 대기업이 유통에 들어오면 결국은 돈이 서울로 들어온단 말이에요. 그러니까 지저분해 보이는 지역 시장이 깨끗해지면 좋을 것 같아도, 결국 깨끗한 월급쟁이만 좋아지는 거예요.

선대인 예를 하나 더 들어보면, 중소기업 고유업종을 풀어버리고 나서 중소기업이 몰락하는 현상을 단적으로 보여주는 게 두부 이야기예요. 우리가 생활하면서 두부 많이 사 먹죠. 두부는 중소업체가 얼마든지 만들 수 있는 거잖아요. 사실 옛날에는 집에서 만들어 먹었고요. 그것까지 재벌이 해야겠냐고요.

두부업계 같은 경우에 2006년에 고유업종 푼 다음에 CJ하고 대상이 들어왔어요. 재벌기업이 들어온 거죠. 풀무원은 원래 재벌기업은 아닌데 두부업계에서는 대기업이었던 거고. 예전에는 풀무원을 제외하면 나머지는 다 중소업체들이 만들어서 팔았는데, 이 3대 기업의 시장점유율이 50%가 되어버렸어요. 재벌 대기업 두어 개 들어오는 바람에 일반 중소업체 입장에서 보면 시장 규모가 절반 정도로 줄어버린 거예요. 그래서 중소 두부 가공업체 수가 2006년에 2천300개던 게 2011년에 1천580개로 줄었어요. 700개가 확 줄어버린 거예요. 그러면 여기 있던 사업장 문 닫게 되니까 그만큼 일자리 줄죠, 또 중소업체들은 매출 영업이익 감소하니까 직원 월급을 많이 못 주잖아요.

우석훈 재벌기업들이 두부를 만들면 두부가 좋아졌을 거라고 생각하는데, 껍데기만 예뻐졌어요. 그 전에는 콩을 수입하는 게 더 귀찮으니까 국산 콩을 많이 썼거든요. 그런데 대기업이 하면서, 오히려 대량으로 수입해야 콩을 더 싸게 가져올 수 있으니까 유전자조작 콩이라는 GMO 콩을 더 많이 써요.

김미화 외국에서 싸게 들여오는 게 오히려 손을 뻗기가 더 쉽구나.

우석훈 그렇죠. 작게 할 때는 그냥 국산 콩을 사는 게 더 싸지, 수입을 해오는 게 귀찮잖아요. 그래서 자기가 직접 콩을 심기도 하고, 동생이 심은 콩을 가져오기도 하니까, 겉모양은 안 예뻐도 사실은 더 좋은 콩으로 만든 두부였어요. 그런데 지금은 풀무원에서 나오는 특별하게 비싼 두부 외에 대기업에서 만든 두부 좀 싼 거 집었다 하면 GMO일 확률이 아주 높죠.

김미화 대기업 게 더 싸니까 우리 콩으로 만드는 건 당연히 단가가 안 맞고, 그래서 농가나 중소기업에서 만들 수도 없고, 이런 상황이 되는 거네.

김용민 GMO 콩이 유전자조작 콩인데 그게 뭐가 나쁜 건가요?

우석훈 아직까지 검증은 되지 않았는데, 이를테면 강한 농약을 뿌리거나 제초제를 뿌려도 콩이 죽지 않는 특수 유전자들이 있거든요. 이게 인간에게 해가 없다는 증명이 없어요.

김미화 일단 조작된 거니까요. 유전자를 조작해서 크게 만드는 거니까.

우석훈 그걸 먹게 되면 소화불량 같은 작은 문제도 있지만, 그 외에도 인간에게 또 다른 문제가 생길 수 있다는 문제 제기가 과학계에서 계속 나오고 있죠.

선대인 제가 새로 책을 쓰면서 조사를 해보니까, 가계수지도 나빠졌어요. 가계수지는 쉽게 말해서 가계부인데, 돈을 벌어서 쓰는 것 빼고 나면 20만 원 남았다, 30만 원 적자다 이런 거죠. 지금 한국 가계의 30% 정도는 매월 적자예요. 중요한 건, 한국 가계의 80%가 외환위기 전에 비해서 가계수지 측면에서 좋아진 게 하나도 없다는 거예요. 더 나빠졌어요.

김미화 진짜 살기 힘들다니까. 왜 그런 건가요?

선대인 여러 가지 이유가 있는데, 재벌 퍼주기 식으로 성장을 하고, 중소기업과 자영업자 다 죽이고, 비정규직 늘려놓고, 이런 식으로 가니까요.

김미화 거기다 하청업체 압박해서 착취하고요. 그래서 '88만원 세대'가 나온 거잖아요.

우석훈 고용 문제가 계속해서 어려워지니까요. 사람들이 가고 싶어 하는 회사라는 삼성, 현대, 한전에서 일할 수 있는 숫자에, 행시, 외시, 사시 패스자까지 최대로 잡아봐야 20대의 5%더라고요. 나머지 95%는 불완전고용이거나 별로 하고 싶지 않은 일을 하면서 살게 되는 거죠.

선대인 진짜 좀스러운 사업까지 하니까 이야기를 안 할 수가 없는데, 재벌기업이 진출한 업종을 보면 막걸리, 재생타이어, 국수, 양말, 쇠못, 골판지상자, 플러그부착코드 이런 것까지 하고 있어요.

– 이상 8회(2012년 1월 18일 방송)

태안, 용산 그리고 삼성

사고는 삼성이 치고, 뒤처리는 국민이 하고

김미화 지네발식 확장이니 그런 것까지도 봐줄 만하다고 치면, 일본대사관 앞에 정신대 위안부로 끌려갔던 우리 할머니들을 위해서 동으로 만든 소녀비, '일본군 위안부 평화비'가 있어요. 일본대사관 건너편이 삼성 건물인데, 소녀비 옆에 있는 가로등을 꺼서, 저녁이 되면 소녀비가 안 보이는 거야. 그래서 그걸 연결해달라고 했더니, 진짜 우리나라가 IT의 천국이고, 삼성이 반도체 기술, 전자 기술 이런 쪽으로는 아마 1위일걸요.

우석훈 그렇지도 않더라고요. 반도체로는 높은데 3대 가전업체로 보면 그렇게 높지 않아요.

김미화 그런 삼성이 배선을 못할 리가 없잖아.

우석훈 배선은 나도 할 수 있어요.

김미화 그런데 소녀비 옆에 불 켜달라고 했더니 삼성에서 배선 조정이 어렵다는 거야. 정말 나쁜 기업인 거지. 예전에 미쓰비시라는 일본 군수업체가 있었어요. 일제 강점기 말 전쟁 통에 열세 살, 열네 살 우리 소녀들 잡아다가 비행기 닦게 하고 부품 옮기게 하고 그랬다고요. 그런데 미쓰비시에서 그렇게 일을 부려먹고 월급을 10원 한 푼도 안 줬어요. 그래서 여든, 아흔 다 된 할머니들이 항의를 했더니 미쓰비시에서 그때 어떻게 했냐면, 굉장히 건방지게 당시 금액으로 계산해서 99엔을 주겠다고 그랬어요.

김용민 완전히 양아치들이구만.

김미화 미쓰비시가 우리 할머니들한테 한 짓과, 지금 삼성이 하는 게 뭐가 다르냔 말이야. 일본에 물건을 많이 파는 기업이라고, 일본에 '우리 삼성은 저 사람들한테 동조하지 않고, 일부 사람들만 저렇게 항의하는 거예요'라고 선긋기를 하는 거잖아요.

우석훈 태안반도에서도 삼성이 사고를 냈죠. 그리고 피해자들한테 보상을 해야 하는데, 똑같은 일이 지금 거기서도 벌어지고 있죠.

NEWS

아나운서 충남 태안 앞바다에서 최악의 기름 유출 사고가 난 지 꼭 4년이 되었습니다. 오염되었던 바다는 옛 모습을 거의 다 되찾았지만 그게 전부가 아닙니다.

기자 지난 2007년 12월 유조선 허베이 스피릿 호와 삼성중공업 크레인이 태안 만리포 앞바다에서 충돌했습니다. 순식간에 검은 기름이 바다를 뒤덮으면서 푸른 청정해역은 검은 지옥으로 변해버리고 말았습니다. 4년이 지난 지금 태안 앞바다는 겉으로는 옛 모습을 되찾았습니다. 하지만 주민들에게 사고의 후유증은 여전히 남아 있습니다.

태안 만리포 주민 "우리가요, 방 아홉 칸 가지고 살았는데 지금은 정신이 하나도 없어요. 손님이 와야 뭐를 하죠."

기자 민박으로 생계를 유지하던 주민들은 물론 상인들과 영세 어민들 대부분은 배상 대상에서 제외되었습니다. 태안 주민 6천여 명은 오늘 정부과천청사와 삼성사옥 앞에서 배상을 촉구하는 대규모 궐기대회를 열었습니다.

문승일 태안유류피해대책위 사무국장 "정부는 저희 피해민들의 의견을 반영을 안 해준 거죠."

기자 언제 배상을 받을지 기약 없는 상황 속에 기름 유출 사고는 태안 주민들에게 여전히 지워지지 않는 상처로 남아 있습니다.

김미화 태안 이야기도 그렇습니다. 1천억 원 배상한다고 해놓고 주지 않고 있잖아요.

선대인 배상이 아니고, 검찰에서 기소해서 형사재판을 받은 건 예인선 선장뿐인데다 징역 3년을 받았고, 삼성중공업이 배상하는 금액은 최대 56억 원밖에 안 돼요. 이 규모가 얼마나 작은 거냐면, 미국에서 유조선 엑손발데즈 호가 알래스카 해역에 기름을 유출시킨 사고가 있었어요. 이 사건으로 처음에 미국 재판부에서 50억 달러를 배상하라고 했어요. 우리 돈으로 6조 원 정도 되죠. 최종적으로는 줄어서 6천억 원 정도로 감액이 되었는데, 여기서 끝난 게 아니라 민간에서 각종 소송이 들어오고 보상하잖아요. 그래서 최종적으로 하면 3조 원 이상을 엑손 사에서 배상을 했거든요. 그런데 지금 한국 재판부가 때린 액수는 겨우 56억 원이에요. 이것도 다 내는 것도 아니야. 그리고 주민은 피해보상금으로 최소 5천억 원에서 1조 원 정도는 받아야 한다고 이야기했는데, 소관 부서인 국토해양부가 가능하면 삼성 편들어가면서 줄이고 줄여서 선심 쓰듯이 1천억 원으로 해주겠다고 하고 있어요. 그런데 그것조차도 집행을 하지 않는 거예요.

김미화 국토해양부에 대해서는 나도 불만이 많아요. 이게 지금 태안 주민만 해결할 일이 아니잖아요. 갯벌이 망가졌다고. 그런데 태안 앞바다에 기름이 유출되고 갯벌 망가졌을 때 누가 갔어요. 우리 국민이 전부 자원봉사자로 가서 갯벌이며 돌에서 시커먼 기름 다 닦아낸 거 아니에요.

선대인 국민이 노가다 했죠.

김미화 지금 바다 밑 갯벌에 그 시커먼 기름이 들어가서 갯벌이 다시 복원되려면 몇 억 년이 걸릴지도 모른다는 거지. 그런데 이게 다 국민의 일인데, 삼성이 배 띄워서 거기 가서 기름 청소했다는 이야기 한 번이라도 들었으면 존경하려고 했어요.

선대인 삼성계열사 사람들이 가서 하기는 했는데, 그게 자원봉사로 끝날 일이 아니잖아요.

김미화 아니지. 돈 들여서 청소를 해야지.

선대인 언론이 얼마나 본질을 호도하는지 이 사건에서도 명확하게 드러납니다. 그때나 지금이나 언론에서 '태안반도 기름 유출 사건' 이런 식으로 표현을 하거든요. 삼성중공업이라는 회사 이름은 거의 노출이 되지 않았어요. 기사 제목으로도 뽑히지 않았고요.

김미화 삼성에서 광고 안 주면 어떻게 살아.

선대인 그러니까 사실 딜을 하는 거죠. 그리고 보도하는 내용을 보면, 당시에 삼성중공업의 책임이라든지 회사 차원의 책임, 배상 책임 이런 것들에 대해서 문제 제기를 하기보다는, 자원봉사자들 소개하면서 '감동의 물결, 훈훈한 인심' 이런 식으로 바꿔버린다고요. 물론 그런 것도 필요하지만 책임 소재는 명확하게 가려야 하잖아요.

김미화 국토해양부가 왜 조지지를 못해요?

우석훈 조지기는 어떻게 조져요. 삼성이 지난 정부와 이번 정부에서 중앙정부에 대해서는 어느 정도 장악이 끝났잖아요. 그래서 이제는 지역 정부를 장악하는 중이에요. 최문순 강원도지사가 당선되었을 때 우리는 굉장히 잘할 거라고 생각했는데, 이건희가 뛰어다니면서 평창 동계올림픽 유치하는 과정에서 삼성의 손을 잡았죠. 지금 인천 같은 경우는 송도 신도시에 삼성이 회사를 넣겠다고 하면서 인천광역시 정책 자체를 삼성이 쥐고 있어요. 거기 아파트값을 삼성이 좌지우지하거든요. 전북 같은 경우는 새만금에 에너지 단지를 작게 짓겠다고 하니까, 실제 규모도 얼마 되지 않고 갈지 안 갈지도 모르는데, 전북에 가면 또 '삼성 환영합니다'라고 쭉 붙어 있어요.

그러니까 중앙정부는 이미 다 먹었고, 이제는 지역별로 조그만 회사 하나 보내준다면서 공지하는 거죠. 그런데 생각해보세요. 외환위기 때 경제위기가 생긴 가장 큰 이유 중에 하나가 삼성이 부산에서 자동차를 만들겠다고 했던 거잖아요. 그렇게 해서 부산 경제가 좋아졌느냐고요. 아무것도 좋아진 거 없죠. 삼성이 잘하는 건 기술개발이 아니라, 실제로는 아무 일도 벌어지지 않을 것임에도 마치 벌어질 것처럼 하는 공작, 홍보, 조작이에요.

대기업 고용비중 고작 6%
국민경제에 무슨 기여를 한다는 거야?

선대인 많은 분이 이런 이야기를 해요. 그래도 삼성이나 재벌이 있으니까 한국 경제가 이만큼이나 되는 것 아니냐고요.

김미화 삼성이 살아야 우리도 산다. 이렇게 생각하는 거죠.

선대인 사실은 거꾸로거든요. 삼성이 국민경제의 100이라는 자원을 다 흡수해서, 그중에 국민한테 돌아오는 건 20, 30밖에 안 되는데, 그 100을 삼성이 안 빨아갔으면 100만큼 사실 서민경제가 혜택을 보는 거예요. 20, 30 돌아오는 걸 가지고, 그거라도 돌아오니까 우리가 사는 것 아니냐, 이런 식으로 이야기를 하는 거라고요.

우석훈 똑같은 이야기인데, 이건희 회장이 한 명의 천재가 만 명을 먹여 살린다고 했잖아요. 그 말 듣고 만 명이 한 명 때문에 죽는다는 생각이 들더라고요.

선대인 우리가 꼽사리라고 이야기하는 게 그거잖아요. 재벌이 우리를 먹여 살린다고 이야기를 하는데, 실제로는 1%, 특히 삼성 재벌 같은 데가 오히려 99% 국민을 등쳐먹는 꼽사리 인생인 거죠.

우석훈 외국 사례하고 비교를 해보면, 스위스에 네슬레라는 회사가 있어요. 우리가 먹는 커피를 개발한 회사고 국제 곡물회사예요. 무서운 회사죠. 킬러도 보낸다는 소문이 있고. 칠레 아옌데 정권을 무너뜨린 회사인데, 스위스에서는 그렇게 잘한대요. 보통은 무서운 회사라도 자기 나라에서는 잘해요. 그런데 삼성은 태안에 돈 안 주지, 용산참사 일으켜서 사람들 피곤하게 만들지, 자기네 공장에서는 백혈병 걸려도 괴롭히지, 이런 데가 없다니까요.

김미화 이상한 조사기관 들이대면서, 조사를 해봤더니 그런 게 아니더라, 이러면서 백혈병 걸린 사람들한테 돈 안 주는 거잖아요.

선대인 온갖 핑계를 다 대면서 안 물어주는 거고, 그런 사람들이 삼성에 항의하고 이러면 개인 정보까지 추적하고 감시하고 이런다고요.

우석훈 그래서 '삼성안기부'라고 이야기하죠.

김미화 저는 사실은 예전에 〈쓰리랑 부부〉로 한창 잘 나가던 시절에 삼성 냉장고 광고까지 찍었던 사람입니다. 삼성 바이오냉장고 칸칸. 요새 김연아가 하는 냉장고 광고 말이에요. 누나도 그런 시절이 있었어요.

우석훈 당대 톱스타들만 한다는 삼성 광고.

김미화 그래서 내가 삼성이 잘되기를 정말 바라는 사람이야. 그런데 한복 입은 사람은 거치적거려서 출입이 안 된다고 했던 신라호텔도 삼성이고, 나경원 씨가 초선 의원 시절에 참석했다고 해서 난리가 났던 자위대 창설 50주년 기념행사 장소로 신라호텔을 대여한 곳도 역시 삼성입니다. 그러면 왜 일본 자위대에 끌려갔던 할머니들 소녀상에 불을 안 켜주는지 알겠지. 소녀상 옆 가로등에 불이 켜질 때까지 항의합시다.

꼽사리 해설 결국 계속되는 여론의 비난 끝에 삼성 측은 2011년 12월 8일부터 가로등 수리에 들어갔음을 알려드립니다.

삼성이 왜 그렇게 떳떳하지 못하냐 이거야. 딱 나서서, "이건 역사인데, 우리는 불을 밝히겠고, 나는 우리 물건에 자신 있으니까 사려면 사고 말려면 마", 일본에 가서 그렇게 해야지 우리의 대삼성 아니에요?

선대인 삼성의 기술력이 뛰어나다는데, 삼성 휴대폰 부품의 상당 부분은 일제거든요. 우리 협력업체는 쫙쫙 빨아먹어요. 예를 들어서 삼성 본사가 10% 정도 성장할 때 협력업체는 4~5% 정도만 성장해요. 협력업체들은 매번 단가 인하 압력에 시달리니까 마음 편하게 기술개발이니 이런 거 못하죠.

우석훈 군사정권 시절에 재벌이 이런 말을 했어요. "밖에서 벌어서 안을 살찌운다." 그런데 요즘은 안을 쫙쫙 빼서 밖에다 퍼주는 게 우리 대기업이거든요. 국내 하청업체 힘들게 하죠, 지역 경제 힘들게 하죠, 청년을 전부 비정규직으로 바꿔서 고용 안정 안 되죠. 제가 삼성전자에 근무하는 20대를 대상으로 조사해봤는데, 부분적인 조사지만 삼성에 들어가도 그 월급으로 20대는 힘들어요. 집을 살 수 있는 가능성이 있는 팀이 있는데 사내결혼 했더라고요. 그런데 최근에는 삼성에서 사내결혼도 못하게 한다는 거예요. 그러니까 삼성에 입사한 남자 친구랑 만나봐야 사실은 안정적이지 않은 거예요. 잠깐 동안만 돈 많이 받는 것 같죠. 또 마흔 전에는 나와야 하고요.

김미화 그리고 사람을 얼마나 힘들게 해요.

선대인 삼성의 평균 근속연수가 7년밖에 안 돼요. 들어가면 평균 7년 근무한다는 거예요. 그런데 지금 재벌의 고용비중이 어느 정도 되는지 아세요?

김미화 그래도 재벌이 고용을 꽤 많이 하지 않나요?

선대인 전체의 6%밖에 안 돼요. 외환위기 전에는 이 비중이 13~14%였어요.

김미화 우리가 세금 혜택으로 그렇게 많이 밀어주는데도?

선대인 대기업의 고용비중이 지금 6% 정도밖에 안 돼요. 이건 재벌기업도 아니고 종업원 1천 명 이상의 대기업 다 합쳐도 6% 정도예요. 외환위기 때 뚝 떨어진 이후로 계속 이 수준을 유지하고 있는 거예요. 그리고 아까 밖에다 퍼준다고 했는데, 재벌기업한테 일자리 늘려라, 투자 좀 해라 이렇게 이야기를 하면 "우리 투자 많이 한다"고 하잖아요. 투자하기는 하죠. 어디다 하는지 아세요? 외국에 투자해요.

우석훈 외국에 골프장 사고, 황당한 일을 하죠.

선대인 예를 들면 현대자동차 같은 경우는 글로벌 생산기지 만든다면서 지금 여섯 개를 외국에 만들었거든요. 물론 글로벌 경쟁에 직면하니까 일정하게 불가피한 측면도 있는데, 그게 투자 규모가 총 10조 원 정도 돼요. 그러면 거기에 따르는 경제 파급효과라든지 일자리라든지 이런 게 밖에서만 생기지 우리 일자리는 안 늘어나죠. 그러니까 외환위기 이후에 늘어난 일자리는 다 중소기업인데, 중소기업 중에서도 직원 50명, 100명 있는 중소기업도 아니고 직원 10명, 5명 있는 소기업이에요. 그러니까 무슨 소득이 늘겠어요.

우석훈 삼성 같은 경우는 정말 문제인 게, 그렇게 해서 기술력이 좋아지고 세계 1위가 된다면 뭐라고 안 하겠어요. 그런데 워낙 사람들을 금방 내보내고 서로 불신하게 만드니까 노동 과정에서 말하는 혁신이라는 게 이루어지지 않아요.

김미화 삼성이 지금 세계에서 1위가 아니에요. 삼성 계열사 중에서 하나가 82위네요.

선대인 그건 삼성전자일 거예요. 그런데 삼성전자만 보면 되는 게 아니고, 삼성은 지금 계열사가 80개잖아요. 선단식으로 해서 이건희가 다 컨트롤하거든요. 한국의 재벌은 개별 회사로 보기가 좀 힘들어요. 다른 데는 계열사가 몇 개 없으니까 일대일로 비교하기가 힘들죠.

우석훈 지금 삼성이 직접 기술을 개발하는 게 아니고, 사실은 하청업체에서 개발한 기술을 빼앗아 오는 거예요. 삼성에 다니는 개인을 만나보면, 불안하니까 혹시 회사 기밀이라도 들고 튈 수 있으면 그러겠다고 그래요. 그런 사람들이 어떻게 그 안에서 기술개발을 하고 혁신을 하겠어요.

선대인 애사심이 생길 수가 없죠.

용산참사는 오세훈과 삼성의 합작품

김미화 나는 사실 두 사람 이야기를 듣고 깜짝 놀란 게 있는데, 지금 많은 분들이 이 이야기를 듣고 놀랄 거예요. 용산참사 3주년인데 이것도 삼성하고 연관이 되어 있다고요?

우석훈 삼성이 땅도 좋아하는 회사예요. 모기업에 해당하는 지주회사가 에버랜드라는 곳인데, 거기가 땅 관리하고 골프장 관리하는 회사예요. 여기서 장기적으로 삼성의 땅으로 생각했던 삼성의 트라이앵글이라는 게 있어요. 용산, 강남역 일대, 한남동에 삼성의 삼각축을 만든다는 게 이건희의 장기 구상이었거든요. 그 축 중에 제일 컸던 게 용산이에요. 거기에 삼성의 축을 하나 세우겠다고 한 것이 용산참사의 발단이 된 거죠.

김미화 삼성이 용산 국제업무지구 사업을 주도했어요?

우석훈 코레일, 그러니까 한국철도공사에서 경영상 문제 때문에 손실이 생기니까 용산 쪽에 있는 땅을 팔아 100층 이상 올려서 돈을 좀 벌어보겠다는 거였는데, 주도적인 개발을 하려고 했던 게 삼성이었어요. 용산은 삼성에서 구상하던 삼각벨트의 한 축이었고, 그렇게 하면서 말도 안 되는 용산 국제업무지구라는 사업이 시작된 거였죠.

선대인 이것도 안에서는 벌어먹고 밖에 퍼주는 전형적인 사례예요. 몇 년 전에 삼성물산에서 두바이에 세계 최고층 빌딩 짓는다고 했었잖아요. 그게 '버즈두바이'였다가 지금은 '버즈칼리파'로 바뀌었죠. 그건 삼성이 시공만 한 건데, 실제로 투입한 비용을 뽑아먹지 못했어요. 브랜드 이름 알렸다고 핑계를 대긴 하지만, 사실은 손해보고 장사한 거죠. 용산 국제업무지구 사업이 시작되면서 몇 개 업체가 달려들어서 수주전을 벌일 때, 삼성에서 '버즈두바이'에서 했던 걸 용산에서 구현한다면서 '용산두바이'를 내세웠어요.

그런데 용산 국제업무지구 같은 경우는 두 가지가 맞물려요. 좀 전에 철도공사 이야기 했는데, 민자 고속철도사업 같은 데서 손실을 많이 보거든요. 그래서 철도공사에 부채가 많이 쌓이니까, 철도공사 입장에서는 용산 국제업무지구 개발사업을 해서 한 번 털어먹자, 한 마디로 '돈 좀 벌어먹겠다' 한 거죠.

우석훈 철도회사가 토건질을 하겠다고 한 거였죠.

선대인 사실 철도공사는 국토해양부 산하라서 그 자체가 토건회사예요.

김미화 어찌 되었건 그렇게 개발을 주도하면서 거기 살던 사람들이 문제가 되었겠네요.

선대인 상가 세입자들이 문제가 되었죠.

우석훈 상가 세입자들한테 권리금을 인정해주지 않겠다고 했어요. 장사라는 건 관행상 권리금이라는 게 있잖아요. 게다가 시내고. 그래서 권리금 문제가 있었고, 또 하나는 삼성이 용산 국제업무지구 사업을 힘으로 밀어붙이면서 하다 보니까 지은 지 얼마 되지도 않은 아파트들이 그 지구 안에 포함된 거예요. 멀쩡한 중산층이 자기 아파트에 사는데, 그림 그려놓고 "너희 집이 한강 앞에 있으니까 내놔" 이런 거죠. 그렇게 토지를 빼앗아가는 걸 토지수용이라고 하는데, 원래 수용은 국가도 조심스럽게 해야 하는 거잖아요. 그런데 우리는 국가에서도 막 하는 데다, 특히 삼성은 민간업체잖아요. 민간업체인 삼성한테 토지수용권을 준 거예요.

선대인 50% 정도인가, 일정 규모의 주민이 동의하면 나머지는 민간 기업이 수용할 수 있는 권한을 줘버린 거예요. 거기다 오세훈이 서울시장 시절에 한강르네상스 이야기 했잖아요. 그 한강변에 2005년에 입주했으니까 입주한 지 몇 년도 되지 않은 몇 천 가구가 있었다고요. 그런데 오세훈 시장이 주민과 단 한 마디 상의도 없이 한강르네상스 사업에 그 아파트 단지를 포함시켜버린 거예요. 그러니까 삼성은 한강변에 '버즈두바이'처럼 비까번쩍하게 올린다는 식으로 환상을 만들어내고, 오세훈은 한강르네상스 해서 비까번쩍하게 과시하고 싶고, 이게 삼성하고 오세훈하고 맞물린 거죠.

김미화 뚱꼬가 맞은 거지.

우석훈 완전히 전문용어네요.

선대인 그래서 민주주의 국가라면 상상도 할 수 없는 방식으로 용산 국제업무개발지구를 수용해버린 거예요.

이건희는 특사로 풀어주면서 용산참사 피해자들은……

김미화 어찌 되었건 사람을 잘 설득하고 아무 일이 없었으면 참 좋았겠는데, 그때 비극이 일어나서 용산참사 때 얼마나 많은 분이 목숨을 잃고…… 참 가슴이 아픈 게, 가족들이 지금 감옥에 가 있잖아요.

선대인 그렇죠. 정말 가슴이 아파요.

김미화 아직도 비극이 계속되고 있는 건데…… 어떻게 이런 비극이 초래된 건가요?

선대인 거의 테러작전에 준하게 진압을 했죠.

김미화 특공경찰이 올라간 거잖아요. 컨테이너에 타고 올라가서 부딪쳐가지고,

우석훈 컨테이너 진압법이라고 거기서 처음 봤죠.

김미화 그분들이 떨어질 걸 대비한 어떤 안전장치도 없이 그냥 막 쳐들어갔잖아요.

선대인 그럼요. 그 장면을 보면서 정말 가슴이 아프더라고요. 저는 90학번인데 제가 대학에 들어갔을 때도 부동산 가격이 폭등하고, 특히 그때는 공급이 없어서 전세난이 굉장히 심각했어요. 그 전에 88올림픽 앞두고 상계동 같은 데 재개발하면서 용역이 들어가서 밀

어냈잖아요. 그런 폭력적인 재개발 방식이 20년이 지난 뒤에도 똑같이 되풀이된 거예요. 공권력이 개발 사업자 편에 서서 밀어붙이기 식으로, 주민을 테러분자처럼 진압하는 방식이 되풀이된다는 게 얼마나 황당해요.

우석훈 예전에는 우리가 개도국이라서 그랬다고 치는데, 선진국이 된다는 건 이런 과정이 굉장히 부드러워지고 절차화되는 걸 의미하거든요. 그런데 삼성, 오세훈으로 대표되는 한나라당, 그리고 코레일, 딱 이렇게 세 개가 붙으니까, 이건 정말 왕국이에요. 공권력이라는 건 이 세 가지를 지키는 중세 시대의 사병 같아요. 영주 가문 지키려고 창 든 기사들이 막 나가고, 완전히 중세 시대를 보는 것 같더라고요.

선대인 여기서 말하는 코레일, 즉 철도공사는 대다수 직원이 아니라, 일부 경영진이나, 철도공사를 가지고 노는 국토해양부를 말하는 거예요. 사실은 개발세력 뒤에서 국토해양부가 든든한 배경으로 버티는 거죠.

김미화 국토해양부가 오히려 국민의 앞에 서서 더 도와줘야 하는데요.

우석훈 헌법상으로는 그런데 사실은 국민 등쳐먹죠.

김미화 그때 용산참사 책임자로 진압을 진두지휘했던 김석기 경찰청장, 이분은 또 총선에 출마하신다네요.

선대인 그 이후로 아주 승승장구했죠.

김용민 그분이 오사카 총영사로 갔다가, 총선 출마한다고 바로 사표 내고 건너왔어요. 아주 무책임한 행동을 했죠.

우석훈 진압할 때는 참 책임 있었는데.

김미화 미국 같은 경우에 경찰이 살벌하게 단속하는데 우리는 약과라고 이야기하는 분도 있어요. 사실 미국 경찰이 무섭죠. 반항하면 총으로도 쏘고 폴리스라인 넘어오면 무섭게 단속하잖아요. 그런데 우리 경찰도 미국 경찰처럼 정의로운 행동을 해서, 불의에 대항할 수는 없는 건가요. 적어도 미국 경찰은 정치나 권력에 휘둘리지 않고 정확하게 집행하잖아요.

선대인 그래서 권위가 서는 거죠.

김미화 우리 경찰은 스스로 권위를 무너뜨려요. 솔직히 이렇게 무시당하는 경찰이 우리나라 경찰 말고 누가 있어요. 스스로 권위를 좀 세우셨으면 좋겠습니다.

선대인 이번에 설 맞아서 특사가 있는 모양인데, 용산참사 때문에 실형 사시는 분들 특사로 풀려나도록 해줘야 하는 거 아니에요?

우석훈 진짜 그러네요. 이건희만 특사로 나오고 상대편에 있다고 해서 전혀 정상참작 안 해주고 이러면 안 되죠.

김미화 사실 상대편 축에 껴주지도 않지. 그러나 이런 분들의 목소리를 정치권에서 좀 들어야 되고, 반드시 정치권에서 이런 분들이 특사로 나올 수 있도록 해야 합니다. 아버지가 돌아가셨는데 설에 아들이 감옥에서 아버지 제사상을 차리고 절을 하다니, 이게 말이 됩니까?

우석훈 말 안 됩니다.

꼽사리 해설 그러나 용산참사로 실형을 선고받은 이충연, 김주호, 김대원, 김성환, 천주석, 김창수, 김주환 이렇게 일곱 분은 결국 2012년 설 특사에서도 풀려나지 못했습니다.

재벌은 맹독을 품은 지네

선대인 지금 재벌 3세 정도까지 내려갔는데, 중소기업 쓰러지고 자영업자 몰락하잖아요. 재벌 4세까지 내려가버리면 서민이 숨 쉴 공간이 없어져요. 제가 아까 지네발이라고 표현했는데, 재벌이 지네라면 맹독을 품은 지네거든요. 이거 막지 않으면 독이 퍼져서 한국 경제가 죽게 되어 있어요. 제발 2012년에 선택을 잘해서, 이제 삼성공화국이 아닌 진짜 우리나라에서 살아봤으면 좋겠습니다.

구조를 좀 바꿔야 해요. 재벌이 우리를 먹여 살리는 게 아니라 등치는 거라는 인식을 확고히 했으면 좋겠고, 재벌이 아무리 돈 벌어봐야 외환위기 이후로는 우리한테 떨어지는 게 없거든요. 말은 낙수효과라는데, 비정규직만 양산되고 소득은 뒷걸음질 칠 뿐이지 재벌이 벌어가는 것에서 밑으로 떨어지는 게 전혀 없다는 말이에요.

그런데 지난여름에 제주도에 가서 올레길을 걸어봤더니 이게 참 신기한 물건이더라고요. 다니는 길마다 조그만 가게들이 있잖아요. 거기서 뭘 사 먹고, 거기 민박집에서 자고 이런 식이에요. 대규모 신라호텔이니 롯데호텔 가면 재벌한테 퍼주는 건데, 올레길 다니면 일반 가게가 살아나는 거예요. 이런 식으로 밑바닥이 돌 수 있도록 해야죠. 그거 하는 데 큰돈 안 들어요. 다양한 사람이 건전한 산업 생태계만 만들어주면 자생적으로 먹고사는 구조가 만들어지거든요. 저는 올레길이 그런 거라고 생각해요. 위에서 떨어질 걸 기다리는 게 아니라, 밑바닥에서 올라가는 거죠.

김미화 그게 분수효과죠. 뿜어주는 거요.

선대인 그렇죠. 밑바닥부터 올라가서 한국 경제 전반이 튼튼해지는 그런 구조로 가야 한다고 봅니다.

김미화 결론은 분수효과입니다. 이 모든 것이 우리가 하나하나 감시하고 꼼수를 밝혀내고 쫄지 않으면, 차근차근 만들어질 수 있습니다. 희망을 가집시다. 그런데 내 생애 안에 될까? 될 거라고 믿어요.

- 이상 8회(2012년 1월 18일 방송)

종편이라는 이름의 깡패들

부모님 댁 종편 채널 감춰드려야겠어요

김미화 오늘 종합편성채널이 개국했어요. 이것도 굉장히 큰 뉴스죠.

우석훈 돈 이야기는 천천히 따지기로 하고, 일단은 너무 많이 만들었잖아요. 하고 싶은 대로 다 들어왔어요. 제가 중간에 몇 번 이야기를 했는데, 요즘 텔레비전 리모컨에는 채널 감춤 기능이 있어서, 홈쇼핑 채널 보고 싶지 않은 사람들은 그 채널을 감추거든요. 그래서 제가 이야기한 대로 오늘 종합편성채널이 '채널 감춤' 속으로 많이 들어갔어요.

김미화 지금 받은 채널이 황금채널이라고 하잖아요.

우석훈 아무리 황금채널이라도 감춰버리면 소용이 없다니까요.

선대인 그래서 오늘 트위터에 올라온 글 보니까, '연말연시에 부모님 집에 보일러만 놔드리지 말고, 종편 채널을 감춰드리자'는 제안이 있더라고요.

우석훈 이 시점에서 잘난 척 좀 할게요. 제가 며칠 전에 언론노조에서 하는 토론회에 가서, 결국 종편의 적은 리모컨이라는 이야기를 하고 왔어요. 그래서 오늘 하루 종일 채널 감춤이 키워드였어요.

김미화 종합편성채널 같은 경우 광고를 직접 판매하고, 또 광고사에 속해 있으면서 뉴스를 편성하는데, 그 뉴스 안에서 어떻게 광고를 사는 사람들을 비판할 수가 있느냐, 그것도 문제예요.

우석훈 그게 미디어렙이라는 건데 여기서 렙은 실험실laboratory이 아니라 대변한다는 의미의 representative입니다. 미디어를 대변한다거나, 미디어 대행사 같은 개념이에요.

김용민 음식에 씌우는 랩인 줄 알았는데 아니군요.

우석훈 제도적으로 지금까지 있던 미디어렙이라는 법안을 정식으로 만들어서 해결할 수 있는 문제예요. 그런데 지금 한나라당이 국회를 안 돌리잖아요. 그래서 2012년 총선에 이기는 걸 전제로 하고, 그때 미디어렙법을 움직이면 그때는 해결이 될 텐데, 2012년 4월까지는 깡패들의 전성시대가 열린 거죠.

김용민 기업들 '삥 뜯는' 깡패들의 세상이군요.

선대인 일부 종편 채널 같은 경우는 자본금 납입을 막판까지 못하다가 겨우겨우 채웠어요.

김용민 〈동아일보〉와 〈매일경제〉가 그랬죠.

선대인 그 과정에서 굉장히 무리를 했어요. 그리고 KT 같은 데는 사실상 아직 공기업 성격이 있으니까 전체적으로 80억 원 정도 내놨죠.

김용민 설명을 좀 드리면, 그동안의 방송광고라는 것이, 각 기업이 한국

방송광고공사KOBACO에 광고 물량을 다 맡깁니다. 그러고 나서 방송광고공사에서 기업들에게, 예를 들어 'MBC에 100%를 보내라'고 이야기를 하면, 90%를 MBC에 주고 나머지 10% 가지고 지역방송이라든지 이런 곳에 분배를 해주는 거죠. 그래서 재미있는 현상이 뭐였냐면, 예전에 MBC 〈PD수첩〉에서 삼성을 비판하는 기획이 있었는데, 그 방송에 삼성 광고가 있었어요.

우석훈 대행회사에서 하니까요.

김용민 방송사가 직접 영업을 하면, 직접 기업을 상대로 '광고 주십쇼' 이렇게 되는 건데, 이럴 경우 그 기업에 불리한 기사를 내보낼 수 없겠죠.

김미화 그러니까 문제예요. 예를 들어서 현대나 삼성 같은 기업이 비리를 저질렀다고 해도, 그 내용을 뉴스에서 다루지 못하게 되는 거죠.

선대인 〈동아일보〉 같은 경우는 특히 김병관 명예회장의 3남인 김재열 씨가 삼성그룹의 사위고, 제일모직 사장이잖아요.

김미화 그러면 삼성은 신문사와 방송사를 몇 개 가지고 있는 거네요.

선대인 지금도 CJ 계열에서 특히 엔터테인먼트 쪽으로 미디어를 굉장히 많이 장악하고 있고, 종합편성채널이 되면, 중앙일보사의 JTBC도 그렇고, 동아일보사의 채널A도 삼성에 굉장히 우호적이죠. 조선일보사는 일정하게 긴장 관계를 가질 때도 있지만 기본적으로 삼성에 대해서 우호적이고, 매일경제사의 MBN은 뻔한 거고요. 조중동 방송이라고들 하는데, 한편으로는 재벌 방송일 수도 있어요.

종편에 1천억 원짜리 특혜 제공?

김용민 황금채널. 조선TV가 19번이죠. 매일경제TV가 18번인가 그렇고.

김미화 15번에서 20번 사이의 황금채널을 받았다 이거야.

우석훈 경제적으로는 그 채널 가격을 1천억 원 정도로 보더라고요. 홈쇼핑 채널 있잖아요. 뒤쪽에 가 있는 것도 있고, 앞쪽에 있는 것들도 있는데, 앞쪽으로 오면 연매출이 1천억 원 정도 높다는 거예요.

김미화 홈쇼핑을 기준으로 계산하면 연매출이 그렇게 높다는 거죠.

우석훈 그러니까 그걸 돈으로 환산하면 연간 1천억 원씩 준 거라는 말이죠. 그런데 기술이 발달해서 채널을 감추는 데 어쩔 거예요.

김미화 자꾸 그런 얘기 하지 마. 그러면 또 기술을 발전시켜서 감춤 기능 없는 리모컨을 개발할 수도 있어.

선대인 워낙 꼼수를 잘 부리는 사람들이니까.

우석훈 오늘 친정집에 많이들 가셨다고 하더라고요.

선대인 벌써 채널 감춤 실행했다고 멘션 주는 사람들도 있어요.

우석훈 지금 여러분이 1천억 원씩 날려먹는 겁니다.

김용민 종편이 받은 특혜를 말하고 있는데요. 황금채널, 광고 직접영업, 그리고 또 하나가 전국 동시 의무전송이죠.

김미화 외국 걸 그대로 사서 방송하는 것도 많이 완화해줬어요. 외국 프로그램 싸게 사서 틀어주고 재방송 돌리고, 이런 일이 너무 쉬워졌죠.

김용민 저도 김어준 총수도 종편에서 제안을 받았어요.

우석훈 김미화 누님도 받으셨다고 하던데요.

김미화 저는 네 군데서 다 받았습니다. 제가 이런 사람이에요.

우석훈 저는 실제로 제안 받은 건 없는데 소문만 나서 아주 난처했었죠.

– 이상 3회(2011년 12월 5일 방송)

애국가 시청률도 안 되는데 광고료를 얼마나 달라는 거야?

김미화 종편의 어떤 채널은 시청률이 1%도 안 된다는데. 애국가 시청률도 2%야.

우석훈 재미있는 일은, M으로 시작하는 모 방송. 실명 이야기 안 했습니다.

선대인 한 군데뿐인데 뭐. MBN이라고 그냥 이야기해.

우석훈 여기가 케이블을 했었는데, 케이블 할 때 시청률이 0.5%였어요. YTN도 0.5%였고요. 그런데 MBN이 종편으로 바뀌고 시청률이 0.3%로 줄었어요. 돈을 엄청 많이 들였는데 시청률 0.2%가 줄었죠.

김미화 처음이라 그런 거 아닐까?

우석훈 그 0.2%가 YTN으로 갔어요. YTN은 종편 개편하면 시청률이 낮아질 거라고 했는데 0.7%로 늘었더라고요. MBN은 돈을 4천억 원 들였는데 오히려 시청률이 떨어진 거죠.

선대인 종편 이야기가 나왔으니 이어가보죠. 조중동에서 시장 원리나 경쟁 같은 거 엄청나게 강조하잖아요. 그런데 실제로 조중동을 보면 시장 원리와 거리가 멀어요. 그리고 경쟁이 아니라 늘 특혜와 반칙을 일삼잖아요. 지금 시청률은 0.5%도 안 나오는데, 광고료는 방송 3사 광고료의 70% 수준을 요구해요. 업계의 광고 물량을 집행하는 홍보팀 사람들 만나서 자기들 단가를 70%로 해달라고 한대요. 시청률은 방송 3사의 10분의 1도 안 나오면서.

우석훈 참고로 YTN 보니까 10분의 1 약간 안 되는 돈으로 광고를 받더라고요.

김미화 그게 다 시장의 원리인데, 시청률이 안 나오면 앞으로 광고 단가가 떨어지겠지.

선대인 이 사람들이 억지를 쓰면서 하는 이야기가 뭐냐면, 우리가 시청률은 아직 안 나와도 방송 품질은 방송 3사보다 더 낫다는 거예요. 박근혜 나왔을 때 '형광등 100개를 켠 듯한 아우라' 뭐 이런 이야기나 하면서 말이에요.

우석훈 지금 이상호 기자의 〈손바닥뉴스〉한테도 밀린다던데요.

선대인 종편에서 직접 광고를 하는 데도 잘 안 되니까, 이번에는 최시중 방송통신위원장이 대기업 관계자들을 직접 만나서 광고 물량 늘려라, 앞으로 계속 만나서 이런 이야기를 좀 하자, 그랬다는 거예요.

김미화 그분은 왜 그래?

우석훈 돈 달라는 거죠. 내가 주라고 할 때 안 주면 앞으로 불이익이 생길 거야, 예를 들면 세무조사를 한다거나, 그 얘기예요.

선대인 종편 광고 물량 몰아주려고 이름 그대로 시중들고 있는 거죠.

꼽사리 해설 최시중 방송통신위원장은 문화체육관광방송통신위원회

소속 의원들에게 돈 봉투를 돌렸다는 의혹과 측근 비리가 불거지면서 2012년 1월 27일 사퇴했다.

김미화 그럴 때 항의하는 기업이 없어요? 지금은 안 되나?

우석훈 뒤에서는 부글거리겠지만 앞에서 얘기하면 무섭잖아요. 그런데 이렇게는 한다더라고요. 광고가 있고 협찬이 있잖아요. 광고는 무서워서 주는데, 협찬은 절대 안 준다는 거예요. 그래서 협찬 물량이 들어오지 않아서 생각보다 어렵다는 이야기를 하더라고요.

김미화 박근혜 대표한테 '형광등 100개를 켠 듯한 아우라'라고 했다는 이야기에 좀 덧붙이면, 나는 이건 잘못된 자막이라고 생각해요. 왜냐하면 형광등을 생각해봐. 우리 어렸을 때 형광등은 머리 나쁜 애들한테 형광등이라고 했어. 맛이 가면 애들이 깜빡깜빡하거든. 당 대표를 하신 분에게 형광등이라고 하면 말이 안 되는 거야.

종편은 결국 재벌 방송

선대인 누가 트위터에서 묻더라고요. 종편 자본금 납입한 걸 보니까, 재벌 지분이 별로 없던데 왜 지난번 방송에서 재벌 방송이라고 하느냐고. 중앙일보사에서 하는 JTBC 같은 경우에, 자본금이 어떤 식으로 들어가 있느냐면, 홍석현 회장의 사재 1천500억 원이 들어가 있어요. 그런데 이 사재가, 단순히 자기 주머닛돈을 털어서 낸 게 아니고,

우석훈 그랬으면 훌륭한 분이겠죠.

선대인 굉장히 묘한 상황이에요. 홍석현 회장이 지난해에 2천464억 원

을 주식배당금으로 받았어요. 삼성코닝이라는 회사가 있어요. LCD TV나 컴퓨터 모니터용 특수 유리를 만드는 회사예요. 삼성전자에 독점적으로 납품할 수 있잖아요. 그런데 이 회사가 비상장 회사예요. 그래서 일반적으로 주식시장에서 거래를 할 수 없고, 장외시장에서 거래하는 거예요. 이 회사 지분을 미국의 코닝이라는 회사가 절반 조금 안 되게 갖고 있고, 삼성전자하고 홍석현 회장이 가진 7.3% 정도를 합치면 50%가 조금 넘어요. 삼성전자하고 홍석현 회장은 같은 편이죠. 이렇게 되니까 이사회에서 의결해버리면 얼마든지 주식배당금을 받을 수 있죠.

그런데 홍석현 회장이 2009년에 〈중앙일보〉 기자들 앞에서, 종편 자본금 중에 자기가 사재를 털어서 1천500억 원을 대겠다고 이야기했어요. 그 이후에 무슨 일이 있었냐면, 원래는 삼성코닝이라는 회사가 배당률이 40%밖에 안 돼요. 배당률이 40%라는 이야기는 단기순이익이 100억 원이라면 그중에 40억 원을 기존 주주들한테 연말에 수익으로 배당을 한다는 말이거든요. 그걸 배당률이라고 해요. 그런데 40% 정도밖에 안 되던 배당률을 지난해에는 100% 넘게 올린 거예요. 그래서 홍석현 회장이 2천464억 원을 지난해 배당금으로 받아버렸네. 국내 배당금 사상 가장 많은 액수죠. 이건희 회장보다 1천억 원을 더 받았어요.

김미화 그러니까 삼성코닝으로부터 2천464억 원을 배당금으로 받았군요.

선대인 그리고 올해 자본금 납입할 때 중앙 종편이 낸 5천억 원 중에 1천500억 원이 홍석현 회장 사재였으니까, 이게 결국은 삼성코닝에서 받은 배당금에서 나왔다는 거죠.

김미화 그러면 이 배당금이 홍석현 회장 본인의 돈인가요, 아니면 다른 누구의 돈인가요?

선대인 업계에서 사정을 좀 아는 사람들은, 이건희 회장이 자선사업 하는 것도 아니고, 어떻게 저렇게 엄청난 배당금을 안겨주는 지분을 처남인 홍석현 회장한테 개인 명의로 주었을까, 이런 의심을 많이 해요. 그래서 사실은 홍석현 회장 명의로 되어 있지만, 명의신탁일 가능성도 있다, 이런 소설이 가능하죠.

김미화 삼성 일가의 돈일 수도 있다는 말인가요?

우석훈 어차피 삼성 일가의 돈인 건 맞는데, 그 돈을 이건희 회장이 직접 가져간 거냐, 아니면 건너서 가져간 거냐, 이런 이야기죠.

김미화 그러면 어떻게 보든 종편이 태생적으로 재벌 방송이란 건 맞는 말이네.

선대인 그럼요. 태생이 재벌 방송인 건 너무나 확실한 거죠.

우석훈 거기다가 자본금 구조의 소유 관계가 그렇게 투명하지 않다는 거죠. 열어보면 결국엔 삼성 돈이에요.

김미화 JTBC는 〈중앙일보〉니까 당연히 삼성 돈이 들어갔을 거라는 생각은 했는데, 〈동아일보〉도 삼성하고 관계가 있다고 그랬잖아요?

선대인 이건희 회장의 둘째딸인 이서현 씨하고, 돌아가신 동아일보사 명예회장 김병관 씨 셋째 아들 김재열 씨가 부부예요.

김미화 그런데, 삼성하고 무슨 연관이 있냐는 말이지.

선대인 김재열 씨가 제일모직 사장이라니까.

우석훈 양쪽 집안이 사돈 간이에요.

김미화 사돈 간인데, 제일모직 사장이 〈동아일보〉하고 무슨 상관이 있느냐고요?

선대인 그 자체로 직접 상관은 없죠.

우석훈 사람들이 상상하는 건 뭐냐면, 지금은 〈동아일보〉가 삼성에서 돈을 받지 않는데, 조금만 어려워지면 사돈집한테서 돈을 받지 않겠느냐는 거죠.

김미화 그것 역시 상상이고.

우석훈 그렇게 돈을 받다 보면, 결국 종편의 상당히 많은 부분들이 삼성과 연관이 되는 거고, 결국엔 삼성이 두 개의 방송국을 가지는 거라고 보는 거죠.

선대인 실제로 〈동아일보〉는 삼성에 대해서 비판적인 기사를 쓰지 못해요. 외환위기 지나면서 동아일보사가 자금난에 시달렸을 때 삼성생명에서 돈을 받았거든. 그때부터 코가 꿰어 있었어요. 그러다 1999년에 김재열 씨하고 이건희 회장 딸하고 결혼한 이후로는 〈동아일보〉에서 삼성에 대한 비판 기사를 찾아보기가 힘들어요.

우석훈 채널을 감춰놓아서 동아 종편에서 삼성에 대한 보도를 제대로 하는지 안 하는지 볼 수도 없고, 고민이에요.

선대인 꼭 재벌뿐만이 아니라, 우리금융, 하나금융, 이번에도 또 김승유 씨가 들어가는군요. 거기다 국민은행까지, 이명박 대통령의 고려대 인맥들이 다 들어가서 사장을 하고 있어요. 완전히 MB맨이 장악했죠. 이런 곳에서도 조중동 종편에 돈을 엄청나게 집어넣었어요. 특히 〈동아일보〉는 사실은 고려대 이사 집안이잖아요. 고려대 중앙학원 집안이에요. 그래놓으니까 고려대 출신 회장이 있는 은행에서 동아 종편에 특히 투자를 많이 했어요. 자본금을 많이 집어줬죠. 이렇게 보면 태생적으로 종편은 정권에서도 자유롭지 못한 방송이죠.

- 이상 4회(2011년 12월 15일 방송)

청년 지옥

일본은 장기침체를 겪었는데도 대학 나오면 기본적으로 직장을 가질 수는 있다고요. 한국은 부동산 거품이 꺼지지도 않았고, 장기 저성장 체제에 들어간 것도 아니고, 지난해에는 경제가 6.2% 성장했다는데, 대학 졸업하는 친구들 10명 중에 3, 4명 정도밖에 직업을 못 가진다는 거 아니에요. 이런 형편없는 사회를 만들어 놓고, 우리가 어떻게 젊은 친구들한테 애국심을 가지라고 강요할 수가 있냐고요.

중국산 찐쌀과 고시원

어떻게 우리가 중국산 찐쌀을 먹게 된 거예요?

김미화 오늘 우리가 준비한 이야기는 쌀 이야기입니다. 쌀이 문제가 많다면서요?

우석훈 일단 이 질문부터 하죠. 집에서 어떤 쌀을 드시죠?

김미화 나는 우리 동네에서 농사를 지어요. 오리농법으로 지은 용인 쌀.

선대인 저희 집은 양평인데 이천 쌀을 많이 사 먹어요.

김용민 저도 미화 누님과 같이 경기도 용인시에 지역 기반을 두고 있는데, 최근에 당뇨를 발견했습니다. 그래서 현미밥 먹고 있습니다.

우석훈 저는 생협에서 5분도미를 사다 먹어요.

김미화 5분도미가 뭐야, 좀 덜 깎은 쌀인가?

우석훈 네. 5분도, 7분도라고 현미 종류예요. 지난가을에는 농민 한 분이 선물한 쌀을 먹었어요. 제가 이 이야기를 처음에 꺼낸 이유는, 보통 남자들은 집에서 어떤 쌀 먹는지 몰라요. 그런데 쌀을 어디서 가져다 먹는지가 굉장히 중요한 일이라서 그 이야기를 좀 하려고 꺼낸 거예요.

최근에 미국산 캘로스쌀이라고 하죠, 그런 쌀하고 중국 쌀이 마트에 들어왔어요. 이걸 먹어라 말아라 할 수는 없지만, 우리나라에 쌀이 어떻게 들어오는지는 한번 짚고 가는 게 좋을 것 같아서 이야기를 좀 하려고요.

김용민 일단 그런 쌀들은 무지하게 싸죠.

우석훈 미국산 쌀은 생각보다 많이 싸지 않고 중국산 쌀은 좀 싸요.

김용민 우리 쌀은 값이 얼마고, 그쪽 쌀은 얼마예요?

김미화 우리 쌀이 지금 한 포에 5만~6만원 하는데, 중국 쌀이 2만 원 정도 하는 것 같던데.

우석훈 그건 약간 문제가 있는 쌀이고, 그렇게까지 싸지는 않을 거예요. 수입가로는 조금 차이가 나는데 중간에 이것저것 붙다 보면, 미국산 쌀 같은 경우는 우리 쌀하고 그렇게 차이가 많이 나지 않습니다.

MMA 이야기를 해야 하는데, 정부 공식자료에서도 MMA라고 쓰더라고요. Minimum Market Access라고 해서, 시장에서 팔 수 있는 최소량이에요. 우리가 꼭 사기로 했던 거라고 보시면 됩니다.

김용민 그러니까 이제 쌀 시장을 모두 개방하면 우리 농민이 다치니까, "좋다, 개방하지 않되 우리가 너희 나라의 쌀을 의무적으로 일정 부분 사줄게." 이렇게 해서 수입하는 쌀이 MMA라는 거죠.

우석훈 그렇죠. 예전에 우루과이라운드 협상할 때, 쌀 관세를 유지하는 대신 우리가 일정 분량을 아예 사준다고 이야기를 한 거예요. 그러니까 의무적으로 사는 거죠. 이게 2004년에 한 번 연장이 되어서, 지금은 우리가 소비하는 총량의 10% 정도를 의무적으로 삽니다.

김미화 먹으나 안 먹으나 사줘야 되는 쌀이군요.

우석훈 2014년 이후에 이 부분을 재협상하게 되어 있어요. 재협상할 때 의무 수입량을 없애고 관세로 해결하는 방법이 있는데, 그 얘기는 관세를 없앤다는 거니까 외국 쌀이 엄청나게 들어오는 거죠. 지금 상태를 유지하면 10%만 사오는 거고요. 이런 상황이라 쌀은 계속해서 쟁점이 되고 있는 거예요.

김미화 쌀이 들어오는 게 뭐가 문제라는 거예요?

우석훈 10%를 가지고 오면 나머지는 어쨌거나 국내 농민이 농사를 짓잖아요. 관세가 풀리게 되면 쌀농사 자체가 무너지는 거죠.

선대인 쌀 시장도 사실은 개방되는 거죠.

김미화 그런데 우리 FTA 할 때 쌀시장은 개방하지 않았잖아요.

우석훈 그게 꼼수인데, 쌀하고 FTA는 상관이 없어요. FTA와 상관없이 우루과이라운드에서 2014년까지는 연기된 상태고, 그때 가서 재협상하게 되어 있거든요. 쌀 협상은 별도로 열리게 되어 있으니까 FTA에서 쌀을 뺐다 안 뺐다 하는 이야기는 아무 의미가 없는 거예요. 기본적으로 다른 곳에서 협상하게 되어 있는데 쌀을 뺐다는 게 말이 안 되는 거죠.

김용민 눈속임이죠.

우석훈 여기서 지금 문제가 되는 건, 쌀 MMA라는 의무 수입 분량이고 쌀 가공이죠. 밥 짓는 쌀은 우리가 어느 정도 관리를 하는데, 중국산 찐쌀은 가공용이라서 잘 모르거든요.

김미화 찐쌀이라는 건 쌀을 쪄서 파는 거잖아요.

우석훈 그렇죠. 그렇게 수입되니까 보기에는 똑같은데,

선대인 약간 누리끼리해지는 쌀이죠.

우석훈 처음엔 삼각김밥에 주로 들어갔고, 김밥, 떡 같은데 주로 써요.

김미화 그 찐쌀이라는 게 예전에 텔레비전에서 보여주는데, 3년 정도 지난 묵은 쌀을 쪄서, 중국 사람들도 맛이 없어서 안 먹던데, 그게 들어온다는 말이죠. 지금도 많이 들어오잖아요.

우석훈 가공용 쌀로 유통 단계에서 들어오는 거예요.

김미화 가공용 쌀은 어디다 쓰나요?

우석훈 밥값이 싼 식당에 가면 그 쌀로 밥해주죠.

김미화 그건 들여올 때 조사나 검사 안 하나요?

우석훈 관리가 잘 안 되는 것 같아요. 최근에 보니까 줄었다는데, 지난달 통계를 보니까 가공용 찐쌀 수입은 줄지 않았더라고요.

김미화 우리가 지금 먹고 있다는 거 아니야. 다 팔리고 있는 거지.

우석훈 누군가는 먹겠죠.

김용민 2007년 6월에 나온 기사를 보니까, 중국산 찐쌀을 만드는 중국 공장을 직접 방문해서 취재를 했더니, 나방과 파리가 날아다니고, 쥐덫이 설치되어 있고, 변기보다 더러운 것이 바로 중국산 찐쌀이다, 라고 하던데요.

김미화 세균이 10만 마리가 나왔다는 거 아니야.

우석훈 중금속 오염으로 우리나라에서도 문제가 된 적이 몇 번 있었어요. 우리나라 쌀은 농약을 많이 치지 않아서 먹고 나면 소화가 잘되는데, 의학적으로 설명하기는 어렵지만 수입 쌀은 훈증 처리해서 들여와야 하니까 농약을 많이 치게 되어 있죠. 그래서 찐쌀을 오래 먹은 사람들은 소화가 잘 안 된다는 게 문제예요.

김미화 그게 표백제를 뿌린다는 거 아니에요. 누리끼리한 쌀을 하얗게 보이게 하려고 표백을 시킨다는 거지. 그걸 섞어서 파는 거죠.

김용민 그게 이산화황이죠.

부자는 현미, 가난한 20대는 중국산 찐쌀

우석훈 그래서 지금 이대로 가면 부자는 현미를 먹는데, 가난한 20대는 중국산 찐쌀을 먹게 되는 거예요. 특히 고시원에 있는 20대는 일반 쌀을 먹어보기가 어려운 거죠. 그러니까 소득에 따른 문제가 쌀까지 온 거죠.

김미화 일단 시중 식당이나 우리 아이들이 먹는 음식, 예를 들어 김밥 같은 건 사실 1천 원을 받으면서 그 많은 속 재료를 넣어주기 어렵거든요. 결국 찐쌀을 먹는 거란 말이야. 삼계탕 같은 것도 그렇고.

우석훈 특별히 혁신을 한 게 아니면, 최근에 삼각김밥은 워낙 장사가 잘 되니까 우리 쌀도 쓰기 시작하더라고요.

김미화 섞어서 쓰는 거지.

우석훈 그리고 놀라운 자료가 하나 있어요. 우리가 쌀을 수입하는 나라가 네 나라거든요. 그중에서 호주는 가공이 심해서 요즘 거의 수입을 안 했고, 미국산, 중국산, 태국산이 주종인데, 가장 최근 수치인 2008~2009년 통계를 보면 수입 쌀이 두 배로 늘어났어요. 정부에서 가공용 쌀을 많이 사용하라고 쌀막걸리 같은 거 권장했잖아요. 그건 실제로 우리 쌀을 썼겠지만, 막걸리 열풍을 고려해보면, 사실은 찐쌀도 만만치 않게 쓰였을 거라고 의심해볼 수 있죠.

김미화 소주는 안 그런가요? 쌀로 내리는 소주도 있어요. 거기에 떡볶이 떡, 국수, 라면, 과자, 선식 이런 데도 다 중국 쌀이 들어간다잖아요. 이게 말이 되냐고요.

우석훈 가공용 쌀을 보면 공식적으로는 중국산 쌀 수입은 좀 줄었어요. 밥상용 쌀이 많이 늘었고.

김미화 아니 그러니까 식당에서 파는 밥이나 아이들 학교 급식, 회사 급식, 이런 데서 뭘 줄이겠어요, 값싼 쌀을 쓰겠지.

우석훈 그러니까 이런 것들을 잘 관리하고, 가능하면 그해에 나온 쌀을 먹을 수 있도록 적절하게 보조금을 주든지 지원금을 주든지 해야 하는데,

김미화 어디다, 누구한테 줘요?

우석훈 급식이라면 급식 기관에 줄 필요가 있고, 최소한 우리가 한국 사람인데 밥 먹는 것까지 차별받는 사회는 만들지 않았으면 좋겠습니다.

김미화 급식을 우리 쌀로 쓰면 좋은데, 그게 아니면 진짜 아이들 건강이 걱정이죠.

우석훈 그래서 경기도나 서울이나 우리 쌀, 친환경 쌀 쓰겠다는 거죠.

선대인 급식 예산이 늘어나면 당연히 국내산 쌀을 쓰게 되어 있어요. 그리고 미화 누님이 아까 이야기하셨지만, 쌀을 비롯해서 각종 식재료를 수입하는데, 중국산도 비싸다고 동남아시아산까지 들여오게 하잖아요. 사실 이런 문제도 부동산하고 연관이 있어요. 부동산 가격이

뛰면 점포임대료 같은 것도 뛰어버리잖아요.

우석훈 간접비가 뛰는 거죠.

선대인 그러면 아낄 수 있는 게 인건비인데, 인건비 아끼는 것도 한계가 있고, 자영업자가 늘어나는데, 예를 들어 자장면 값을 무한정 올릴 수도 없잖아요. 그러면 결국 식재료비를 아낄 수밖에 없어요. 그런데 식재료도 아낄 수 있는 데까지 간 상태죠. 자영업자 입장에서는 더 이상 버티기가 힘든 거죠.

우석훈 일부 농업경제학자들이 쌀 조기관세화를 주장하는데, 지금 MMA라고 되어 있는 것보다 더 많이 수입해오자는 이야기예요. 그렇게 하면 쌀농사를 그만 짓게 할 수 있고, 농업을 포기할 수 있으니까.

김미화 무슨 소리예요, 농업을 그만두면 어떻게 해?

우석훈 지금 정부 정책이 사실 그거예요. 농민이 매번 데모하고 다루기 힘드니까 쌀농사를 그만 짓자는 거죠.

김미화 그랬다가 우리 쌀농사 안 지을 때, 저 사람들이 비싸게 부르면 할 수 없이 사와야 되는 건데 그거 몰라? 한 치 앞을 못 내다봐?

우석훈 그래서 옛날에 핸드폰 팔아 쌀 사 먹으면 된다는 구호도 있었잖아요. 결론을 낼게요. 2014년까지는 쌀 관세화를 하지 않고 현재 상황 정도는 지킬 수 있고, 2014년에 재협상을 하면 되는데, 문제는 한미 FTA를 강행했던 사람들이 농업 부분 때문에 애를 먹었잖아요. 그래서 계속 농업을 없애려고 해요. 이렇게 자꾸 쌀도 수입해서 먹자는 식으로 정책이 흘러가니까, 그건 아니라는 말을 강력하게 외치고 싶어서 쌀 이야기를 한 겁니다.

김미화 상대가 있어야 대화를 하지. 농사만 지으시던 분들이고 어른들인데, 농민이 표현할 수 있는 방법이 도대체 몇 가지나 있겠느냐고요.

선대인 정부는 겉으로는 한국 농업을 살려야 한다고 이야기하지만, 실제로는 한국 농업을 포기하는 방향으로 흘러왔어요. 예를 들어 농업 유통구조를 개선한다는 얘기는 늘 하면서도 전혀 개선되지 않았거든요. 제가 시골에서 포도과수원 하는 집 아들인데, 고등학교 다닐 때부터 유통구조 개선 이야기가 나왔지만 늘 말뿐이지 개선되는 건 없어요.

캐나다나 미국 혹은 유럽 쪽 여행 가보시면 알겠지만, 그곳의 와인 산업이 단순히 포도과수원을 운영하는 데 그치는 것이 아니잖아요. 와이너리 만들어서 포도주 제조업도 하고, 또 거기에 연결해서 포도주를 중심으로 한 식당도 내놓잖아요. 그러니까 1, 2, 3차 산업이 다 같이 있는 거죠. 거기다 포도를 재배하는 밭을 연결해서 와이너리 투어코스로 만들잖아요. 이렇게 할 수 있게끔 정책적으로 유도해야 하는데, 우리 정부는 그저 '보조금 줄 테니 돈 되는 작물 뽑아내라'는 식이에요.

김미화 어떻게 보면 농민이 돈 되는 작물만 하니까 쌀농사에 지장이 있을 수도 있고, 그런 면도 사실 있는데…….

우석훈 작년과 올해 계속 정부에서 쌀농사는 그만 짓고 다른 걸 하라고 했죠. 그게 일부 합리적이긴 한데, 사실 올해 9월에 햇볕이 쨍 하고 나왔잖아요. 안 그랬으면 지금 쌀이 부족해서 난리가 났을 거예요. 8월까지 작황이 안 좋았거든요. 그런 점에서 다른 건 몰라도 쌀은 안보라는 차원에서 봤으면 좋겠다는 생각이 들어요.

김미화 '쌀은 안보다', 이런 건 우리한테 조금 먼 이야기고, 사실은 가공용 중국산 찐쌀이 가장 문제라고 생각해요. 밖에서 매일 밥을 먹는 사람들은 해로운 표백제로 닦아낸 그런 쌀을 먹는 거잖아요. 물론 맛이 없으니까 한국 쌀 일부를 섞은 집도 있겠지만, 비양심적인 부분이 많죠. 김밥 같은 건 참기름에 참깨를 넣으면 그 맛에 희석이 되어서 무슨 맛인지 몰라요. 그리고 내가 좋아하는 삼계탕, 오리백숙 같은 건 배 속에 쌀을 집어넣잖아. 삼계탕도 역시 끓이면…… 어쩐지 요새 삼계탕을 먹으면 이상하게 밥이 툭툭 터져서 맛이 없더라니까. 이게 진짜 화나는 일이야. 그러면 우리가 가공용 쌀을 먹지 않으려면 어떻게 해야 하는 거예요?

우석훈 가공용 쌀까지 갈 필요도 없이 밥상용 쌀도 해마다 수십 건씩 걸려요. 일반 한국 쌀하고 바꿔치기하거든요.

김미화 쌀 봉투를 바꾼다면서.

우석훈 관리가 쉽지 않다고만 할 게 아니라, 훨씬 세밀하게 관리를 해야죠. 제가 화나는 건, 부자가 먹는 유기농 같은 건 직거래도 많고 관리도 좀 되거든요. 그런데 가난한 사람이나 20대나 고시원생이 먹는 건 원산지 표시도 잘 안 해요. 그러니까 지금 뭔지 모르고 먹는 거예요.

김미화 고시원처럼, 한 평도 안 되는 곳에서 사는 사람들이 엄청나게 많죠.

김용민 고시원에서 전기밥통에다 잔뜩 넣어두는 밥이 그런 싸구려 쌀을 썼다는 거죠.

우석훈 이 문제를 다루려고 마음을 먹은 이유가 있어요. 한 달쯤 전에 고시원에 사는 20대를 만났는데, 자기가 몇 달째 외국 쌀만 먹었더니 속이 안 좋다는 거예요. 그러니까 고시원 안에서도 중국 쌀을 먹는 거고, 옆에 있는 식당도 뻔할 거 아니에요. 그런 사람들이 먹는 데는 아무도 손을 안 대니까, 정부 관리라도 좀 필요할 것 같다는 생각이 들더라고요.

김미화 우리는 죽으면 썩지도 않을 거야. 표백제를 하도 먹어서.

선대인 살아 있는 동안은 피부가 삭고.

한 달 이상 과일 못 먹는 청춘들

김미화 정말 문제다. 어떻게 방법이 없나요?

우석훈 MMA를 유지한다면 70% 정도는 관리가 가능하고, 그다음에 국민이 먹는 건 사실 어느 정도는 100% 다 국산 쌀로 해줄 수 있어요. 몇 가지 방안이 있는데, 진짜 가공용에는 수입 쌀 써도 되고, 일부에서는 MMA는 어차피 수입해야 하는 거니까 북한 원조용으로 쓰자는 논의도 있었어요. 그래서 따져보면 방법은 있는데, 지금 농정에 참여하는 사람들은 기본적으로 한국에서 쌀을 없애고 싶어 해요. 쌀이 매번 문제가 되니까요.

김용민 또 관료들을 말하는 거죠?

우석훈 제가 화가 났던 건 뭐냐면, 농업경제학 하는 사람들이 쌀을 어떻게 잘해보자고 이야기를 해야 하는데, 이 사람들이 쌀을 줄이는 것부터 연구를 해서 그런 주장을 하더라고요.

김미화 그래서 민주노동당 강기갑 의원이 '공중부양'을 했잖아요.

우석훈 그 마음이 이해가 가요. 문제예요 정말. 지금처럼 해서 10년 정도 지나면, 어쩌면 우리나라에서 한국 쌀 구하기 힘들지도 몰라요. 이렇게 무너져내리면요.

김미화 우리만 해도 우리 쌀을 먹을 수 있었던 세대라고 치면, 지금 아이들이나 20대 청년들에게 기름기 좔좔 흐르는 따끈따끈한 밥을 먹여서 키워야 하는데, 지금 그게 안 된다 이거야.

우석훈 길게 보면 이 문제에 학교 급식 논쟁까지 다 포함되는 거죠. 급식에 충분한 돈이 들어가야 국내산, 조금 더 나아가 친환경 쌀을 쓸 수 있고, 그렇게 해야 하는 일이었죠.

김미화 지금 무상급식을 하는데, 그렇게 하기에 충분한 돈이 있는 건가요?

선대인 돈은 충분하죠. 예를 들어서 서울시 같으면 한 해 교육예산이 1천800억 원 정도 될 거예요. 그 돈을 서울시교육청하고 서울시가 분담하는 거죠. 올해(2011년) 문제가 된 건, 695억 원인가 하는 급식예산을 서울시에서 못 내겠다고 버티면서 문제가 됐던 거잖아요. 그런데 서울시 예산 규모가 보통 21조 원 정도 되고, 물론 서울시교육청에 주는 돈이나 기초 지자체에 내려보내는 돈들이 포함된 예산이라서 전부 다 서울시가 쓰지는 못한다 하더라도, 급식 지원비 695억 원은 굉장히 적은 돈이에요. 굳이 표현하자면 서울시 전체 예산의 0.3% 정도밖에 안 돼요.

우석훈 이게 어떻게 보면 빈곤 문제이기도 한데, 1990년대 중반에 미국의 빈곤에 대해서 연구하면서 흑인 비만 문제에 주목했어요. 흑인이 비만하고 몸도 더 안 좋은데, 지금 그 현상이 우리나라에서 20대와 가난한 집에 생긴 거예요. 쌀도 국내산 먹기가 어렵고, 또 한 가지 문제는 과일 먹기가 어려워요. 대학생이나 20대, 편의점에서 아르바이트하는 사람들이 과일을 볼 수가 없잖아요. 그러니까 가난한 사람들은 살

찌고, 부자들은 전부 몸매 좋고 호리호리하죠.

김미화 피트니스센터 다니면서 뛰고 운동하고.

우석훈 오세훈 시장님이 몸 좋았죠.

선대인 미국에서 나타난 현상이 한국에서도 일정하게 나타나고 있어요. 어제 신문을 보니까 무상급식 때문에 물가가 내려갔대요. 이건 굉장히 좋은 소식이잖아요. 그러니까 무상급식을 두고 '복지 포퓰리즘'이라는 식으로 이야기를 하는데 사실은 그렇지 않은 거예요. 어머님들이 도시락 싸는 시간과 에너지를 절약하는 것도 좋지만, 한편으로는 물가부담이 줄어든다고요. 학교에서 대량으로 음식을 사서 제공을 하는데, 보통은 직거래를 하기 때문에 농민하고 계약을 해서 훨씬 저렴하게 제공이 되는 거죠. 그래서 무상급식을 하면 이런 식으로 물가부담이 줄어들고, 한편으로는 가계에도 그만큼 도움이 된다는 거죠.

김미화 진짜 우리 청년들 불쌍합니다. 어떻게 해야 하나요?

우석훈 제가 〈나는 꼽사리다〉 방송을 통해서 꼭 이루고 싶은 사회적 변화가 있습니다. 대학교나 청소년이 모이는 장소에 작은 과일방 같은 걸 만들어두고, 사과 쌓아놓고 깎아먹게 해주면 되잖아요. 큰돈 드는 일도 아니에요. 등록금도 연간 1천만 원 이상씩 받으면서 그 정도는 우리가 해야 하는 거 아닌가요.

제가 강연 다니면서 이 이야기를 몇 번 했어요. 매일 과일 먹는 사람, 어제 먹은 사람, 일주일 전에 먹은 사람 손 들어보라고 하거든요. 한 달 이상 과일 못 먹은 사람 손 들어보라고 하면 아무도 손을 들지 않아요. 그런데 강연 끝나고 나올 때 몇 명이 와서, 사람들하고 같이 있을 때는 손을 들지 못했는데 사실은 한 달 이상 과일을 먹지 못했다고 이야기하는 거예요. 돈이 없어서 과일을 먹을 수가 없는 거죠. 그럴 땐 정말 눈물이 나더라고요. 그런 사람들이 과일을 먹을 수 있게 해줘야 해요. 20대 중반까지는 성장하는 중이거든요. 키도 조금씩 크고. 그때 꼭 과일을 먹을 수 있게 해줘야 한다고, 이 연사 강력하게 외칩니다.

등록금 1천만 원씩 받아먹으면서 학생들 밥은 그게 뭐야?

김미화 대학 이야기를 좀 해보면, 내가 성균관대학교를 나왔고 지금도 다니고 있어요. 성균관대학교는 삼성재단이에요. 그래서 삼성에버랜드에서 학교에 들어와서 식당을 운영해요.

우석훈 케이터링업체죠.

김미화 운영 방법에 대해서는 정확하게 모르겠지만, 어쨌든 거의 다 삼성에버랜드에서 들어와서 하는데, 학생들이 먹는 학생 식당의 음식이 형편없어요. 지금은 값이 비싸지면서 조금 나아졌지만. 한 끼에 3천 원인가 하는데, 나는 학생들한테 3천 원을 받으면 학교에서 3천 원을 내고 아이들한테는 6천 원짜리 밥을 줘야 한다고 생각해요. 그런데 이건 그냥 3천 원짜리 밥이야. 대학 식당이 대부분 그럴 것 같아요.

우석훈 유럽 대학하고 한국 대학은 차이가 있어요. 대부분의 유럽 대학에서는 학교 식당에 50~60% 정도 보조금이 지급되더라고요. 먹는 사람이 2천 원쯤 내면 정부에서 2천500원쯤 내서 충분한 영양이 공급되도록 해주는 거죠. 제가 유럽에서 공부할 때도 학교에서 과일 먹었어요. 그런데 한국은 지금까지도 대학에 보조금을 줘야 한다고 생각하지 않아요. 중고등학생 얼굴은 보송보송한데, 대학생들 만나면 푸석해요.

김미화 정부에서 보조금 주지 않아도, 대학 등록금이 도대체 얼마야. 우리나라 대학이 그렇게 비싼 등록금 받으면서 학생을 위해서 뭘 해주냐고요.

우석훈 지금 유럽에서는 독일이 등록금이 좀 비싸요. 그래서 연간 80만 원 받고, 스위스가 50만 원, 프랑스가 30만 원 정도예요.

김용민 연간? 한 학기가 아니고?

우석훈 그러니까 사실상 무상교육 체계인데, 그렇게 해도 각 대학 식당에 50% 정도 보조금이 지급된다니까요. 그런데 이런 시스템이 1인당 국민소득 1만 달러 때 한 거예요. 우리는 지금 국민소득 2만 달러인데 못하잖아요.

김미화 이런 문제를 학교에 강력하게 요구할 수 없나요?

선대인 학교도 문제지만, 정부가 교육에 돈을 써야죠. 우리가 몇 십 년 동안 교육입국이니, 인재가 자원인 나라니, 이런 식으로 이야기를 해왔잖아요. 그런데 실제로 대한민국 정부가 고등교육에 돈 쓰는 걸 보면 OECD 국가 가운데 뒤에서 세 번째 정도 돼요. 굉장히 적게 쓰는 거죠. 그리고 국공립대 비율 자체가 OECD 국가 가운데 가장 낮아요. 20%도 채 안 되거든요.

예를 들어서 미국이 사립대 중심이라고 알지만, 실제로는 국공립대학이 3분의 2예요. 유럽은 거의 100% 국공립대학이거든요. 그런데 우리는 다 사립학교한테 맡겨놓았어요. 이른바 몇몇 명문대 중심으로 학벌 서열 구조에 안주하는 거죠. 그러면서 전부 등록금 장사를 한다고요. 그러다 보니 등록금이 1천만 원까지 올라갔고, 국공립대학까지 덩달아 올랐죠. 정부 예산 지원은 안 되고, 학생들은 미친 등록금에 미치는 거죠.

우석훈 어려운 건 천천히 바꾼다고 그러지만, 대학이나 어디 가면 과일 정도 주는 건 해줄 수 있잖아요. 우리나라가 중고등학생에게 밥을 먹일 수 있는 상태까지는 왔는데, 대학생은 그 과정에서 소외되어 있었던 거예요.

- 이상 5회(2011년 12월 23일 방송)

대학생에게 이 나라는 등록금 대부업체

주택담보대출 이자 5.2%, 등록금 이자 5.8%

김미화 대학생은 정말 불쌍하지. 등록금 비싸니까 애들이 아르바이트 해서 조금만 보태보려고 애쓰지, 거기다가 학자금 융자 얻어서 졸업해도 또 빚이 있잖아요.

우석훈 안 그래도 학자금 융자에 대해서 이야기 좀 하려고 했어요.

선대인 취업 후 상환제 학자금이라는 게 있잖아요. 그게 이율이 5.8%예요. 주택담보대출도 5.2%거든. 여야가 합의해서 정했다는 이자율이 그래요. 선진국 클럽 비슷한 OECD 국가 대부분이 무이자거나 아니면 국채 이자 수준이에요. 국채 이자율이라는 건 보통 2~3%대거든요. 그런데 우리는 생색내기 식으로 해줬다는 이자율이 5.8%라고요.

김미화 그게 나중에 변동이 있나요?

선대인 변동금리로 하는 걸로 알고 있는데 일단 정해진 건 5.8% 수준이에요. 그러니까 이건 사실은 학생들한테 지원해주는 것도 아니고, 그냥 장사하는 거예요. 그러면서 공무원과 군인 자녀 학자금은 다 공짜로 해주죠.

우석훈 공무원, 군인뿐만 아니라 대기업, 포스코 이런 데들 다 해주니까, 진짜 부모 잘못 만난 사람은 너무나 힘든 거예요.

김용민 제가 대학에서 강의를 할 때였는데, 어떤 여학생이 계속 자고 있어요. 그래서 "수업시간에 왜 자니" 그랬더니, 등록금 벌려고 밤샘 아르바이트하느라고 그랬다는 거예요. 공부하기 위해서 아르바이트를 했는데, 학교에 와서는 결국 잠만 자게 되는 거죠.

김미화 공부를 할 수 없는 상태인 거지.

선대인 졸업하는 단계에서부터 신용불량자가 되어서, 다시 대부업체에서 고리 사채 쓰는 학생도 굉장히 많잖아요.

김미화 등록금도 비싸고 힘든데 왜 모두 대학에 가려고 그러느냐, 대학 안 가도 되지, 이렇게 이야기하는 사람도 있잖아요.

선대인 대한민국에서는 대학에 다니지 않으면 사람 취급을 못 받잖아요.

우석훈 대학에 가지 않아도 괜찮은 사회를 만드는 게 맞는데, 이 거지 같은 세상이 그럴 수가 없잖아요. 다들 대학 나왔다고 잘난 척하니까.

김미화 당신들부터 잘난 척 좀 하지 말아요.

선진국일수록 대학 진학률 낮고, 인건비 비싸

선대인 예를 들어서 스위스나 핀란드 같은 나라들처럼 고등학교 정도만 나와도 충분히 사회에서 인정받고 숙련된 일을 할 수 있으면 괜찮은데…….

우석훈 스위스의 대학 진학률은 27%입니다.

김미화 미국에서는 고등학교만 나오면 집안에서 난리가 나고 축하해주잖아요. 본인도 자기가 공부할 거 다 했다고 생각하고, 사회에서도 인정을 해주니까 뭘 해도 자부심을 갖게 되죠. 자동차를 고쳐도 자부심을 갖는다니까요.

우석훈 학교 교사도 할 수 있어요.

김용민 아니 대학 안 가고 고등학교만 나와도 교사가 된다고요?

우석훈 우리나라 교사 학벌이나 자질이 전 세계적으로 제일 높은 수준이거든요.

선대인 선진국일수록 인건비가 높아요. 미국 가면 공산품은 싼데, 이발비는 되게 비싸거든요. 레스토랑에서 서빙하면 팁도 줘야 하잖아요. 그런 서비스, 사람의 손길이 들어간 건 굉장히 비싸다고요. 미국뿐만 아니라 일본이나 유럽 같은 웬만한 선진국은 다 그래요. 이건 경제에서 사람값이 높다는 의미예요. 그런데 한국은 지난 10년 동안 땅값은 천정부지로 뛰게 만들어버리고, 사람은 똥값으로 만들어버렸다고. 노동력의 절반 정도를 비정규직이라는 이름으로, 내부 식민지를 만들어서 착취하잖아요.

우석훈 제가 〈88만원 세대〉 쓸 때 정말 슬펐던 일이 뭐냐면, 일본과 한국에서는 백화점이나 슈퍼 앞에서 제일 예쁜 20대 여성이 인사하잖아요. 아니 젊은 사람들이 더 생산적인 일을 해야지, 마트 앞에서 인사하고 그런 나라 없거든요. 엘리베이터걸이라는 걸 일본에서 만들었잖아요. 엘리베이터 타고 그냥 누르면 되는데 그것도 대신 누르게 만들었죠. 한국도 엘리베이터걸이 있었거든요. 그런 것처럼 자기 나라 20대한테 마트나 백화점 앞에서 인사하는 그런 일을 시키는 나라는 세계에서 일본하고 한국밖에 없어요. 그러니 국민소득이 2만 달러 이상 갈 수가 없는 거죠. 인사하는 사람한테 돈을 많이 주지는 않을 거 아니에요.

선대인 그래도 일본은 우리보다 훨씬 상황이 좋죠. 지금도 최저임금은 경제력 대비하면 우리보다 두 배 가까이 높고. 그리고 일본에서는 물론 대학 진학률이 우리보다 낮지만, 그렇게 장기침체를 겪었는데도 대학 나오면 기본적으로 직장을 가질 수는 있다고요. 한국은 부동산 거품이 꺼지지도 않았고, 장기 저성장 체제에 들어간 것도 아니고, 지난해에는 6.2%까지 경제가 성장했다는데, 대학 졸업하는 친구들 10명 중에 3, 4명 정도밖에 직업을 못 가진다는 거 아니에요. 이런 형편없는 사회를 만들어놓고, 우리가 어떻게 젊은 친구들한테 애국심을 가지라고 강요할 수가 있냐고요.

김미화 젊은 친구들이 "저 꼭 대학 가야 해요?" 이렇게 물어보면 해줄 말이 없는 거야. 가지 않아도 된다고 얘기하고 싶은데, 너 하고 싶은 일을 하라고 말하고 싶은데, 사회 분위기가 그렇지 않으니까. 신영복 선생이 늘 하시는 말씀이, 변방을 주목해라, 중심에 있다고 해서 꼭 좋은 곳에 있는 게 아니라고 하시는데, 우리가 젊은 친구들한테 그런 밑받침을 해주려면 어떻게 해야 할까요?

선대인 여러 가지 방법이 있죠. 우리가 교육에 투자하는 돈이 굉장히 적거든요. 교육에 투자하는 돈을 늘리면 일단 고등학교까지는 의무교육을 할 수 있겠죠. 대학 같은 경우도 국공립대 정도는, 특히 지방 거점 국립대 중심으로 지원을 하면, 지방에 있는 인재들이 그 지역 대학에 진학을 할 거니까, 이후에 얼마든지 거기 남아서 새로운 지식벤처도 만들고 할 수 있잖아요. 돈 조금만 들이면 되거든요. 1년에 국공립대 무상으로 해줘봐야 실제로는 1조 5천억 원밖에 안 들어요. 4대강 사업 예산으로 14년 치 해줄 수 있다니까요.

한국은 OECD 국가 가운데 모든 지표가 다 안 좋아요. 자살률 1위, 산업재해 1위, 행복도는 제일 낮은 수준이고, 최장근로시간, 출산율 제일 낮고, 고령화 속도 제일 빠르고, 남녀 임금격차 제일 높고, 이런 식이란 말이에요.

김미화 거기다 찐쌀까지.

선대인 그런데 1등 하는 게 뭐냐면, 건설산업 비중 세계 1위예요. 매번 부동산 거품 일으키고, 정부에서 4대강 사업, 경인운하, 새만금사업 하면서 쓰는 돈들이 정말 엄청나거든요. 그 돈을 제대로 쓰면 우리 젊은 친구들 미래 얼마든지 바꿀 수 있어요.

김미화 나이 많은 사람들도 문제죠. 비정규직에다 퇴직도 빨라서 50대가 되면 회사를 그만두어야 하고 남자들이 나와서 할 일도 없어요.

우석훈 제가 5년 전에 주유소 일자리 현황을 조사할 때는 주유소에서 일하는 사람들이 주로 10대였어요. 주유소는 발암물질 천지거든요. 그래서 그때는 10대가 이 일을 하면 안 된다고, 이건 인권으로 접근해야 할 문제라고 생각했거든요. 그런데 몇 년 사이에 주유소에서 일하는 사람들이 할아버지로 바뀌었어요. 사실상 10대에겐 그나마 일자리도 없어진 거예요. 그러니까 10대는 더 어려워졌겠죠. 제가 지난 정권 마지막에 20대를 위해서 우리가 있는 돈을 다 모아서 주자 그랬어요. 그런데 이번 정권에서 그 돈을 다 모아서 5년 동안 땅 팠어요. 4대강 사업하더라고요. 망한 거죠. 어떻게 보면 우리는 4대강에 대한민국 20대 청춘의 미래를 묻어버린 겁니다.

콘크리트에 20대의 미래를 묻는 나라

여의도 한국거래소 앞 대학생사람연대 시위 현장 "사회의 부를 독점하는, 99%의 사람들을 지배하고 99%의 삶을 점령하려 하는 신자유주의에 맞서기 위해 전 세계 사람들과 함께 연대하고 투쟁하겠습니다."

김미화 지금 여의도 한국거래소 앞에서 대학생들이 바닥에 스티로폼 깔고 데모하잖아요. 내가 지나가다가 너무 불쌍해서, 그 앞에 가서 학생들 위로해주었는데, 이렇게 추운 날 대학생들이 왜 그렇게 바닥에 앉아 떨면서, 어른들을 향해서 또는 금융가를 향해 시위를 하느냐고요.
김용민 '금융자본을 점령하라'고 주장하면서 대학생 스무 명이 텐트 시위를 벌이는데, 대학생사람연대 소속 학생들이에요. "금융자본에 세금을 물려서 등록금과 학자금 대출을 해결하라. 20대 고용률은 58%, 일자리 내놓아라." 당연한 요구네요.
김미화 당연한 요구를 하는데 그마저도 경찰한테 텐트 빼앗기고 말이죠. 휘발유 냄새 나는 곤로 같은 거 한 대 놓고 추위에 벌벌 떨면서 앉았더라고.
김용민 스물한 살 된 여학생 한 명이 이런 이야기를 했습니다. "수능 끝나고 강남호텔에서 예식장 아르바이트할 때 당시 최저임금이던 3천

600원 받고 일했다. 하루에 7만 원짜리 스테이크를 200개 이상 구웠는데, 하루 12시간 일해도 내가 구운 스테이크 하나 사 먹을 수 없었다." 가슴 아프게 다가옵니다.

우석훈 상황은 이런데 각하께서는 요즘 20대 일자리를 생각하면 잠이 안 온다는 거예요.

김미화 그러면 잠을 안 자고 일자리를 만들어주셔야지, 잠만 안 오면 어떻게 해요.

우석훈 제가 볼 때는 자기 아들, 딸, 조카, 이런 사람들 걱정한 것 같아요.

김미화 지금 어떻게 해볼 방법이 없는 거예요?

선대인 방법은 많아요.

우석훈 한국이 국민소득 2만 달러니까 돈이 없지는 않은데, 이상한 데로 가는 돈을 일단 차단해야죠. 일본이 정권 바꿀 때 '콘크리트가 아닌 사람에게'라면서 50년 이상 유지한 자민당 정권을 바꿨어요. 우리도 콘크리트가 아닌 사람한테 돈을 쓰자는 운동을 해야죠. 돈이 35층, 50층짜리 아파트에 전부 묻혀 있으니까 대학에 돈이 없고, 학생한테 돈이 없고, 20대한테 돈이 없죠.

선대인 콘크리트에 돈이 들어가니까 땅값, 집값은 오르는데 사람값은 떨어지는 거예요.

우석훈 그러니까 우리가 이렇게 지하에서 녹음해야 되는 거죠. 그런데 이게 연관이 있나요?

선대인 세금 제대로 쓰면 얼마든지 바꿀 수 있어요. 그래서 제가 세금혁명당이라는 활동을 하는 건데, 우리 모토가 이거예요. 조세형평성이 기본적으로 무너졌고, 또 한편으로는 돈을 콘크리트에 너무 많이 쓴다는 거죠. 그래서 탈토건 친생활을 하자는 거예요. 친생활이라는 건 교육, 문화, 복지 예산을 많이 쓰자는 이야기고요. 대충 계산해보니까 공공부문 전체를 두고 볼 때 토건 쪽에 연간 70조~80조 원씩 써요. 물론 여기엔 정부뿐만 아니라 공기업도 들어가지만, 이런 콘크리트 예산 중에서 10조, 20조 원 정도씩 아끼는 건 사실 일도 아니거든요. 얼마든지 아낄 수 있어요.

우석훈 계약방식만 조금 바꿔서, 중간에 새는 돈만 막아도 이 정도는 금방 만들 수 있어요.

김미화 지금 하는 게 있는데, 어떻게 계약방식을 바꾸란 말인가요?

우석훈 매년 이렇게 들어가니까 앞으로 하는 것부터라도 잘 줄이면 된다는 거죠.

선대인 일단 4대강 사업, 경인운하 사업 같은 거 재고해야 하고, 새만금 사업도 해놓기만 하고 사실은 제대로 활용을 못하잖아요.

우석훈 새만금 사업에 아직도 100조 원 이상 더 들어가야 해요.

선대인 그런 사업만 안 해도 교육예산, 복지예산 얼마든지 만들어낼 수 있죠.

지방 국립대를 키워 지역 균형발전까지 꾀해야

김미화 지금 이 상황에 대해서 해법을 내놓으세요.

선대인 젊은 친구들을 위해서 돈을 잘 쓸 필요가 있고, 일단 유치원 단계부터 고등학교까지는 의무교육을 해야 한다고 생각해요. 그리고 선별적으로 지방 거점 국립대를 중심으로 지원을 하면 학벌 서열 구조도 없앨 수 있고요. 지방에서는 지금 막 인구가 줄고, 젊은 친구들이 수도권으로 빠져서 장사도 안 되거든요.

우석훈 20년 전에는 부산이나 대구 같은 곳에서, 서울에 있는 아주 좋은 대학 갈 거 아니면 지역에 있는 학교 가라고 했어요. 그런데 지금은 아예 서울로 다 가버려서 문제가 생기는 거니까, 지방 거점 국립대학부터라도 무상으로 해주자는 거예요.

선대인 지방은 인구가 적으니까 기본적으로 장사도 안 되고, 수도권으로 순유입되는 인구는 모두 20대 때 수도권 대학을 졸업하고, 직장 잡고 눌러앉죠. 수도권에서 결혼하고 애 낳고 집 장만하는 식이에요. 그러다 보니까 주택난 발생하죠, 교통 혼잡 벌어지죠, 환경오염되죠. 이런 사회적 비용이 연간 수십조 원씩이에요. 그러니까 지방 거점 국립대학만 잘 지원해줘도, 젊은 친구들이 거기 남고, 그러면 자연스럽게 지식정보화 시대에 걸맞은 지역 균형발전이 될 거라고 봅니다.

우석훈 제가 제주도를 조사해봤더니, 학생이 전부 서울로 가서 제주대학 운영이 잘 안 되니까 그 빈자리를 또 중국 유학생으로 채우더라고요. 이게 무슨 짓이냐고.

김용민 그리고 거기는 문턱도 없어요. 그냥 '어서옵쇼'야.

우석훈 제주도에서 20~30대 경제 상황을 조사해보니까…….

김미화 외국 유학생을 많이 받으면 학교 대외경쟁력 차원에서 점수를 딴대요. 그래서 받는다고 하더라고요.

김용민 밑도 끝도 없이…….

우석훈 지방에서는 다 서울 보내고, 거기는 외국인으로 채우고, 이게 미친 짓이죠.

김미화 나는 궁금한 게, 외국 같은 경우는 입학이 쉽고 졸업이 어렵잖아요. 우리는 왜 그렇게 입학은 어렵고 졸업은 그냥, 물론 학점은 따야 하지만, 왜 그렇게 하는 거죠? 입학하는 걸 쉽게 해놓으면 되지 않나요?

우석훈 국가가 무상교육처럼 하면 국가 돈을 쓰는 거니까 졸업장을 막 주면 안 되잖아요. 그런데 우리는 국공립대학을 포함해서 지금 장사하는 거잖아요. 장사니까 돈 내고 많이많이 들어와서 빨리빨리 졸업하라는 거죠.

선대인 특히 민주화 이후에 우리가 대학 진학 붐도 일었지만, 한편으로는 사립대학을 엄청나게 늘려줬어요. 그래서 1980년대 후반부터 1990년대까지 사립대학이 늘어난 거예요.

김용민 1980년대는 대학 진학률이 20~30%대였죠.

선대인 이제는 대학 진학률이 80%가 넘고 실제로는 대학에 가고 싶으면 다 갈 수 있는 구조가 되어버렸어요. 그런데 앞으로는 오히려 인구가 줄잖아요. 그러면 고등학생이 다 대학에 진학을 해도 학생이 없는 대학이 생기는 거예요. 그래서 대학 구조조정과 통폐합도 필요하죠. 문제는 이런 조정을 할 때 악질 사립대나 부패사학을 중심으로 없애야 하는데, 이명박 정부가 하는 거 보니까 또 엉뚱한 방향이더라고요.

우석훈 지방 학교는 지역 경제를 위해서 중요하잖아요. 그런데 일자리가 주로 서울이나 수도권에 있으니까, 지금 정부에서 하는 것처럼 일자리를 중심으로 하면 두 가지 문제가 생기죠. 일단 지방 학교는 점수가 낮아져요.

김미화 맞아요. 그걸로 퇴출시킬 학교를 뽑았죠.

선대인 그리고 예술대 같은 경우는 취업을 얼마나 시켰느냐 가지고 점수를 매기는데, 콘크리트에 돈 때려 넣느라고 문화 쪽으로는 인력도 못 키우면서…….

우석훈 그리고 예술 계통에 종사하는 사람들은 비정규직이 많거든요. 조금 전까지 이준익 감독하고 같이 있다 왔는데, 이런 방식으로 평가하면 이준익 감독처럼 성공한 사람도 취직이 안 된 걸로 집계가 돼요. 이렇게 평가해서 문화예술 쪽은 취업률이 낮으니까 없애겠다는 거예요.

김용민 그래서 이런 일도 있었습니다. 그 학교가 배출한 CEO에게 우리 학생들 의료보험료 같은 거 다 우리가 낼 테니까, 일단 취업한 걸로 해주고 감사가 끝나면 다시 데리고 가겠다고 제안을 하는 겁니다. 말하자면 4대보험 혜택을 받느냐, 아니냐로 취업 여부를 가리는 거죠.

우석훈 지역별로 그리고 학과의 특성도 고려해서 평가를 해야죠. 이를테면 국문과 졸업해서 소설가가 되면 제일 잘된 건데, 소설가들은 다 비정규직이거든요. 그렇게 따지면 국문과에서 취업한 사람 없을 테니까 국문과를 없애야 하는 건데, 이건 미친 짓이죠.

미친 등록금에 찐쌀밥 먹이고 일자리는 뺏으면서 4대강이라니

김미화 이 나라의 청년이 처한 상황이 심각합니다. 찐쌀밥을 먹으면서 생활하고, 돈도 못 버는데 학비는 비싸고, 과일도 못 먹고. 그들을 위해서 들여야 할 돈, 교육이라든지 보건이라든지 복지라든지, 이런 곳에 들어갈 돈이 토건사업에 들어갔고 계속 들어간다는 이야기로 흘러 왔어요.

선대인 젊은 친구들 이야기가 나왔으니까 한 가지만 더 말씀드릴게요. 우리가 대학까지 졸업하는 데 2억 원 가까이 들 거든요. 그중에서 제일 똑똑하다는 친구들을 삼성이 싹쓸이해가잖아요. 그런데 삼성의 평균 근속 연수가 7년밖에 안 돼요.

우석훈 차장까지도 못 가고 중간에 나가야 하는 거죠.

선대인 이번에도 삼성에서 최대 사장단 인사한다면서 502명인가 대거 승진시켰잖아요. 그러면서 실제로는 예년에 비해서 두 배가 넘는 인력, 그러니까 부장·차장급 중견 간부를 대거 해고했는데, 이런 건 언론에서 보도를 안 해요. 삼성이 직원 내보내는 방식이 악질이에요. 예를 들어서 삼성카드를 쓰게 해놓고, 그 정보를 빌미로 잘라버려요. 룸살롱에 갔다느니, 근무시간에는 추가근무한 걸로 되어 있는데 카드에는 그 시간에 버스에 탑승한 기록이 있다느니, 이런 식으로 해고하는 거죠.

우석훈 삼성이 아니라 FBI이자, 금융회사이자, 뭐 그런 거죠.

선대인 그러니까 이렇게 사생활을 철두철미하게 감시한다고. 예를 들어서 삼성 사내 메신저 중에 '싱글'이라는 게 있어요. 싱글 상에서 사람들끼리 대화하면서 사내연애라든지 이런 일이 있을 수 있잖아요. 물론 그런 것 자체가 바람직한 현상은 아니라 할지라도,

김미화 눈 맞아서 연애할 수도 있지.

선대인 어쨌든 사생활에 해당하는 걸 탐지해서 해고하는 거예요.

우석훈 삼성전자 사내 커플은 어떻게 결혼을 했을까요?

선대인 웃기는 게, 이건희 자기는 4조 5천억 원씩 비자금 조성하고 몇

조 원씩 탈세하면서 지금까지 실형선고 받은 것만 해도 몇 차례가 되잖아요. 물론 다 특별사면으로 풀려났지만. 그런 사람이 국민한테는 정직해야 한다고 하고, 삼성 안에서는 부패를 없애야 한다고 하니, 이게 말이 되냐고요.

우석훈 이번에 감옥에서 나오면서 그랬죠. 정직이 중요하다고. 사생활 감시해서 작은 부정비리로 걸린 직원은 다 잘라버리면서.

이건희 "모든 국민이 정직했으면 좋겠다. 거짓말 없는 세상 돼야 됩니다."

김미화 내 소망은 다른 게 없어요. 거대한 걸 바라는 게 아니고, 우리 학생들, 내 새끼들한테 3천 원 받고 6천 원짜리 밥을 다오, 난 이거야. 삼성이면 할 수 있고 현대면 할 수 있잖아. LG 할 수 있고, 사학재단도 할 수 있어요. 국공립대학은 나라에서 지원해주면 되는 거고. 대학생들 너무 불쌍해요.

선대인 다른 나라는 아동수당 주고, 교육수당까지 주는데.

김미화 그런데 우리 학생들은 지금 찐쌀을 먹는다는 거지.

선대인 그때보다 훨씬 잘살게 되었는데, 우리 학생들한테 미친 등록금 강요하고, 일자리도 없애고, 찐쌀 먹이고, 이게 무슨 짓이냐고. 돈은 4대강 강바닥에 다 처박아버리고.

김미화 '쌍시옷 욕'이 절로 나오는 상황입니다.

- 이상 5회(2011년 12월 23일 방송)

20대도 정치권에 진출하라

청년유니온에 거는 기대

우석훈 제가 어떤 단체에 가서 축사 때 섹스 이야기를 한 적이 있어요.

김미화 축사 때 왜 그런 이야기를 해!

우석훈 앞으로 아이들 많이 낳고 그러려면 연애도 해야 되고, 섹스도 활성화되어야 하잖아요.

김용민 우석훈 박사님이 아주 중요한 말씀을 하셨는데, 지금 일본의 30대가 섹스를 하지 않는다는 이야기가 많던데, 그 좋은 걸 왜 안 해요?

우석훈 초식남 현상이 벌어진 거예요. 경제 문제 때문에 처음에는 연애를 못했는데, 그러다 보니 연애를 하는 욕망 자체가 사라진 사람들이 생긴 거예요.

김미화 왜 욕망이 사라지지?

우석훈 연애할 돈이 없는 거예요. 그러다 보니 아예 연애를 안 하려는 사람들이 등장했고, 그런 사람들을 초식남이라고 불러요. 한국에도 그런 현상이 등장했어요. 연애를 안 하는 정도가 아니라, 돈이 생기면 차라리 맛있는 거 먹고 다른 걸 하지, 왜 연애를 하냐는 거죠. 욕망이 없어져버린 거예요.

선대인 적극적으로 하지 않는다기보다 환경이 그렇게 조성된 거죠. 일자리도 없고 소득도 없으니까 연애를 하기조차도 부담스러운 환경이 잖아요.

우석훈 여기서 자연스럽게 오늘의 '주간 꼽사리'인 청년유니온 이야기로 이어집니다. 청년유니온 이야기 하기 전에, 주변 사람들이 오늘부터 방송에서 '솔직하게 네 얘기를 하라'고 신신당부를 하더라고요. 그래서 제가 솔직하게 얘기하면 재수 없을 거라고 그랬더니, 재수 없으니까 그렇게 하라는 거라고…….

김미화 원래 재수 없었어요.

선대인 그러면 지금까지 솔직하게 이야기하지 않은 건가요?

우석훈 제가 잘난 척 빼면 시체인데, 그동안 잘난 척 별로 안 했거든요. 잘난 척을 해야 재수가 없어져서 이 프로그램에 악역이 생긴다고 하더라고요. 제가 만들어서 유행시킨 말이 여러 가지 있어요.

선대인 '88만원 세대'가 제일 유명한 말 아닌가요?

우석훈 그 책 쓰고 조금 있다가, 한국에서도 일본처럼 청년들이 비정규직 노동조합을 만들 거라고 예상했는데, 금방 생겼어요. 그게 청년유니온이라는 단체예요. 최근에는 카페에서 토요 휴무 하는 아르바이트생들 수당 받을 수 있도록 힘썼죠. 이 청년유니온이 노동부에서 등록을 해주지 않아 인가를 받지 못해서, 아직까지 불법단체 신세예요.

그래서 이번에 서울에 있는 청년유니온만 따로 서울시에 등록을 한다는데, 법적으로 알아보니까 서울시장이 승인하면 등록이 되더라고요. 박원순 시장님께 부탁드릴게요. 청년유니온 서울시에 등록 좀 해주세요. 시장님이 노조로 등록할 수 있게 행정처리만 해주시면, 한국에서도 최초로 일본과 비슷한 비정규직 청년노조가 생기는 겁니다.

김용민 청년노조에 대해서 잘 모르는 분들을 위해 설명이 필요할 것 같아요. 기업의 종업원이 결성하는 그런 개념의 노조는 아닌 거죠?

선대인 노동부에서 그동안 왜 반려를 했는지도 이야기를 좀 해주셔야 할 것 같아요.

우석훈 노동조합은 작업장별 노조가 있고, 지역으로 가입하는 일반노조가 있어요. 일반노조는 두 명 이상만 있으면 특정 지역을 중심으로 결성할 수 있어요. 비정규직이나 커피숍 아르바이트생은 보통 한두 명밖에 없으니까 작업장이 아주 작은 거죠. 그래서 이런 경우 지역별로 묶어서 일반노조로 들어가는 수밖에 없는 거예요. 지금 여성 비정규직을 위한 여성노조는 있습니다. 그런데 청년들이 노조를 결성한다니까 노동부에서 이름이 틀렸다는 둥, 주소가 틀렸다는 둥 하는 이유로 계속 반려하고 있어요. 행정소송 중인데, 이번에 서울시에서 등록을 하면 아마 노동부에서도 나머지를 등록해주게 될 겁니다.

김미화 지켜봐야 되겠네.

선대인 모범사례를 만들 수 있는 절호의 기회인 것 같아요.

김용민 제가 김영경 청년유니온 위원장을 너무 좋아합니다.

김영경 청년유니온 위원장 "우리나라의 실업운동이라는 것도 청년층을 대상으로 한 것은 거의 없었다고 볼 수 있을 것 같아요. 그런데 이제 경제위기가 닥치고 우리나라의 정책이 청년들을 희생하는 방향으로 가다보니까, 청년실업이 심각해지고…….

저희는 억울하다고 생각해요. 청년실업도 나날이 높아지고, 비싼 등록금 때문에 빚도 지고 있는데도 불구하고, 현 정부나 기성세대는 청년들에게 눈이 높다, 혹은 보수화되었다는 식으로, 사실 청년들의 현실을 보지 않은 채 너무 호도하고 있다고 생각하거든요.

꼽사리해설 2012년 2월 한지혜 씨가 김영경 위원장에 이어 제2대 청년유니온 위원장에 선출돼 활동하고 있다."

우석훈 김영경 위원장은 여러 사람이 좋아해요. 저는 잔다르크라고 불러요.

김용민 어려운 상황 속에서 절망하지 않고 계속해서 돌파구를 만들어내는 멋진 사람이에요.

우석훈 힘든 상황일 텐데 사람이 참 밝아요.

김용민 말은 또 얼마나 잘하는지, 받아 적으면 책 한 권이 나올 것 같아요.

김미화 지난번에 반값 등록금 외치던 대학생들 '반값 포차' 한다고 해서 위로하고 용기 주려고 한 번 갔거든요. 거기서 청년유니온 김영경 위원장을 만났는데 당찬 사람이더라고요.

우석훈 기운을 주러 갔다가 오히려 받고 옵니다.

김용민 제가 김영경 위원장에게 꼭 하고 싶었던 말은, 당신 같은 사람이 정치를 해야 한다는 거예요.

선대인 내년에 총선이 있는데, 젊은 30대, 심지어 20대에서도 비례대표로 정치권에 진출해야 돼요. 그래서 젊은 친구들의 목소리를 정치적으로 대변해야 해요.

우석훈 맞아요. 1, 3, 5, 7은 어차피 여성에게 비례대표를 주게 되어 있죠. 그래서 저는 그중에 1번을 20대 여성에게 주자고 주장하고 있어요. 그렇게 되면 20대 지도자를 만들 수 있지 않겠나 싶어서요.

선대인 그렇게 되면 굉장히 상징적인 일이죠.

- 이상 3회(2011년 12월 5일 방송)

알바 지옥과 청년유니온

편의점 알바 66% 최저임금 못 받아

김미화 오늘은 청년유니온의 김영경 위원장을 모셨습니다. 김 위원장과 나누고 싶은 이야기는 우리나라 대학생들과 청년들의 아르바이트 실태에 관한 겁니다.

NEWS

아나운서 지난 주말 대형마트 냉동기를 점검하다 숨진 인부 중 한 명이 독학으로 어렵게 학교에 입학한 대학생으로 밝혀졌습니다.

기자 등록금을 벌겠다며 아르바이트 나갔던 스물세 살 황승원 씨는 그제 새벽 경기도 고양시 이마트 탄현점 지하 기계실에서 숨진 채 발견되었습니다. 냉매가스가 유출돼 질식사한 것으로 추정되었습니다.

고 황승원 씨 어머니의 탄식 "우리 승원이 새파랗게 얼어가지고, 저기 좁아터진 데 저기 갇혀 있는데."

기자 이처럼 등록금과 생활비를 마련하기 위해 위험하지만 상대적으로 보수가 높은 아르바이트를 찾는 젊은이들이 최근 늘고 있습니다. 실제로 한 아르바이트 중개업체의 조사 결과 위험한 작업이나 신약효과 실험 같은 이른바 지옥의 아르바이트라도 하겠다고 답한 응답자가 79%를 차지했습니다.

꼽사리 해설 심지어 속칭 '마루타아르바이트'에까지 뛰어드는 학생들.

기자 김현철 씨는 대학생활 2년에 휴학 3년째. 아르바이트가 본업이 되다시피 했습니다. 지난겨울엔 신약의 효능을 시험하는 대상이 돼 약을 먹고 열두 시간 동안 열여섯 번 피를 뽑아준 대가로 38만 원을 손에 쥐었습니다.

김현철 씨 "돈을 벌기 위해서 이 피를 팔고 있다는 기분도 들고 제 자신한테 너무 미안해지는 마음이 커서요, 다시는 하고 싶지 않아요."

꼽사리 해설 한편 아르바이트생들은 최저임금은커녕 법으로 보장된 수당도 못 받는 경우가 비일비재한데.

기자 올봄 커피전문점에서 다섯 달 동안 아르바이트생으로 일했던 이수민 씨. 일주일에 열다섯 시간 이상 일하면 유급휴일 개념으로 받게 되어 있는 주휴수당을 한 번도 받지 못했습니다.

이수민 씨 "법적으로 뭔가를 요구할 수 있는 자기들의 권리가 없다고 생각하고, 가장 쉽게 모른 척할 수 있는 부분이기 때문에……."

기자 청년유니온이라는 노동단체가 국내 7개 커피전문점 브랜드 251개 매장을 조사했더니 다섯 곳 중 네 곳은 주휴수당을 주지 않았는데 그 액수는 100억 원이 넘는 걸로 추산되었습니다. 아르바이트에 내몰려 소홀해지는 학업에 몸과 마음의 피로, 부모에 대한 미안함, 해마다 200명 넘는 대학생들이 극단적인 선택을 해왔고 대학생의 60%가 그런 충동을 느낀 적이 있다는 조사도 있습니다.

김미화 설 연휴에도 쉬지 못하고 아르바이트를 해야 하는 상황에 놓인 학생들이 상당히 많다면서요.

김영경 요즘은 '점오백족' '알부자족' 같은 이야기가 나올 정도로,

우석훈 점오백은 뭐예요?

김영경 점오백족은 돈을 1.5배로 받는다는 의미예요. 연휴에 아르바이트를 하면 돈을 더 버니까, 그런 걸로 아르바이트를 더 하려는 사람들이 있어요. 저도 대학 다닐 때 연휴기간에만 단기로 아르바이트를 하곤 했는데, 고수익을 올릴 수 있는 일들이 있거든요. 그런데 후배들 이야기 들어보니까 대학생들이 요즘은 평상시에 하는 아르바이트로는 돈이 충당이 안 되어서 그런다고 하더라고요.

김미화 편의점 아르바이트를 하는 게 좋아서가 아니라, 설에는 가족과 함께 어우러져야 하는데, 아르바이트를 해서 돈을 벌어야 하기 때문에 지금 이런 상황이 벌어지는 거잖아요.

김영경 그렇죠. 청년유니온이 만들어지고 나서 실태조사를 하면서 이런 아르바이트를 왜 하는지 물어봤는데, 대부분 등록금이 비싸니까 부모님한테 미안해서 교통비, 식비, 휴대전화비 같은 걸 직접 충당하려고 한다는 이야기를 많이 들었어요. 자취하는 친구들의 경우는 월세 비용을 벌기 위해서 하기도 하고요. 예전에는 좋은 휴대전화 같은 전자기기를 사기 위해서 아르바이트를 했다면, 요즘은 그런 건 더 이

상 나의 것이 아니고, 생계를 위해서 하는 아르바이트가 대부분이라는 게 현실입니다.

우석훈 1990년대 중반에 현장조사를 했을 때는 배낭여행 가기 위해서 아르바이트한다는 학생들이 많았어요. 그게 불과 15년 전인데, 지금 누가 배낭여행 가려고 아르바이트하겠어요.

김미화 배낭여행 가려고 아르바이트하는 친구들도 있겠지만, 그건 진짜 눈 씻고 찾아보려고 해도 찾아볼 수 없는 아주 희귀한 경우가 되어버렸잖아요. 젊은 친구들이 아르바이트를 하면서 느끼는 만족도는 어떤가요?

김영경 2010년부터 3년째 실태조사를 해보니까 편의점 같은 경우는 최저임금을 지키는 게 여전히 개선되지 않았더라고요. 2010년 4월부터 6월 사이에 전국 500개 편의점을 대상으로 실태조사를 했을 때 아르바이트 학생 중 66%가 최저임금을 못 받고 있었고, 수도권을 제외하면 지방은 80%가 최저임금을 못 받는 걸로 나타났어요.

그런데 더 큰 문제는, 지난주에 원주 청년유니온 조합원 실태조사를 했더니, 원주 지역의 경우 82%가 최저임금을 주지 않는 걸로 나타난 거예요. 3년 사이에 변한 게 별로 없는 거죠. 이렇게 법에 정해진 최저임금도 주지 않으니까, 그 외에 휴식시간이라든지 식사 같은 것들은 말할 것도 없다는 생각이 듭니다. 만족도를 말할 상황이 아니죠.

한 달 전 저희 조합원이 지하철역 편의점에서 하루에 여섯 시간씩 일을 했는데, 손님이 끊임없이 와서 화장실에 갈 시간에 없는 거예요. 거기다 화장실이 편의점 반대편에 있었던 거죠. 점장이 화장실은 너무 멀고 손님은 계속 오니까 페트병에다 볼일을 보라고 하더래요. 점장 본인도 그렇게 하고요. 이 친구가 수줍음이 많은 친구였는데, 눈물을 머금고 페트병에 볼일을 봤다고 하네요. 편의점에서 일하면서 특히 여성은 취객이 들어올 때 많이 힘들잖아요. 뉴스에서는 여성이 강도를 맨손으로 때려잡았다느니, 이런 이야기만 기사화하는데, 실제로 편의점 아르바이트생은 취객이나 밤늦게 오는 손님이 무섭지만 어떻게 할 방법이 없어서 힘들다고 하더라고요.

유통기한 지난 삼각김밥이 한 끼 식사

김미화 노동권의 사각지대에 놓인 거죠. 대학생뿐만 아니라 요즘은 청소년도 아르바이트를 해서 부모님에게 도움이 되고 싶어 하잖아요. 나도 어릴 때 엄마가 보따리장사 다니시는 거 보면서 미안해서 내가 엄마를 조금이라도 도울 방법이 없을까 생각했었는데요. 페트병에다 소변을 봐야 하는 그런 문제는 우리 학생들의 노동건강권이라는 측면에서 한번 생각해볼 필요가 있지 않나요?

우석훈 유통기한이 지난 삼각김밥을 주는 일도 있다면서요?

김영경 그건 일상이에요. 저도 2004년에 편의점 아르바이트를 해봤지만, 그걸 식대 대신 주는 거예요. 유통기한이 지났어도 당장 상하지는 않았으니까 먹을 수는 있는데 아르바이트생으로서는 서글픈 거죠. 밥 대신 이걸 먹어야 하나, 싶어지니까요.

선대인 모멸감을 주는 일이잖아요.

우석훈 편의점 사장님들 연령을 조사해보니까, 전문용어로는 가맹점 경영주로 되어 있는데, 30대가 31.1%, 40대가 34.6%니까 30~40대가

65%쯤 돼요. 20대도 사장님들이 있더라고요. 11.6%예요. 사실은 신세대에 가까운 사람들이 많으니까, 사회적으로 대화를 하자고 하면, 지금부터 개선점을 찾을 가능성은 있을 것 같아요.

김미화 우리 사회가 전반적으로 노동력을 헐값에 산다고 생각하니까 문제가 되는 것 같아요.

우석훈 직업으로 보면 회사원 출신이 36.3%니까 회사 다니다 그만둔 사람들이 많고, 공무원도 1.4%예요. 그리고 자영업자인데 편의점 하는 사람이 30% 정도고요. 그러니까 회사원이나 자영업자들이 주로 편의점 사장을 많이 하는 거죠.

선대인 편의점 사장과 아르바이트생의 갈등처럼 비치지만, 사실 이건 정부에서 나서서 최저임금을 지급하는지, 부당노동이 없는지 파악하고 시정해야 하는 거잖아요. 그게 왜 안 된다고 보시는 거죠?

김영경 항의를 했을 때 돌아오는 대답이 어이없는 경우가 많아요. 일단 고용노동부에서는 모니터링 사업을 진행하기에는 자기들도 인력과 예산이 부족하다는 이야기를 많이 해요.

우석훈 각 지역별로 지방노동청이 있죠.

김영경 청년유니온에서 2010년에 최저임금 실태조사를 터뜨린 다음에는 고용노동부가 다행히도 2010년 하반기부터 모니터링단 사업을 실시했어요. 그래서 그때 몇 건 적발하고, 2011년 상반기에 PC방, 주유소, 편의점으로 확대해서 2천500건을 적발했다고 이야기하는데, 사실 2천500건을 적발한 건 고용노동부가 자랑할 일이 아니라 부끄러워해야 할 일이죠.

그리고 적발은 하는데 시정이 안 되는 이유에 대해서 이야기를 들어보니까, 원래 몇 년 동안 이렇게 최저임금을 주지 않으면 형사 처벌을 해야 하는데, 형사 처벌한 건수가 6년 동안 네 건 정도라고 합니다. 다 그냥 합의로 끝나버리고, 좋은 게 좋은 거라는 식으로 계속 넘어가니까, 소위 말해서 솜방망이 처벌만 하니까 해결이 되지 않는 것 같아요.

김미화 예를 들어서 임금을 안 줘서 신고를 하면 어떻게 되나요?

김영경 길게 끌지는 않는데요. 보통 고용노동부나 청년유니온을 통해서 진정을 넣게 되면, 2주 이내에 사장님, 근로감독관, 아르바이트생이 삼자대면을 해요. 그런데 보통은 아르바이트생이 삼자대면을 하기 싫어서 포기하거든요. 사장님과 인간적인 관계도 있고, '내가 몇 백 원 덜 받은 걸 가지고 뭘 이야기 하냐' 이런 생각이 드니까 삼자대면을 해야 한다고 말하는 순간 대부분 포기를 하더라고요.

김미화 우리가 아이들 교육을 잘 시키자, 바른 사람들로 만들자 하면서, 실제로 아이들이 사회에서 부딪히는 현실은 아이들로 하여금 '내가 불공정한 대우를 받았지만 더러워서 포기하자' 이런 마음을 갖게 만든다는 거죠. 아이들에게 이런 마음이 들게 하는 거 문제 아닙니까?

김영경 그렇죠. 그런 식으로 사회를 접하게 되면 대부분의 몸으로 하는 일은 절대로 하고 싶어 하지 않아요.

우석훈 비슷한 일이 일본에서 먼저 있었어요. 프리터(freeter, free와 arbeiter를 합성한 신조어)라고 하는데, 편의점에서 아르바이트하면서 사는 게 아예 인생이 된 사람들이 생겼거든요. 정부나 개인이 문제를 직접 풀지 못하니까 중간에 수도권 유니온이라는 작은 아르바이트노조가 많이 생겼어요. 그 단체가 일종의 세력화라고 할까요, 사회세력화하고 미약하게나마 정치권력을 갖게 되면서, 아르바이트생이 투표에 참여하게 되고, 결국 민주당 정권을 통해 자민당 정권을 끝냈더라고요. 우리나라도 이제 초기 단계지만 그런 식의 변화가 시작되는 게 아닌가 보고 있어요. 그런 점에서 청년유니온이 법적인 단체가 되는 게 중요하다고 봅니다.

경험 삼아, 재미 삼아 하는 게 아르바이트라고?

NEWS

기자 청년유니온의 네 번째 노동조합 설립신고서가 고용노동부 민원실에 제출되었습니다. 지난해(2011년) 3월과 4월 그리고 5월 청년유니온은 세 차례에 걸쳐 고용노동부에 노조 설립신고서를 제출했지만 번번이 반려처분을 받았습니다. 이어진 반려처분 취소를 위한 법정 공방. 지난해 11월에 있었던 행정소송 1심 선고에서 청년유니온은 외관상 패소했지만 절차상 하자일 뿐 구직자의 노조 결성은 가능하다는 취지의 판례를 이끌어내는 데 성공했습니다.

꼽사리 해설 하지만 네 번째 노조 설립신고서도 결국 반려되었고 합법 노조로 인정받기 위한 청년유니온의 싸움은 아직도 계속되고 있습니다.

김미화 청년유니온이 법적인 단체로 인정받는 문제에 대해서 우리가 지난 방송에서 이야기했었는데, 박원순 서울시장님을 만나보셨나요?

김영경 만나뵙고 왔어요. 시장님은 좋게 이야기를 해주셨어요. 법적인 부분을 검토하겠지만 여성노조도 있고 지역노조도 있으니까 청년유니온이 안 될 이유는 없지 않느냐고 하셨고, 적극 검토해볼 테니 등록이 되면 서울시와 협력 파트너 관계를 맺자고 이야기를 해주셔서 저희는 긍정적으로 보고는 있는데요.

선대인 추이를 지켜봐야 하는데, 다만 지금까지 진행되어온 걸 보면 약자의 권익을 보호해야 하는 정부부처의 공무원은 늘 한직이에요. 조직도 약하고 예산도 얼마 배정하지 않고, 그리고 이 사람들도 자기가 있는 동안 성가신 일이 일어나지 않았으면 좋겠다는 자세예요.

꼽사리 해설 2012년 3월 12일 서울시가 '서울 청년유니온' 설립신고서를 수리함으로써 비록 중앙 차원의 노조 설립은 아니지만 서울 청년유니온이 공식적인 노조로 인정받게 되었다.

김미화 늘 어디든 그렇지. 자기가 보스로 있으면 밑에서 시끄럽게 하는 거 싫지.

선대인 그런데 자꾸 예산도 쓰고 인력도 배치해서 이런 문제를 시정해 가는 게 공정한 시장경제 환경을 조성하는 길이거든요.

김미화 고용노동부가 발로 뛰고 모니터링단 만들었다지만, 그건 신고에 의존하는 거잖아요. 예를 들어서 내가 고등학생이나 대학생인데 사회 경험이 없어요. 그러면 '내가 이걸 노동부에다 어떻게 신고를 하지', '사회에서 처음 맺은 인간관계를 어떻게 깨지' 이런 갈등이 있을 거 아니에요.

김영경 맞아요. 부모님한테도 말하기 힘든 일이고요.

선대인 그래서 청년유니온이라는 노조가 필요하고, 그렇게 정치적인 행동을 해서 압력을 행사하는 게 필요한데, 정말 제대로 된 나라가 되려면 공적인 조직에서 이런 문제에 대해 전문적인 상담을 통해서 어떻게 자기 권익을 지킬 수 있는지 알려줘야 하거든요.

김미화 공적인 조직에서 그렇게 하지 못한다면, 아까 이야기했듯이 편의점이나 작은 사업체를 운영하는 사장님들이 공무원 출신도 많고 30대, 40대가 많다면서요. 이런 분들이 아르바이트를 하는 친구들과 정당한 고용관계를 맺는 게 중요하죠. 정식으로 계약서도 쓰고. 아르바이트하면서 계약서 구경 못한 친구들이 대다수일걸요.

김영경 대부분은 계약서를 쓰지도 않고 써달라고 해도 잘 안 쓴대요. 그런데 올해(2012년) 1월 2일부터 바뀌어서, 이제는 계약서를 써서 서면으로 주지 않으면 300만 원 이하의 과태료를 부과하게 되었어요.

김미화 그러면 학생들이 그걸 알아야겠네요.

김영경 그걸 정부가 대대적으로 캠페인을 하고 알려야 하는데, 안 하는 거죠. 그래서 대부분 이걸 모르더라고요.

김미화 이 방송 듣는 학생들은 모두 아르바이트를 할 때 계약서를 쓰세요. 그리고 주변에 아르바이트를 하고 있는 아들, 딸, 동생, 조카 들이 있으면 계약서를 반드시 써야 한다고 알려주세요. 얼마 전엔 대형마트 냉동고에서 일하던 대학생이 목숨을 잃었잖아요.

우석훈 복학하면서 등록금 마련하려고 아르바이트를 하다 그랬다는데, 눈물 나는 사연이었죠.

김미화 또는 피자 배달하러 가다가 시간에 쫓겨서 사고가 나기도 하고, 그래서 '몇 분 안에 배달해드립니다. 정해진 시간에 배달하지 못하면 돈을 받지 않습니다' 이런 거 하면 안 된다고 사회에서 강력하게 주장을 해서 해당 업체 사장이 바꾼 일도 있더라고요. 이런 피해들이 있을 때 우리가 이 친구들한테 어떻게 해줘야 합니까?

김영경 법적으로 4시간 일을 하면 30분의 휴게시간을 주라고 되어 있잖아요. 그 정도만 지켜도 예방할 수 있다고 생각해요. 일이 터지고 나서야 그 문제를 산재로 인정해주느니 마느니 하잖아요. 예를 들어서 30분 배달제 같은 경우도 제도는 폐지되었지만 여전히 오토바이로 배달을 하거든요.

김용민 피자 30분 배달제라 함은, 30분 안에 배달하지 않으면 아르바이트하는 사람에게 불이익이 있는 건가요?

김영경 예. 배달한 친구는 성과급을 못 받는 거예요. 그 성과급이라는 것도 500원 정도밖에 안 되고요. 일본 같은 경우 오토바이를 3륜으로 하게 되어 있어요. 아무래도 바퀴가 두 개일 때보다 속도를 내기가 어렵고, 좁은 길을 갈 수 없기 때문에 보다 안전하거든요. 가게들이 바꾸기 힘들면 정부가 그렇게 할 수 있게 지원을 해주면 문제는 어느 정도 해결할 수 있다고 보는데요.

우석훈 오토바이 금지시키고 그걸 사주면 될 거 아니에요. 어찌 보면 인간에 대한 예의 같은 건데, 편의점 아르바이트생도 우리와 같은 시민이고 자녀라고 생각하면 훨씬 쉽게 풀 수 있어요. 그런데 경제 엘리트라는 사람들이 사람을 보지 않고, 일하는 친구들을 부품 같은 걸로 생각하고, 그 아이들이 실력이 없어서 편의점에서 아르바이트를 한다고 생각하고, 힘든 게 당연하다고 보니까 문제예요. 그렇게 힘들게 일하는 게 사람 되는 길이라고 말하는 사람도 봤어요. 고생하면 사람이 되나요. 우리가 무슨 곰도 아니고.

선대인 자기는 고생하고 컸나?

김영경 작년에 청년유니온 노조 설립 문제 때문에 고용노동부에 계시는 모 과장님과 면담을 했어요. 심지어 고용노동부에 계시는 분도 "어차피 아르바이트 같은 건 경험 삼아 재미 삼아 하는 거 아니냐, 그런데 뭘 굳이 그런 아르바이트생들의 노동권까지 노조 설립을 해서 보호해줘야 하느냐." 이렇게 정말 시대착오적인 얘기를 하시더라고요.

김미화 그런 분들은 예전에 배낭여행 가려고 아르바이트하던 시절만 생각하는 거죠. 지금 청년들은 등록금 때문에 아르바이트를 하고 자기 용돈을 벌어 쓰는 건데요. 그리고 이게 정말 고통스러운 일인데 말이에요. 그런데 지금 청년들이 한 달에 얼마나 버나요?

김영경 올해(2012년) 1월 1일부터 최저임금이 4천580원으로 올랐어요. 이것도 많은 분들이 모르실 것 같아요.

일본 최저임금 1만 원, 한국은 4천580원

선대인 우리나라 최저임금이 세계적으로 가장 낮은 수준이에요.

우석훈 2011년에 4천320원이었고, 올해는 4천580원인데, 2010년 기준으로 일본이 687엔이거든요. 우리 돈으로 9천 원 정도 돼요. 지금은 1만 원 정도 될 겁니다.

김영경 작년에 일본에 다녀온 조합원 말에 따르면, 도쿄가 837엔이라고 하더라고요. 우리나라 돈으로 하면 1만 2천원 정도 됩니다.

우석훈 일본 최저임금제를 보니까 지역별로 조금씩 차이가 있어요. 물가가 싸거나 그런 데는 최저임금이 조금 낮고 도쿄 같은 곳은 비싸고요.

선대인 '빅맥지수'라는 걸로 비교를 많이 해요. 최저임금으로 그 나라에서 빅맥을 얼마나 사 먹을 수 있는지 비교해봤더니, 호주는 3.5개를 사 먹어요. 네덜란드는 2.5개, 프랑스와 일본은 2.4개, 영국은 2개, 캐나다는 1.8개, 한국은 1.2개니까 우리나라에서는 빅맥 하나를 겨우 사 먹는 거죠. 여기서 빅맥은 세트가 아니고 3천700원짜리 단품이에요. 우리 아이들한테 이렇게 한심한 수준으로 최저임금을 주고 있는 거예요. 진짜 사람값을 똥값으로 만든 거고, 게다가 그 최저임금제조차 지금 안 지키는 거잖아요.

기득권 언론에서는 최저임금을 올리면 수요공급의 법칙에 따라서 일자리 수가 줄어든다는 식으로 이야기를 해요. 그런데 이 문제는 이미 경제학계에서 결론을 내리다시피 했어요. 미국에서 노벨 경제학상 수상자를 비롯해 세계적으로 최고의 권위를 가진 경제학자들 650명이 모여서 연구를 한 뒤, 2006년에 미국 정부에 최저임금을 인상하라고 권고했어요. 최저임금을 인상해도 역효과가 전혀 나타나지 않는다는 거죠. 일자리가 줄어들지 않으면서도 저소득 근로자와 가족의 삶을 현저하게 개선할 수 있으니 최저임금을 인상하라는 권고를 한 거예요. 아직도 우리나라 기득권 언론에서는 되도 않는 수요공급법칙을 들이대면서 최저임금 올리면 노동자, 비정규직 근로자, 아이들한테 오히려 손해가 돌아간다는 식으로 거짓말하고 있어요.

우석훈 손해가 돌아가면 나중에 다시 내리면 되니까, 일단 올려줘보자고요.

선대인 최저임금은 그 나라 경제 수준에 비해서 아주 높은 수준으로 올리지 않는 한, 고용 일자리하고는 거의 상관이 없어요.

우석훈 지금 이렇게 최저임금이 차이가 나니까 방학 때 한국 대학생이 일본 편의점으로 아르바이트를 간다더라고요.

김영경 워킹이라고 하죠.

우석훈 일본에서 일을 하면 그걸로 등록금이 어느 정도는 충당이 되는데, 한국에서 아르바이트하고 있어봐야 아무것도 안 된다는 거예요.

선대인 외국과 비교할 때 한국은 사람값이 정말 싸요. 제가 미국에서 유학할 때 보스턴 지역에 있었는데요. 레스토랑에서 일을 하면 팁을 받잖아요. 15% 팁을 받으면 한 달에 200만 원에서 최대 300만 원까지 벌어요. 그러니까 공부를 하면서 레스토랑에서 받는 팁만 가지고도 웬만한 생활이 되는 거예요.

그런데 제가 트위터를 통해서 정말 가슴 아픈 멘션을 받았는데, 호주 최저임금이 우리보다 몇 배 높잖아요. 그런데 호주에서 한국 식당을 운영하면서 한국 아이들을 고용하는 한국인은 거기서도 최저임금을 지키지 않는다고 해요. 왜 외국에 나가서까지 그러는지 모르겠어요.

김영경 뉴질랜드에서 유학하는 친구가 선대인 소장님이 말씀하신 그 이야기를 하더라고요. 호주나 뉴질랜드에서 유독 한국인이 운영하는 식당에서는 한국인 유학생이나 워킹으로 오는 친구에게 최저임금을 주지 않는다고 하더라고요. 게다가 영어를 잘 못해서 불이익을 당해도 어디 가서 하소연도 못하고, 그런 일이 너무 심각하다네요. 그뿐만 아니라 뉴질랜드도 한국처럼 주거 문제가 심각하대요.

우석훈 거기도 부동산 거품이 심해요.

김영경 그 친구는 우연히 한국에 일이 있어서 왔다가 청년유니온을 알게 되어서, 뉴질랜드에 지부를 꼭 만들겠다며 얼마 전에 다시 뉴질랜드로 갔어요. 지금 페이스북을 통해서 이야기하고 있는데, 거기서 아르바이트 실태조사 중이라고 들었어요. 조만간 청년유니온 뉴질랜드 지부가 만들어지지 않을까 생각합니다.

"네가 하는 게 뭐가 있다고 최저임금을 다 받아"

김미화 우리도 노령 인구가 기하급수적으로 늘어나지 않습니까. 베르나르 베르베르의 〈나무〉라는 책을 보면, 젊은 사람들이 노인들을 보호하려 하지 않죠. 노인을 보면 신고하게 되어 있고, 신고만 하면 어떤 차가 와서 노인을 끌고 가는데 이 노인들이 도대체 어디에 갇히는지를 몰라요. 어른이 지금처럼 젊은 사람을 막 대해서 젊은 사람이 어른을 존중하는 마음을 갖지 못하게 되면, 이런 일이 일어나지 않으리라는 보장도 없죠.

선대인 집값 거품이 부풀어 오르면 사람값은 떨어지게 되어 있거든요. 점포임대료 내고 나면 임대료 올린 만큼 사람값을 아껴야 하니까 사람을 줄이거나 적게 쓰게 되는 거죠. 또 SSM(기업형 슈퍼마켓)이 들어서면서 재벌들이 점포 수를 마구잡이로 늘려가잖아요. 그러면 점주 입장에서는 계속 쪼들릴 수밖에 없죠. 더구나 이분들은 정규직 일자리가 계속 줄어들면서 명예퇴직 당하고 나온 사람들이에요. 명예퇴직금 가지고 겨우 차린 게 편의점이고 여기서 어쨌든 먹고살아야 하는데, 사회 전체적으로 여유가 없어지는 거죠.

김미화 내가 젊은 사람을 막 대하지 말자고 한 건 어떤 의미냐면, 편의점이나 주유소에서 아르바이트하는 친구한테 쉴 때는 좀 앉아 있게도 해주고, 무언가 마음을 베풀어줄 수 있다는 선에서 이야기를 하는 거예요. 어떻게 생각해요?

김영경 사장님들이 "네가 하는 게 뭐가 있다고, 굳이 그렇게 최저임금을 다 받으려고 하느냐"는 식으로 몰아간다고 해요. 어른들이 이렇게 비인간적으로 모욕감을 주니까 그게 너무 화가 나서 진정을 하게 되었다는 이야기를 많이 합니다.

인간적으로 교감만 있어도 그러지 않거든요. 사장님도 어렵다는 거 아르바이트생도 다 알아요. 실태조사 다닐 때 저는 '우리 청년이 왜 이렇게 착할까'라는 생각을 했어요. "우리 사장님이 더 힘들어요. 우리 사장님 여기 프랜차이즈 계약했기 때문에 가맹비 정말 많이 내야 해서, 제가 최저임금 받으면 우리 사장님 망해요." 오히려 아르바이트생이 이런 이야기를 하거든요. 너무 독하게들 하시니까 청년도 마음이 강퍅해지는 거죠.

한편으로는 대기업 본사들이 들어와서 동네 떡볶이집, 빵집까지 다 장악하고 너무 많은 계약료를 가져가는 문제도 있기 때문에 사실 청년도 마음이 안 좋기는 해요.

김미화 대기업이 동네 빵집이나 떡볶이집에 들어와서 장사하는 건 〈전국노래자랑〉에 조용필, 이미자 씨가 나와서 대상 가져가는 거랑 똑같은 거 아니야?

선대인 10년, 20년 더 지나면 이건희 떡볶이집, 이재용 어묵집, 이런 거 나올지도 몰라요. 재벌기업이 무리하게 팽창하면서 골목상권까지 다 죽게 만들어놓으니까 숨 쉴 공간이 없다는 거, 사장님들 마음 씀씀이 못지않게 구조의 문제도 굉장히 심각한 겁니다.

우석훈 정권이 바뀌면 바뀐 정권은 우리의 편의점 아르바이트생한테 무엇을 해줄 수 있죠?

김영경 거창하거나 큰 것은 아니에요. 정치권에서 최저임금을 지금의 150%까지는 올리자고 하는데 그 정도가 사실 1천 원 더 올리는 거거든요. 어쨌든 그걸 지켜야 하고, 또 그걸 무조건 준수하게 하자는 거죠. 법이니까요. 이런 문제를 대할 때마다 답답했는데 어째서 법을 안 지키는 게 너무나 당연한 건지, 왜 법을 지키지 않는 사람들이 그걸 지키라고 요구하는 피해자에게 더 큰소리를 치는 건지 모르겠어요.

그리고 더 나아가면 등록금이 좀 내렸으면 좋겠죠. 박원순 시장님이 서울시립대 반값 등록금 실현한 것처럼, 아르바이트를 안 해도 혹은 아르바이트를 굳이 두 개, 세 개까지 하지 않아도 살 수 있도록 해야 하지 않을까, 그런 이야기를 조합원끼리 하죠.

선대인 B급 인생, C급 인생도 살 수 있는 생활환경을 만들어줘야 해요. 특히 서민이 주로 쓰는 물건값이 싸져야 하거든요. 그리고 최저임금 올려줘야 하고요.

중국 이야기를 하고 싶어요. 중국도 고속성장을 해왔는데, 이제는 내수 위주와 포용 성장을 해야 한다고 이야기를 해요. 지역 간, 계층 간, 산업 간 격차를 최소화하는 정책을 펴자면서 핵심 내용 중 하나가 향후 5년 동안 최저임금을 지금 수준의 두 배 이상 올린다는 겁니다. 매년 15%씩 올린다는 게 목표고, 실제로 그렇게 진행하고 있어요. 그런데 우리는 지난해(2011년) 올린 비율이 5%도 되지 않아요. 이렇게 한심한 수준이라고요.

우석훈 그것도 악을 써서 그 정도죠.

선대인 읍소도 하고, 공익위원한테 제발 잘해달라고 부탁도 하고, 농성도 하고, 그렇게 해서 겨우 올린 게 5%예요.

우석훈 우리가 지금 만든 경제는 상후하박(上厚下薄, 윗사람에게는 후하게 아랫사람에게는 박하게 대하는 것) 구조예요. 경제가 잘 돌아가려면 하후상박下厚上薄이 되어야 하거든요. 지금은 거꾸로 가는데, 이 문제는 정권을 바꾸는 과정에서 이야기를 많이 해야 할 거예요. 아래에 있는 사람들이 지금보다는 넉넉해졌다고 느껴야 세상이 좋아지는 거니까요.

선대인 우리가 경제 발전을 왜 하느냐고요. 대다수가 잘 먹고 잘살기 위해서 하는 거잖아요.

김미화 아이들도 좀 잘 먹고 잘살게 해주고 싶죠. 내 새끼 입에 밥이 들어가서 오물거리는 게 얼마나 예쁜데, 유통기한 지난 차가운 삼각김밥이 아니라요.

선대인 우리가 외환위기 이후에도 어쨌거나 경제성장이라는 걸 했다잖아요. 그런데 실제로 서민의 삶, 아르바이트생의 삶, 젊은 친구들의 삶, 할머니 할아버지들의 삶, 이런 분들의 삶은 사실 계속 악화됐어요. 이런 식의 경제성장이라는 게, 결국 재벌, 건설업체, 부동산 투기하는 사람들 배불리는 건데 이런 게 진짜 우리가 원하는 경제냐 이거죠. 씨발 열 받네.

청년들의 정치세력화는 가능한가

김미화 선대인 소장님 흥분했습니다. 청년유니온이 궁극적으로 만들고 싶은 세상은 어떤 세상인지 들어봅시다.

김영경 저희 꿈은 단순해요. 꿈이 밥 먹여줄 수 있는 세상. 사실 지금 청년은 우리 부모님처럼 평생 하루 종일 일하고, 그래서 억만장자가 되는 걸 그리지 않아요. 그런 것보다는 내가 일하는 것에 대한 정당한 대가를 받고, 그거 가지고 적당히 삶도 즐기고 여행도 다니는, 질적인 부분을 많이 추구한다고 생각하거든요. 예전처럼 무조건 정규직, 안정 이런 것보다는 정당한 대가와 여유 있는 삶이 보장된다면, 청년은 충분히 인생을 재미있게 살 수 있을 것 같은데, 지금 세상은 전혀 그렇지 않아 많이 힘들어요. 그래서 꿈이 밥 먹여주는 세상이었으면 좋겠다고 생각하고, 청년유니온도 그걸 요구하는 것이고요.

아까 정권 교체 이야기하셨는데, 저는 이런 고민도 해봤어요. 직장 다니는 사람도 그렇고 아르바이트하는 친구도 시간이 없어서 투표 못하거든요. 그런 친구들이 투표할 수 있도록, 투표하고 오면 시급을 보상해준다든지, 아니면 조금 더 혁신적으로 모바일투표를 하게 한다든지, 이런 방식을 도입해서 직장에 다니든지 아르바이트를 하든지 누구나 투표에 참여할 수 있게끔 하는, 그런 혁신도 필요하지 않을까 생각합니다.

김미화 편의점이나 아르바이트집 주인이 선심 써서 "그래, 너 봐줄게, 투표하고 와" 이런 게 아니고, 정책적으로 투표를 할 수 있는 방법을 만들어달라는 거죠. 그래야 우리 생활이 바뀐다는 거, 그건 맞는 이야기입니다.

우석훈 지금부터라도 국회에서 하면 되는 거 아닌가요. 지금 당장 한나라당이 안 해준다고 하더라도, 총선 이후에는 많이 바뀔 거니까요. 이를테면 그날 수당 지급을 한다거나 하는 방식으로 아르바이트생도 투표할 수 있게 해줄 수 있죠.

선대인 그리고 청년유니온에서 비례대표 한 명 나가는 건 어때요. 위원장이 대표로 나가든가, 위원장이 자리를 지켜야 하면 다른 대표 한 사람을 국회에 파견 보낸다고 생각하면 되죠. 그래서 이런 현실을 계속 알리고 정치권 안에서 의제를 설정하도록 하고요.

김영경 그 문제도 많이 고민하고 있는데, 일단은 한나라당은 제외하고 민주통합당을 비롯한 몇 개 정당을 놓고 보면, 통합진보당에서는 이야기가 전혀 없어요. 비례대표에 대한 이야기도 없고, 저희가 생각했을 때는 청년 문제에 관심이 없는 것 같아요. 그나마 민주통합당이 슈스케 방식으로 청년을 비례후보로 뽑겠다고 나름대로 혁신적인 방안을 내놓았고, 어느 정도 흥미로운 부분도 있다고 생각하는데, 고민은 이런 거죠. 어쨌든 거기는, 개인의 기술이나 능력 같은 스펙을 많이 볼 수밖에 없잖아요. 그런데 청년유니온이라는 단체의 후광을 입고 갔을 때, 과연 조직을 훼손하지 않을 수 있을까 하는 고민과 논의가 많습니다.

김미화 언니가 생각할 때는 들어가지 마. 발로 뛰면서 찾아내고 그다음에 정책적으로 이런 거 해주세요, 이렇게 요구하는 게 좋겠어요. 그 안에 들어가서 마음이 맞아서 그런 정책을 밀어붙일 수 있으면 좋겠죠. 그런데 본인이 뛰어들었을 때는 그 세계가 또 다를 거란 말이에요.

선대인 저는 조직 차원에서 한 명 정도를 파견 보내는 식으로 하자는 거죠.

우석훈 민주통합당 이야기는 그 파견을 받지 않고 게임을 뛰라는 거예요.

김영경 경쟁을 해야 한다면 잘해야겠죠.

선대인 〈나는 꼽사리다〉에서도 좀 밀어주고요.

김미화 정치가 진짜 혁신적으로 젊은이들을 밀어주는 건지, 아니면 혁신적인 척을 하는 건지 잘 보셔야 합니다.

김영경 맞아요. 사실 그것에 대한 확신이 서지 않는 거죠.

선대인 저는 척하는 것도 중요하다고 봐요.

우석훈 척도 하지 않았던 사람이 많으니까요.

선대인 척하든 어쨌든 여론의 압력을 받아서 그걸 행동으로 옮기게 되면, 결과물은 똑같으니까요.

우석훈 방법이 어떻든 저는 20대 혹은 30대 초반의 정치인이 나타나서 직접 무언가를 하는 걸 보면 지금 청년한테도 새로운 꿈이 생길 것 같아요. 정치 자체를 남의 일이 아니라 우리도 할 수 있는 거라고 느끼는 건 중요할 것 같습니다.

엄밀히 따지면 이 나라 청년 실업률은 30%

선대인 편의점에서 일하는 아르바이트생 숫자가 지금 얼마나 늘고 있나요?

우석훈 편의점이 1만 5천 개 정도 있고 거기에 4.5명에서 5명 정도 있다고 치면, 6만 명 이상이 편의점에서 아르바이트로 일한다고 봅니다.

선대인 편의점 아르바이트도 아르바이트지만, 정부가 실업률이 3% 정도라서 고용대박이라고 헛소리를 하는데요.

NEWS

2011년 11월 9일 박재완 기획재정부장관의 자랑 "최근 신세대 용어를 빌려서 실감나게 표현하자면 고용대박이라고 하겠습니다."

꼽사리 해설 숫자만 놓고 보면 대박이긴 했는데.

기자 지난 달 취업자 수는 2천467만 3천 명으로 1년 전보다 50만 1천 명 늘었습니다.

꼽사리 해설 그러나 자세한 내용을 살펴보니.

기자 하지만 서비스업 취업자가 주로 늘고 양질의 일자리로 꼽히는 제조업 취업자 수는 지난 8월부터 석 달째 감소했습니다. 50, 60대 취업이 급증해 퇴직 후 생계형 취업전선에 나선 장년 남성이 많은 반면에 20대와 30대는 취업자 수가 거의 제자리걸음입니다.

어느 젊은 구직자의 하소연 "정규직보다는 파견직이나 계약직이 많고 경쟁률이 세다 보니까 그게 힘들어요."

꼽사리 해설 현실을 무시한 박재완 장관의 발언에 여당에서조차 비난이 쏟아지는데.

한나라당 김장수 의원 "체감지수로 말할 것 같으면 고용대박이 아니라 실업대박이라고 표현을 해도 사실은 틀린 말이 아닙니다."

꼽사리 해설 한나라당 유승민 의원은 아예 내각 개편을 요구하는데.

한나라당 유승민 의원 "기획재정부장관의 고용대박 발언을 보고 이 정부의 각료들이 아직도 이렇게 정신을 못 차리고, 이런 인식밖에 가지고 있지 않으면 우리 당이 앞으로 갈 길이 정말 힘들다."

선대인 일자리의 아르바이트화 현상이 생겼어요. 불완전고용이라고 표현하는데 36시간 미만, 18시간 미만 고용되는 일자리가 계속 늘어나는 거예요. 그게 2003년부터 통계가 나오는데, 2011년에는 불완전고용 숫자가 두 배 정도로 늘어났어요. 그러니까 실업률이 3%밖에 안 된다는 건 수치놀음이죠. 이야기가 나왔으니까 더 말씀드리면, 고용대박이라고 하잖아요. 그게 전부 50대 베이비붐 세대 부모가 정규직에서 잘리고 나서 자식 대학 공부 시키고 먹여 살려야 하니까 어쩔 수 없이 식당 같은 거 차리고 자영업 하면서 늘어난 거예요. 그런 일자리 늘어났다고 통계적으로 실업률 낮아졌으니까 고용대박이라고 표현하는 거라고요.

김영경 20, 30대 고용률은 더 낮아졌더라고요.

우석훈 임금도 줄었고 고용률도 떨어졌죠. 10대 아르바이트생은 점점 더 어두운 곳으로 밀려나고 있어요. 노래방 아르바이트라든가 뭐 그런 데로 말이죠.

선대인 아예 통계 자체에도 안 잡히는 곳으로 가는 거죠.

김용민 정말 놀라운 게, 등록금 벌려고 유흥업소에 가는 학생이 많아요. 사실 새로운 이야기는 아니죠?

김미화 그런 현상은 어떻게 해야 하나요?

김영경 그건 몇 년 전부터 암암리에 얘기되던 현상이었죠. 도우미로 많이 가요.

우석훈 그것도 이제는 우리나라 룸살롱 업계가 작년 후반부터 계속 불황이라서, 한국에서만 아르바이트를 하지 못하고 원정을 간다더라고요. 일본으로 가다가 지금은 호주 같은 곳으로 많이 가서, 해외원정인가, 이걸 뭐라고 불러야 하나요?

김미화 해외에 있는 룸살롱으로 취직을 한다는 말이죠?

우석훈 지금은 국내에서도 소화가 안 되는 거죠.

선대인 이런 현실인데 기획재정부장관이라는 작자가 나와서 고용대박이라고 떠벌리는 게 말이 되느냐고요. 완전히 고용쪽박인데.

김영경 그분이 고용노동부장관님이셨죠.

김미화 나는 정책 만드는 분들이 나와서 자기 자랑 좀 안 했으면 좋겠어요. 현실을 직시했으면 좋겠어요. 국민의 생활과는 너무나도 괴리감이 큰 발표를 하잖아요.

선대인 장관 한 사람의 생각이 아니고 데이터를 수립하고 그걸 발표하는 관료조직 자체가 다 그런 식의 사고를 한다는 게 문제예요. 그게 현실과 맞지 않다는 걸 다 느낄 텐데도, 가장 기본적인 통계 하나를 안 고친다고요. 국책연구기관인 KDI(한국개발연구원)에서 청년 실업률을 조사해보니까 전체 실업률은 3%로 나오는데, 청년 실업률은 7~8% 정도로 나와요. 설문조사를 해서 실업률을 구하거든요. 설문 방식을 조금 바꿔서 해보니까 잠재실업률이 세 배가 올라요. 8% 나오던 게 24% 정도 나온다고요. 이게 지금 청년들이 처한 실제 상황이거든요.

김미화 설문이라는 게 어떤 식으로 유도를 하느냐에 따라서 답이 다르게 나오잖아요.

선대인 질문하는 순서를 바꿔버리면 분류가 달라져요. 대학 졸업하고 나서 바로 취업이 안 되고 취업 재수를 하면 사실상 실업자잖아요. 그런데 그걸 실업자가 아니라 비경제활동인구로 분류해요.

우석훈 아예 놀면 실업자에서 빠져요.

선대인 '쉬었음 인구'라는 게 있어요. 실업자는 구직의사도 있어야 하고 일할 능력도 있어야 하거든요. 그런데 쉬었다고 응답해버리면 쉬었음, 혹은 구직단념자로 분류해서 실업자가 아니라 비경제활동인구로 빼버리죠.

김영경 공무원시험 준비생도 실업률에서 빠져요. 우리나라에서는 몇 년 전부터 취업준비생이 실업자보다 더 많아지는 기이한 현상이 벌어지고 있어요. 예전에는 대학을 졸업하고 공무원시험을 준비하는 사람이 많았는데 지금은 직장을 2~3년 다녀보고 도저히 안 되겠으니까 때려치우고 공무원시험을 준비하는 사람이 늘어난 거예요.

선대인 특히 남자는 군대에 다녀오잖아요. 군대라는 곳이 기업의 일자리처럼 사람을 흡수하는데도 지금 청년들이 일자리를 못 구해서 난리거든요.

김영경 군인까지 포함하면 청년 실업률 30%라고 이야기를 하죠.

선대인 그런데 실업률을 가지고 말장난을 하니 황당한 거죠.

"나는 이제 갈 데까지 갔고 잃을 것도 없다"

김미화 오늘 청년유니온의 김영경 위원장을 모시고, 젊은 사람의 일자리 실태, 그 속 깊숙이까지 들여다본 듯한 느낌인데요. 우리가 정책적으로 잘해야겠다는 생각을 다시 한 번 하게 됩니다. 우석훈 박사님 더 이야기하실 것 있나요?

김영경 제가 오늘 여기 나오면서 조합원과 청년유니온을 사랑하는 분들에게 청탁을 받고 왔는데요. 우석훈 교수님이 얼마 전에 〈김여진의 액션토크〉에 나와서 청년유니온에 1억 원을 기부하시겠다는 어마어마한 발언을 하셨대요. 그래서 꼭 오늘 〈나는 꼽사리다〉에서 언급을 하고 언제 기부하실 건지 확답을 받아오라고 했어요. 확답을 받지 못하면 돌아올 생각도 하지 말라고 조합원들이 엄포를 놓더라고요.

김용민 낙장불입입니다.

김미화 우석훈 박사님 화장실 갔는데, 들어오시는군요. 청년유니온에 1억 원을 내겠다고 했다는데, 언제 내는 건가요?

우석훈 올해 안에 낼 거예요. 이번 정권 안에 내도록 하겠습니다.

김영경 고맙습니다. 감사히 받겠습니다.

김미화 우떨이 진짜 착하구나.

선대인 우석훈 박사님은 못하는 게 없어요. 제주도 중문단지 팔아먹는 것도 막고…….

우석훈 제가 〈88만원 세대〉 인세로 번 돈은 의미 있게 쓰고 싶었는데, 청년유니온에 기부하는 게 제일 좋겠다고 생각했어요.

김미화 월가 시위에 나온 스페인의 스물네 살 청년의 이야기로 마무리를 할까 합니다. 이 청년이 이런 이야기를 했습니다.

"내가 어릴 때부터 공부를 못하거나 말썽을 부려서 이런 결과가 생긴 거라면 이 현실을 받아들이겠다. 하지만 나는 아무 잘못이 없다. 더 이상 뭘 어떻게 해야 취업을 하고 돈을 벌어서 부모님께 손을 벌리지 않아도 되나. 나는 이제 갈 데까지 갔고 잃을 것도 없다. 이 시위에 동참할 수밖에 없는 이유다."

우리 정부가 또는 기성세대가 이렇게 벼랑 끝에 내몰린 청년 문제를 해결하지 못하면 어떻게 될까요. 이제 봄이 옵니다. 봄이 와서, 월가 시위처럼 우리 청년들이 들고 일어나면 어떻게 감당하려고 그래요. 저는 그래서 봄이 두렵습니다.

김용민 제가 아는 정부 관계자에게 물어봤더니 청년이 거리에 나올 일은 없을 거라고 이야기하던데 김영경 위원장은 어떻게 보십니까?

김영경 거리로 나가야겠네요. 그 이야기 들으니까 전투력이 샘솟는데요.

- 이상 9회(2012년 1월 23일 방송)

모피아 악질

전체가 마피아 같은 한 덩어리니까, 정부가 바뀌어도 변하는 게 없어요. 10년간 민주화 정부가 국가를 운영했다면, 외환위기 때 문제가 있던 사람들은 다 없어졌어야 하잖아요. 그런데 이번 정부의 최강라인이라는 최준경, 강만수가 다 돌아왔잖아요. 그런 사람들이 다시 현업에 있으니까, 그때 외환은행 매각이 잘못되었다고 하면 누군가는 책임을 져야 하는데도 중간에 죄 지은 사람이 아무도 없게 결정을 내리거든요. 모피아 중 어떻게 하면 아무도 안 다치게 이 문제를 풀 수 있나 궁리하다 보니까, 론스타가 도망갈 수 있게 해준 거죠.

나라 팔아먹는 모피아

어디까지 팔아먹겠다는 거야?

김미화 한 주 동안 어떤 일들이 있었는지 알아보는 시간이에요. 이른바 '주간 꼽사리'.

우석훈 외환은행 이야기부터 하죠. 제가 외환은행 이야기를 처음 들은 건, 이것도 첩보인데, 마포에 가면 이헌재 전 경제부총리가 연초에 자주 가는 한정식집이 있어요. 그 양반이 자주 가면서 거기에 모피아가 들락거리기 시작하니까, 작전이 시작될 거라는 긴급 첩보가 올 초에 들어왔어요.

김용민 모피아가 뭡니까?

우석훈 마피아랑 비슷하게, 우리나라에서 금융과 관련된 일을 하는 관료들을 모피아라고 불러요. 아마도 하나금융 쪽에 외환은행을 넘길 것 같다는 이야기를 들었거든요.

김용민 하나금융그룹이라면, 우리 이명박 대통령의 절친 김승유 회장님이 계신 곳이군요.

우석훈 지난 정부에서 사실은 외환은행 팔아먹은 거잖아요. 그래서 모피아도 이게 별 문제가 없다면서 처리할 필요를 느꼈고, 기왕이면 대통령 친구한테 주고 싶은 건 아닐까 하는 거죠. 시나리오를 짜보면, 김석동 금융위원회 위원장만 문제인 게 아니라, 이 사람은 사실은 깃털이고, 그 뒤에 진짜 테이블을 만들어서 판을 짠 사람들이 따로 있다는 말이 되겠죠.

김미화 그게 궁금하네.

우석훈 이헌재까지는 알고요.

김용민 그 형님도 포함되는 거예요?

우석훈 그리고 한국의 리만브라더스라고 할 때,

김용민 강만수 집사.

우석훈 그분도 식사하러 오셨다는 것 같아요. 그 양반이 얼마나 센지는 모르겠지만, 여하튼 자리에 있었던 것 같고, 지금 외환은행 관련해서 어떤 문제가 있냐면 김석동 금융위원장이 2003년 외환은행을 매각할 당시에 금융위원회의 담당 국장이었어요. 자기가 외환은행을 판 거죠. 그런데 론스타는 외환은행을 살 수 없는 산업자본이에요. 일본에 골프장도 가지고 있거든요. 그러니까 지금 이 문제는 론스타에 대해서 징벌적 매각을 판결하면 끝나는 일이에요.

김용민 징벌적 매각이라면 어떤 건가요?

우석훈 사서는 안 되는 걸 샀으니까, 그동안 벌어들인 이득을 다 포기하라는 거죠. 2004년에 KCC건, 2008년에 디엠파트너스 건에 대해서는 이미 징벌적 매각을 했어요. 그러니까 사례가 없는 것도 아닌데, 지금 징벌적 매각을 하지 않겠다면서 문제가 생긴 거예요.

김용민 그렇다면 지금 론스타가 사실 외환은행을 팔고 싶어 하는 건데, 그냥 팔라고 결론을 냈다는 의미인가요?

우석훈 론스타에 법정 최고한도인 6개월을 줬거든요. 그러니까 론스타 입장에서는 이놈 줄까, 저놈 줄까 협상할 수 있는 충분한 시간을 벌었고, 정부는 론스타가 제일 비싸게 팔 수 있는 길을 열어준 거죠.

김용민 울고 싶을 때 뺨 때린 격이네요.

우석훈 이건 아마 금융위원회 사람들이 직무유기로 재판에 걸릴 거예요. 금융위원회는 지금까지 금융 당국으로서 판단만 하는 사람들이었는데, 이제 법원에 불려가서 피고가 되겠죠. 여기까지는 신문에 나온 이야기고 보다 큰 문제는, 우리 대통령께서 앞으로도 팔아먹고 싶은 게 많거든요. 산업은행도 그렇고.

김용민 산업은행이라면 강만수 집사님이 회장으로 있는 곳 아닙니까?

우석훈 메가뱅크라는 이름으로 은행을 키워야 우리가 산다는 핑계를 대면서. 살긴 뭘 살아요. 여하튼 큰 은행 몇 개를 해치우려고 해요. 그게 끝이 아니에요. 김석동 위원장이 금융위원회 전에 농협에 있었어요. 연봉을 6억 원 가까이 받으셨죠. 전임자들은 2억 원 정도였는데.

김미화 금액이 어떻게 그렇게 뛰었어요?

우석훈 김석동 이후에는 다시 2억 원으로 내려갔어요.

선대인 강만수는 8억 원이잖아요.

우석훈 그건 만수형이니까. 산업은행도 산업은행지주회사로 해서, 농협도 농협지주회사로 바꿔서 민영화하려는 큰 흐름 중에 외환은행이 걸린 거죠.

김용민 농협까지! 다시 한 번 정리를 해보면, 지금 팔려는 게 외환은행, 농협, 산업은행이라는 거군요.

우석훈 그렇죠. 산업은행은 아직 정부 지분도 있고 국회에서 잘하면 되는데, 농협도 팔리면 골치 아프거든요.

관료는 대한민국 최대 이익집단

김용민 농협은 구조가 복잡하잖아요. 지역농협도 있고 중앙농협도 있고.

우석훈 복잡해도 마음먹으면 팔 수 있어요. 이 모든 일의 행동대장이 김석동 위원장이에요. 농협에 있으면서 농협을 지주회사로 만들 수 있는 틀을 잡아놓았죠. 그 일들을 전부 처리한 컨설팅 회사 같은 곳들이 있어요. 사실 농협도 매킨지가 컨설팅을 했죠. 모피아가 기본 그림을 그리고, 외국계 컨설팅 회사가 살을 좀 붙이면, 김석동 같은 행동대장이 나서는 거죠.

외환은행에 대해서는 법적인 판단근거도 좀 찾아볼 수 있고, 또 저는 국민주로 할 수 있다고 생각하거든요. 정부에서 인천공항 매각을 추진하면서 내놓은 마지막 꼼수가 국민주 방식으로 하자는 거잖아요. 인천공항도 된다면 외환은행이 안 될 이유가 없잖아요. 우리가 조금 더 관심을 가지고 지켜봐야 할 것 같다는 생각입니다.

김미화 결국 외환은행이 하나은행에 넘어갈 수도 있는 거죠?

우석훈 일단은 그게 밑그림이죠. 금융위원회가 내린 일련의 판단에 대해서 법적인 소견을 받아봐야죠. 아직 6개월이 남았으니까 조금 더 관심을 가지고 이 사태를 지켜보자는 거죠.

김미화 만약 외환은행이 하나은행으로 넘어간다면 어떻게 되는 건가요?

우석훈 대통령의 절친인 분이 생각보다 헐값에 외환은행을 인수하는 거죠.

김미화 생각보다 헐값이라면 어느 정도예요?

우석훈 지금 5조 원에서 4조 원 정도 생각하는데, 금융위원회에서는 론스타 쪽에 1억 원 정도를 깎도록 압력을 넣겠다는 거예요. 국민이 보기에는 그래도 국가 빚이 조금 줄었으니까 잘한 거 아니냐 하는데, 잘하긴 뭘 잘해요. 징벌적 매각으로 했으면 론스타에게서 훨씬 싸게 살 수 있었는데.

김용민 외환은행이 론스타로 넘어간 게 2003년 노무현 정부 때인데, 그 당시에 관료들 특히 장관들은 뭘 했습니까? BIS비율(자기자본비율)을 확 낮춰서, 한마디로 외환은행을 걸레로 만들어서 론스타가 싸게 사갈 수 있도록 한 거죠. 맞죠?

우석훈 그렇죠. 그때도 우리나라에 은행이 많았고 공적자금이 있었으니까, 살리려고 마음만 먹었으면, 이렇게까지 사모펀드에 기간은행을 파는 일은 벌어지지 않았겠죠.

김미화 경제관료들이 왜 그렇게 마피아처럼 자기 세력을 키워 좌지우지하는 건가요?

김용민 국부를 그렇게 멋대로 해도 되는 거예요?

선대인 어떻게 보면 사실은 관료가 한국 최대의 이익집단이라고 볼 수도 있죠.

우석훈 깡패집단이라고 봐야죠.

선대인 기획재정부 같으면 금융공기업이 전부 자기 밥그릇이거든요. 관료생활할 때 상대적으로 박봉인 듯하지만, 사실은 퇴직 후 2~3년 만에 연봉 몇 억 원씩 받아요.

김용민 전관예우로 해서 말인가요?

선대인 사실은 밖에서 정부하고 유착하는 거죠.

우석훈 중간에 '김앤장' 같은 데 잠깐 가 있다가 다시 복귀하고, 은행장도 해서 한 2년 사이에 십 몇 억 벌고…….

선대인 국토해양부 쪽 같으면 건설공기업, 심지어 건설협회, 건설업체들, 민간 기업으로도 엄청나게 가죠.

우석훈 한전 계열사들도 있고요.

김미화 자기 배만 채우고 살겠다는 거야 뭐야?

선대인 그러니까 점점 조직이 커지는 거죠.

우석훈 전체가 마피아 같은 한 덩어리니까, 정부가 바뀌어도 변하는 게 없어요. 10년간 민주화 정부가 국가를 운영했다면, 외환위기 때 문제가 있던 사람들은 다 없어졌어야 하잖아요. 그런데 이번 정부의 최강 라인이라는 최준경, 강만수가 다 돌아왔잖아요. 그런 사람들이 다시 현업에 있으니까, 그때 외환은행 매각이 잘못되었다고 하면 누군가는 책임을 져야 하는데도 중간에 죄 지은 사람이 아무도 없게 결정을 내리거든요. 모피아 중 어떻게 하면 아무도 안 다치게 이 문제를 풀 수 있나 궁리하다 보니까, 론스타가 도망갈 수 있게 해준 거죠.

김용민 정권이 바뀌어도 이 사람들은 어디서나 잘살아.

김미화 그리고 금융이라는 게 지금 우리 것이 별로 없잖아요.

선대인 국민은행만 하더라도 지분 8%가 외국계 자본이에요.

김용민 지금 금융사 가운데서 유일하게 우리나라 소유로 되어 있는 게 우체국이죠.

선대인 우체국도 있고 우리은행, 기업은행, 산업은행 이런 은행들이 국책이거나 또는 정부가 지분을 많이 갖고 있긴 하지만…….

우석훈 정자은행은 어때요?

김미화 우석훈 씨 정신 차려요.

선대인 강만수 이야기가 나왔는데 사실 강만수는 외환위기를 두 번 불러온 격이죠. 2008년에 기획재정부장관이었잖아요. 그때 이미 외국 자본이 주식시장에 많이 들어왔고, 국내 시중은행에서 외국 자본을 끌어들여서 부동산 시장에 펌프질을 했거든요. 펌프질을 해놓은 상태에서 신용경색이 발생해버리면 한꺼번에 달러가 빠져나가면서 환율이 급등하게 되어 있었어요. 이게 굉장히 위험했는데, 그때 수출 대기업 도와주겠다고 환율을 끌어올린다는 얘기를 해버렸잖아요. 불난데 기름을 끼얹은 격이죠.

정권이 바뀌어도 청산되지 않는 모피아

김미화 외환은행은 어떻게 결론이 나야 좋을까요?

우석훈 정부는 일단 대통령 친구한테 뭔가를 주겠다는 생각을 버리고 상식적으로 생각해야 해요. 국내 다른 은행에 조금씩 분산하는 방법도 있는데, 제일 괜찮은 방법은 국민주 방식이라고 생각해요. 국민주 방식이라고 해도 국민이 다 내면 그것도 문제가 있고요.

지금 외환은행 쪽 노조에서 생각하는 방법은 이런 거예요. 외환은행이 사실은 돈이 있는 우량은행이에요. 그러니까 2조 8천억 원 정도는 외환은행이 가진 돈으로 자기네 주식을 자기가 사는 거죠. 그다음에 노동자들이 5천억 원 정도를 살 수 있다고 해요. 그중에 일부는 퇴직금 중간정산을 받아서 3천억 원 정도 주식을 사고, 그리고 사원 복지연금으로 1천500억 원 정도 적립해놓은 게 있다는 거예요. 5천억 원 정도는 또 외환은행 직원들이 사고. 그러면 벌써 3조 원 넘게 해결되는 거죠. 그 나머지들을 소액주주 방식으로 국민이 좀 사주고, 다른 은행이 약간씩 인수해주면 국책은행은 아니더라도 국민주 방식으로 할 수 있다는 거죠.

김미화 방법이 있는 거네요.

선대인 그렇죠. 인천공항 같은 경우는 정부에서 국민주 방식으로 하겠다는데, 그건 사실 그렇게 하지 않아도 되는 걸 국민주로 하겠다는 거고,

김용민 수익을 내겠다면서 국민주 방식은 뭐야, 국민주 방식은 지분을 저렴하게 제공하는 건데.

선대인 그러니까 이런 거죠. 매각은 하고 싶은데 국민 반발이 있으니까 국민주 형식으로 하겠다.

김미화 그것도 꼼수네.

우석훈 눈 가리고 아웅이죠.

선대인 그런데 이런 식으로 외환은행을 매각하는 건 허용하지 않을 거예요.

우석훈 법률적으로 검토를 해보니까, 노동자가 자기 회사 지분을 사서 갖고, 외부에서 조금 갖는 건 법적으로는 문제가 없다고 해요. 이 방법을 막는 유일한 존재가 금융위원회를 비롯한 모피아라는 거죠. 이건 정치적인 결정이니까, 목소리를 높여서 우리가 좀 도울 필요가 있지 않나 생각해요.

선대인 그런데 처음부터 하나은행 쪽에 주기로 이야기가 되었던 것 같아요. 매각 이야기가 처음 나왔을 때 금융권에 파다했던 이야기가, 외환은행은 대통령 친구인 하나은행 김승유 회장한테 간다는 거였거든요. 지금 와서 그 시나리오를 뒤집진 않겠죠.

우석훈 법적으로는 뒤집지 못할 이유가 하나도 없어요. 지금 외환은행 이사들은 론스타에서 선임했어요. 그런데 론스타는 이미 불법을 저지른 집단이고 이건 법원 판결로 이미 확정된 일이잖아요. 그러니까 론스타에서 선임한 이사들은 해임하고, 법적 대리인이라든지 이사를 새로 뽑아서, 우리가 외환은행을 사겠다고 의사결정을 내릴 수 있는 거죠. 그래서 이 경쟁에 외환은행이 들어갈 수 있도록, 거기까지만 해주면 그다음부터는 가능할 수 있죠.

선대인 논리적으로 굉장히 합리적인 이야기인데…….

우석훈 각하 중심주의만 버리면 현실적으로도 합리적인 이야기예요. 외환은행이 정말 돈이 없는 위기의 은행이고 빚을 져야 한다면 어쩔 수 없지만, 자기들이 돈이 있어서 내가 내 주식을 좀 사겠다는데 뭐가 문제냐는 거죠.

선대인 그런데 각하는 또 사익을 추구해야 하기 때문에…….

김미화 권력을 가진 사람들이, 그 권력이 몇 천 년 갈 줄 아나봐. 사실은 잠깐이에요.

우석훈 권력이 잠깐인 줄 아니까 빨리빨리 해먹으려고 하는 거 아니에요. 그러니까 날치기도 하고 팔아먹기도 하는 거죠.

김용민 다음 정권에서, 이를테면 상식이 좀 갖춰진 정권이 들어선다면, 이 모피아를 어떻게 다루어야 하나요?

우석훈 공무원들이 최근에 저한테 이런 이야기를 하더라고요. "분위기를 보니까 정권은 바뀔 것 같은데, 당신이 이야기하는 좋은 사회가 과연 오겠느냐." 어차피 이 사람들이 또 해먹을 거라는 거죠.

김미화 그러니까. 금융을 누가 알아.

우석훈 노무현 대통령 때도 이헌재와 손을 잡으면서 김진표 같은 사람이 묻어 들어왔거든요. 진보라는 사람들이 금융을 잘 몰라요. 은행의 높은 자리에 가본 사람도 별로 없고 증권 만져본 사람도 없으니까, 다시 관료의 힘을 빌릴 수밖에 없거든요. 그래서 '금융민주화'라는 이름으로, 일단 문제되는 사람은 청산해야 해요. 그렇게 해야 똑같은 관료 출신이라도 '어' 다르고 '아' 다르게 되죠. 다음 대선 때 몇 가지 공약을 확실히 내걸어야 해요. 인위적인 경기부양을 위해 이자율 움직이는 짓 하지 않겠다, 환율 장난 치지 않겠다, 이런 몇 가지는 논의를 해야 할 것 같습니다. 그러지 않으면 같은 사람이 똑같은 짓을 또 하겠죠.

김용민 인적 청산이 필요합니까?

선대인 노병들이 돌아오는 구조 속에서는 현직에 있는 고위 관료들이 계속 밖에 있는 사람들 눈치를 볼 수밖에 없어요. 지금 강만수 같은 경우도 완전히 맛 갔다가 현 정부 들어와서 다시 살아 돌아오잖아요.

우석훈 그 사람들이 김앤장이나 태평양 같은 법무법인에 가 있거든요.

전관들이 거기 가서 돈 버는 일부터 사실은 다 막아야 해요.

김미화 금융만 그런가, 법조계부터 전부 전관예우 받죠.

선대인 부동산 같은 경우도 굉장히 심각하죠.

우석훈 법조계는 기분은 나빠도 돈은 크지 않잖아요.

김미화 거기도 전관예우 받으면 돈 많이 받던데.

우석훈 금융은 움직였다 하면 10조, 15조 원이에요.

김미화 그걸 자기가 먹나?

선대인 자기가 먹지는 않지만…….

김용민 여하튼 돈을 움직일 수 있는 힘이 엄청나죠.

우석훈 지난번에 반값 등록금 논쟁 한창 할 때, 2조 원이 없어서, 2.5조 원이 없어서 어쨌다느니 그랬잖아요. 그 와중에 저축은행 부실로 배드뱅크에 12조, 13조 원…… 그거 한 건만 해도 5년 치는 해결되는 건데.

선대인 현 정부 들어서 공공부채 늘어난 것만 400조 원 정도 돼요. 그리고 그 공공부채의 절반 정도가 제가 볼 때는 부동산, 건설시장 이런 데 들어갔거든요. 그런 데는 돈을 흥청망청 쓴단 말이에요. 그러면서 1조 5천, 2조 원 이거 가지고 등록금 못 깎아주겠다, 복지 못하겠다고 이야기하는 건 정말 말이 안 되는 거죠.

김용민 건설시장이라는 게 4대강 사업 같은 거 말하는 거죠?

우석훈 도로도 짓고, 터널도 뚫고, 그리고 지하터널도 뚫겠다는 거 아니에요.

선대인 보금자리주택사업, 경인운하, 새만금…… 한도 끝도 없어요.

- 이상 2회(2011년 11월 30일 방송)

외환은행, 론스타, 그리고 검은 머리 외국인

우석훈 한국에서 모피아라고 표현한 금융관료와 시민이 부딪힌 건 처음인 것 같아요. 예를 들어 저축은행 사건 같은 경우에 피해자들이 뭐라고 하면서 나선 적은 있었는데, 이번에 외환은행 사건과 관련해서 직접 상관없는 시민들이 나서면서 이른바 '직접 행동'이라는 게 생기기 시작한 거죠.

김미화 외환은행 이야기를 우리가 왜 하냐면, 지금 외환은행 측은 공식적으로 부인하고 있지만, '론스타 먹튀를 돕기 위해서 각하 친구 김승유 하나금융지주 회장한테 외환은행을 넘긴다' 이런 소문이 파다하게 돌고 있고, 실제로 그런 의혹이 있다는 거죠. 맞아요?

우석훈 그건 의혹이 아니라 진실 아니에요?

김미화 저쪽에서는 극구 아니라니까.

우석훈 외환은행 갖고 싶은 사람이 많으면 지금 줄 설 텐데, 지금 하나금융 말고는 없다는 거 아니에요.

김미화 왜 그랬어요, 다 처단했어? 어떻게 하나금융밖에 안 나서는 거예요?

우석훈 그 전에도 좀 문제가 있었는데, 여러 조건이 맞지 않고 해서 결국 마지막에 남은 게 하나금융이죠. 하나금융 쪽에서는 어떻게 보면 좀 억울할 수도 있겠죠. 김승유 회장 입장에서는 청소를 하러 온 건데 왜 나한테 고맙다고 하지 않느냐는 마음도 있을 테고, 하나금융지주 쪽에서는 그런 생각도 있을 수 있겠죠. 어쨌든 오래된 문제들을 풀어야 하는 상황이에요.

외환은행이랑 하나금융이 합치는 것도, 론스타가 돈 먹고 튀는 것도 싫어하는 사람이 많잖아요. 은행에 있는 어떤 사람은 이렇게 비유하더라고요. 두 사람이 결혼을 하려고 하는데, 집안에서 반대하니까 임신부터 먼저 하자는 거라고. 일단 돈부터 줘서 론스타 보내고, 물리적으로 합쳐버리자는 결정이 곧 나올 것 같아요. 그 시점이 12월 21일 거라고 예상하는데, 그때 금융위원회에서 하나은행과 외환은행이 합치는 걸 최종 결정하면 제도적으로는 끝이 납니다.

김미화 상식적으로 생각을 해봐도, 외환은행이 시중은행인데 어떻게 론스타라는 사모펀드한테 그걸 넘겨줄 수 있었죠?

우석훈 불가능한 일이었죠.

김미화 어떻게 불가능을 가능하게 했죠?

우석훈 2003년에 실무를 담당했던 한 분이 지금 금융위원회 김석동 위원장입니다. 자기가 시행을 했는데 지금 와서 문제가 있다고 이야기를 해야 하는 상황이니까, 이게 지금 꼬이는 거죠. 사모펀드가 자동차 회사를 샀던 일은 있어요. 미국이 2008년에 위기일 때, 포드 주식을 좀 산 적이 있었어요. 그렇지만 국책은행에 가까운, 정부가 거의 다 소유하다시피 한 은행을 사모펀드가 산 적은 없죠.

김미화 외환은행이 그 정도로 부실은행이었냐 이거죠.

우석훈 그때 BIS비율(자기자본비율)을 조작했다는 거죠. 실제보다 훨씬 더 은행 상태가 나쁜 걸로 보이게 조작을 해서 팔 수 있게 만들었다, 지금 그렇게 이야기하는 거 아니에요?

김미화 〈시사IN〉 기사를 보니까, 그때 당시 외환은행 자기자본비율이 굉장히 높았는데, 사모펀드가 인수할 수 있게 해석할 만한 예외조항이 있었다는 거지. 그걸 찾아내서 외환은행 스스로 자기자본비율을 낮췄다고 하더라고요.

우석훈 스스로는 아니고 시키니까 한 거죠.

김미화 아니에요. 이강원 행장이 스스로 낮췄다던데요. 그때 자기자본비율이 8~9%였는데, 이강원 행장이 2003년 중에 5.3%까지 떨어질 거라고 발표를 했고, 재정경제부 변양호 국장이 론스타에 외환은행 넘기는 문제와 관련해서 수출입은행은 우리가 설득하겠다고 하고, 금융감독위원회 김석동 국장이 예외조항 법률 문제는 금감위에서 검토하겠다고 해서, 결국은 금융감독원이 외환은행을 잠재적 부실은행으로 규정해서 론스타에 넘겼다, 이렇게 되어 있단 말이야.

우석훈 딱 떨어지는 시나리오죠 그게.

김미화 그때 외환은행을 론스타로 넘기는 데 일조한 사람들 말이에요.

우석훈 잘 먹고 잘살겠죠.

김미화 그 핵심 멤버들이 지금 어떻게 지내는지 보면,

우석훈 김석동은 금융위원장이 됐고, 변양호 국장도 재판은 했는데 유죄 판결은 받지 않았죠.

김미화 변양호 국장은 외환은행에서 400억 원을 출자 받았고 론스타 소유의 보급 펀드를 설립했대요. 자기자본비율을 스스로 낮추었던 이강원 행장은 외환은행 경영고문으로 15억 원의 고문료를 챙겨서 한국투자공사 사장이 되었고, 김석동 금융감독위원회 국장은 금융위원장으로 승진했어요. 이게 말이 되냐고요.

선대인 한국투자공사가 어떤 곳이냐면, 예를 들어서 한국은행에서 외환보유고를 운영하잖아요. 그중 일부 돈을 적립해서, 말하자면 떼어내는 거죠. 그 돈을 가지고 수익률 높은 곳에 투자를 한다고요. 그런데 한국투자공사 같은 곳은 2008년 말 금융위기 이후에 미국 부동산 거품이 꺼지는 와중에 들어가서, 막 사들였거든요. 그다음에 메릴린치하고, 또 한 군데 어디죠, 투자은행 한 군데를 사들이려고 지분 투자를 했죠. 그렇게 당시에 굉장히 위험한 투자를 많이 했어요. 그러니까 외환은행 같은 걸 헐값에 팔아넘기는 작업을 했던 사람들이 처벌을 받거나 좌천된 게 아니라 계속 떵떵거리며 사는 거죠. 너무 잘 나가.

우석훈 일단 법적인 문제가 남았는데, 제일 좋은 방법은 민주통합당이 멀쩡하면 가능한 건데요.

김미화 멀쩡하지 않은 것 같은데.

선대인 지난여름에 가계부채 때문에 회의에 참석했는데, 그때 김석동 씨 대신 부위원장이 나왔어요. 당시 손학규 대표가 부위원장 앞에서 하는 이야기가, 김석동 위원장은 우리가 정권을 잡더라도 같이 모시고 가야 할 사람이라는 식으로 이야기를 하더라고.

우석훈 모피아는 다 그렇게 가겠죠. 민주통합당 내지는 야당에서 이야기를 해야 하는 게, 국정조사가 들어갈 거거든요. 국정조사를 하는 동안에 금융위원회가 판결을 내리지 말라고 협조요청 같은 공문을 보내서 늦출 수가 있겠죠. 그게 안 되면, 지금 금융감독원이 걸려 있는 게, 론스타는 금융자본이 아닌 산업자본이기 때문에 외환은행을 살 수 없었던 건데 샀잖아요. 그러니까 그걸 감독해야 하는 금융감독원이 잘못한 거죠. 그렇게 빨리 판단을 내려주거나, 내지는 관련된 소송이 시작되면 아직까지 한국 법정에서 다 끝난 문제가 아니니까, 불법이 있다는 걸 근거로 가처분 소송을 걸어서, 론스타에 돈을 줘서 떠나

보내지 말라는 행정법원의 판결이 나오면 붙잡을 수 있어요.

김미화 그래서 〈나는 꼼수다〉 팀에서 문제 제기를 한 것이, 검은 머리 외국인들이 있다는 거 아니에요.

선대인 말하자면 한국인이 직접 투자하지 않고, 유령회사를 세워서 그 유령회사를 통해서 투자하는 방식이죠. 지금 흘러나오는 이야기로는, 검은 머리 외국인이라는 사람들이 재벌 3세, 4세 쪽 사람들일 가능성이 높아요. 이런 식으로 들어가 있는 사람들이 10명 이상 된다는 거죠.

이렇게 당하고만 있을 순 없다

우석훈 법적인 부분을 떠나서 외환은행 문제를 풀기 위한 방법도 있죠. 지금 한국에 들어와 있는 돈이 '론스타펀드4'라는 건데, 이 펀드는 지금 우리나라 법으로 일단 문제가 있다고 판명되었어요. 그런데 지금 금융위원회에서 일단 결혼시켜서 빨리 도망 보내려는 거니까, 금융위원회의 결정을 막기 위해서 최대한 사회적인 환각, 아니, 경각심 같은 걸 높일 필요가 있어요.

김미화 환각이라니, 새벽이 되어가니까 미쳤나봐요.

우석훈 그런 점에서 지금 시민이 '하나은행 징벌적 뱅크론'이라는 표현을 쓰는 건 굉장히 의미 있는 일이죠. 론스타에 대한 징벌적 매각이 이뤄지면 되는 일인데, 그걸 하지 않으니까 소비자가 나서서 응징을 한다는 거잖아요. 그다음에 얼마 전부터 외환은행 노조에서, 지금 당장 국민주가 되는 건 아니지만 언젠가 국민주가 되었을 때 살 주식에 대한 약정을 받고 있어요. 저도 200주 정도 약정했어요.

김미화 얼마씩인가요.

우석훈 8천 원 정도부터 해요.

김미화 만약에 국민주가 안 되면 어떻게 되는 거예요?

우석훈 실제로 돈이 오고 가는 건 아니고, 약정만 있으니까 국민주가 되지 않아도 아무 일도 생기지 않아요.

김미화 그렇다면 국민이 약정을 해서 돈이 좀 모아지면 좋겠다.

우석훈 실제로 4일 만에 100만 주 정도가 되었어요.

선대인 이미 많이 모인 거죠.

우석훈 이런 방식으로 하면, 돈은 움직이지 않더라도 액수보다 숫자가 중요하죠. 국민주 방식을 생각해보면, 포스코 같은 경우는 국민에게 주식을 나눠주니까 대부분 그걸 팔아버렸어요. 그래서 몇 년 지나고 보니 주주의 50% 가까이가 외국인이 되어버렸죠. 이게 바로 인천공항 매각할 때 정부가 쓰자고 했던 방식이에요. 그런데 지금 외환은행 노조에서 진행하는 국민주 방식은 〈한겨레〉에서 한 국민주 방식과 같아요. 국민이 주를 많이 사지는 않더라도 오래 가지고 있게 하는 거예요. 그러니까 외환은행은 기념으로라도 조금씩 가지고 있자는 식의 운동이 될 수도 있어요.

김미화 시민이 '하나은행 징벌적 뱅크론'이라면서 예금인출을 한다거나, 통장을 없애버린다거나 하고 인증샷을 찍어서 보여주더라고요.

우석훈 시민이 모피아랑 직접 싸운 건 한국 금융사상 처음인 것 같아요.

김미화 모피아랑 싸운다기보다는, 시민이 보기에도 론스타에 문제가 있으니까, 론스타가 먹은 걸 좀 뱉어내고 가라, 이런 거 아닐까요?

우석훈 하나은행에서 론스타에 돈 주는 걸 포기하면 론스타는 돈을 받을 데가 없잖아요. 그렇게 시간을 끌고 총선까지 가면, 징벌적 매각을 할 수 있다고 보는 거죠. 하나은행이 미워서가 아니라, 뒤로 조금만 빠져달라고 이야기하는 거예요.

선대인 금융소비자 입장에서 론스타와는 직접 접점이 없으니까 일단 하나은행을 걸고 가는 거죠.

- 이상 4회(2011년 12월 15일 방송)

다 민영화할 거면 국가는 왜 필요한데?

민영화야 빗잔치야?

김미화 오늘 CBS 방송을 하는데, 철도에서 KTX만 끊어가지고 수서에서 평택까지 가는 걸 민영화로 돌리겠다는 문제 때문에 관계자하고 인터뷰를 했어요. 그런데 관계자가 너무 쉽게 이야기를 하는 거야. "민영화를 하면, 예를 들어서 기업은 어떤 기업이 들어옵니까, 대기업이 들어오는 거 아닙니까?" 이렇게 물어보니까 그분이 이러더라고. "아니 저희가 기업은 정하지 못했지만 일단 열차 조금 가지고 있고요, 종업원들 좀 부릴 수 있고요, 자본력 조금 있고 그런 회사면 누구든 어디든 다……."

김용민 홍익회?

우석훈 군인공제회도 있죠.

김미화 그래서 내가 '참 쉽죠, 잉', 이게 생각이 나더라고. 그게 말이 되냐고.

김용민 그런데 이 사람들 이야기는 5만 원 되는 요금을 4만 원으로 떨어뜨릴 수 있다, 이런 효과가 있다고 이야기하는데,

선대인 개뺑이죠. 민자 사업해서 지금까지 요금 내려간 거 보셨어요? 한 번도 없죠.

우석훈 가장 기본적인 문제는 뭐냐면, 철도를 국가가 깔았잖아요. 그 과정에서 거액의 세금을 들인 거 아니에요. 그러면 그다음에는 기차가 다니면서 철도비를 빼야 할 거 아니에요. 그런데 철도는 국가가 깔아놓고, 정부에서 돈 벌 때가 되니까 그걸 민간에 주겠다는 말이잖아요.

김미화 어떻게 정부에서 흑자가 나는 걸 끊어서 오히려 민간한테 주느냐고. 그래서 "왜 민간한테 주냐" 이렇게 이야기를 했더니, "그러면 적자가 나는 걸 어떤 민간 기업이 가져가겠냐." 이렇게 이야기를 한단 말이야. 이런 말은 정부에서 할 이야기가 아니잖아.

우석훈 철도 전체에서도 흑자가 나는 건 유일하게 KTX밖에 없어요. 그러니까 국민 입장에서 볼 때도 정부가 돈 되는 걸 쥐고 있어야 우리가 먹고살 거 아니에요.

선대인 지금 철도공사가 어떻게 움직이냐면, KTX에서 벌어요. 그걸 가지고 돈이 남지 않거나 적자가 나는 산간벽지나 통근열차를 지원하고 있어요. 그런데 거기서 알짜를 빼서 민간 기업에 넘겨주면, 민간 기업이 도서 산간벽지에 열차를 운영하고, 적자가 나는 통근열차를 다 운영하겠어요? 안 하죠.

김미화 그래서 그 민간 기업이 도대체 어디냐고 물어보니까, 김진해 의원은 외국 기업일 가능성이 높다는 거예요.

선대인 매쿼리일 가능성이 높죠.

김미화 모르겠어. 그런데 내 생각은, 민간에 넘기려면 정부에서 민간을 설득해서 새마을호나 무궁화호처럼 적자가 나는 걸 넘기든지, 그래서 뭔가 국민을 위한 일을 해야 하는 거잖아요. 그런데 흑자가 나는 걸 넘기고 적자는 우리 세금으로 메우겠다는 거지. 그렇게 알짜만 빼면 철도 굴러가면서 적자 나는 건 어쩌겠다는 건지. 우리 돈으로 메워야 하는 거잖아요.

선대인 생각을 해보세요. 지금 철도 운영은 사실상 국민 세금으로 하는 거예요. 우리 돈으로 하는 거라고. 그런데 유지와 운영을 민간 사업자가 제대로 하겠느냐고요. 영국 같은 경우는 민간 사업자를 도입했는데, 같은 선로를 쓰니까 자기네들이 유지 보수비 안 내려고 서로 미뤘어요. 계속 철도 노선이 악화됐죠. 요금은 내려갈 수 없어요. 올라가요.

김미화 처음에는 강제할 수 있을지 몰라.

선대인 처음에는 민자 사업하니까 좋다는 식으로 홍보하기 위해서 일부러라도 내릴 수 있고, 또 한편으로는 어쨌거나 당장은 민자 사업자들은 선로 유지 보수비용이 들지 않아서 비용이 상대적으로 적게 드니까 자기들이 적게 받는다고 하는 거죠. 그런데 그 부담은 어차피 다 국민 세금이에요.

적자는 자기들이 내고 책임은 국민한테 묻고

김미화 오늘 내가 시간이 많아서 조사를 해봤어요. 한국교통연구원이라는 데서 이 용역을 맡아서 민간으로 해야 한다고 그랬다는 거야. 떨떨브라더스한테 물어봐야겠는데, 한국교통연구원이 도대체 뭐 하는 회사인가요? 원성이 자자하더라고요.

NEWS

아나운서 잘못된 수요 예측으로 애물단지로 전락한 인천공항철도를 결국 철도공사가 인수하기로 했다는 소식 전해드렸는데요. 어떻게 이런 대형 국책사업의 수요 조사가 이렇게까지 엉망으로 이루어질 수 있는지 의문입니다.

기자 수요 조사를 했던 교통연구원을 찾아가봤습니다. 수요 조사를 책임졌던 팀장은 퇴직했고 새 담당자는 공항리무진이 활성화되는 바람에 철도 이용이 부진해졌다고 설명합니다.

배춘봉 한국교통연구원 책임연구원 "외국의 어떤 철도 수송 분담률을 보고 여기도 그 정도 수준의 수송 분담률을 갖게끔 철도 시설을 계획을 한 거거든요."

기자 공항철도가 철도공사에 인수됨에 따라 해마다 1천억 원이 넘는 정부 보조금은 줄어들게 되었지만 철도공사의 재정난은 더욱 심화될 것으로 우려됩니다.

꼽사리 해설 2년 뒤

기자 2015년 수서-평택 구간이 개통되면 수서에서 부산-목포를 KTX로 갈 수 있는데, 정부는 수서발 경부호남선 운영을 민간 사업자에게 주는 방향을 검토 중입니다. 민간이 철도시장에 진입해 경쟁하게 되면 철도 운영 효율이 높아질 것이란 판단입니다.

꼽사리 해설 이번에도 역시 한국교통연구원 관계자는 "인건비 같은 경우에 코레일 대비 25% 정도 낮출 수 있을 것으로 볼 수 있고요. 또한 시설과 장비, 유지 보수비 역시……."

기자 또 수십조 원의 나랏돈이 투입된 철도 인프라를 특정 기업에게 줄 경우 특혜 논란도 피할 수 없고, 장기적으로는 이익을 추구하는 민간 사업자가 요금을 올릴 것이라는 논란도 제기되고 있습니다.

김미화 한국교통연구원이라는 데서 용인 경전철 수요 예측 연구를 했어요. 용인시가 지금 가장 큰 골칫거리 사업이라고 생각하는 것이죠.

선대인 예측량의 7%밖에 안 다니죠.

김미화 그건 인천공항철도예요. 인천공항철도도 한국교통연구원에서 수요 예측을 했어요. 완전히 빗나갔죠. 그래서 인천공항철도가 민간 자본수익으로 보전되는 거는, 수십조 원의 세금을 쏟아 부어야 한다는 거야. 왜냐하면 30년 계약이래요.

선대인 원래 그랬어요. 이어서 말씀을 드리면, 철도공사가 적자가 났잖아요. 노동자가 월급을 많이 받아가서가 아니라 정부가 엉터리 정책을 내서 그래요. 대표적인 게 인천공항철도예요. 인천공항철도를 1997년에 추진하기로 했어요. 그때 철도청장이 정종환 씨였죠. 이명박 정부에서 국토해양부장관 한 분인데, 이 양반이 당시에 세게 밀어붙여서 민자 사업으로 추진한 거예요. 그때 교통연구원이 교통 수요 예측을 해서 이거 하면 충분히 돈 된다고 했죠. 되기는 뭐가 돼.

그래서 민자 사업으로 했는데, 이게 사실은 30년 동안 최소 운영 수입을 보장하는 거니까, 그걸 국민 세금으로 13조 원인가를 메워주게 되어 있었어요. 그런데 정종환 씨가 이명박 정부에서 국토해양부장관을 하면서, 적자가 너무 많이 나고 감당 못할 것 같으니까, 국토해양부하고 코레일이 90% 정도 지분을 가지고 떠맡은 거예요. 그 과정에서 적자가 또 몇 조 원 늘어났어요.

김미화 한국철도공사가 좀 떠맡았다고 하더라고요.

선대인 이렇게 적자가 늘어났는데, 지금 한쪽에서는 적자라고 철도 역무원을 자른다고 하고, 또 한쪽에서는 KTX 민자 도입한다는 거고, 정종환 장관 같은 양반은 멀쩡한 거죠.

김미화 그러니까 우리 국민을 얼마나 호구로 봤냐는 말이지.

선대인 그리고 인천공항철도 민자 사업이라고 하지만, 민자 사업이라고 해서 다 민자로 하는 게 아니고 이미 거기에 정부 재정이 6조원 이상 들어갔어요. 그러니까 이미 세금으로 다 한 거예요.

우석훈 거기다 제대로 수익이 나지 않아서 마이너스가 되면 그것도 메워주는 계약을 했었죠.

김용민 앞날에 대한 예측이 안 된 게 아니라, 이렇게 해서 한 번 망가뜨려놓고, 그다음에 자기들의 사적 욕망과 이익을 챙기려 한 것이 아닌가 하는 생각이 듭니다. 4대강 사업도 아주 비슷한 패턴입니다.

우석훈 노태우 정권 시절에 대형 사업 추진하면서 정책자금 만들었잖아요. 아마도 99.99% 그것과 같을 거예요.

김용민 흥미로운 게, 수질 보존이라든지 여러 이유로 해서 강바닥을 팔 거면 상류부터 파야 할 거 아니에요. 그런데 하류부터 팝니다. 그랬더니 상류에 있던 모래들이 다 쓸려 내려와서 요요현상이 일어나가지고 원점으로 돌아와요.

김미화 요요는 김용민 씨가 잘 알잖아.

김용민 정말 피부에 와 닿는 말이죠, 요요현상. 그러더니 요즘은 '그러면 상류도 파야 되겠구나. 그건 몰랐네' 이러면서 상류를 또 판다는 거야. 이게 패턴이 똑같아요. 한 번 내지르고 망해, 그러면 '아, 다시 해야지' 이러면서 더 악화시키는 거죠.

우석훈 제가 올해 정부가 하는 정책을 막은 것 중에서 제일 크고 의미 있었던 일은, 제주도 중문단지 팔아먹는 거예요. 7, 8월 달에 제주도를 여러 번 갔어요. 중문단지는 정부 건데, 아직 개발도 다 끝나지 않은 상태에서 관광산업을 선진화하기 위해 팔겠다는 거예요. 목표는 없고 이유는 단순한 선진화인데, 그걸 사겠다는 회사를 보니까 기독교 계열 회사인 이랜드더라고요.

김용민 우리 박성수 장로님이 회장으로 계신 이랜드군요.

우석훈 너무 화가 났어요. 관광이니 선진화니 아무 상관없이 기독교 회사에 주는 거라는 생각이 들어서요. 그래서 담당자들한테 물어봤더니 꼭 그렇게만 보기는 어렵다고…….

김미화 이랜드가 킴스클럽을 가지고 있죠.

김용민 킴스클럽, 뉴코아하고 홈에버도 있을 거예요.

우석훈 이랜드에서 킴스클럽을 인수했다가 경영이 안 좋아서 다시 이마트가 킴스클럽을 인수했죠. 하여튼 제가 화가 나서, 팔아야 하는 확실한 이유도 없고 아직 개발도 안 끝난 거니까, 팔더라도 뭔가 이유를 가지고 팔아야 한다, 막 떠들고 지랄했거든요. 그래서 그건 막았어요.

김미화 잘했네. 이건 박수를 쳐줍시다.

우석훈 기차도 마찬가지예요. 꼼수가 있는 애들이라서 누가 막 떠들고 그러면 쉽게 해먹지 못할 거예요.

민영화 이야기 하나 할게요. 얼마 전에 프랑스가 우체국을 민영화했어요. 제가 미국 대학 입학을 위한 박사 과정 추천서를 써줘야 할 일이 생겨서 3년 전에 파리에 갔어요. 추천사니까 A4 용지 한 장짜리 편지잖아요. 그걸 파리에서 뉴욕으로 보내는데, 아무리 속달이라고 하지만, 10만 원을 달라고 하더라고요. 호텔비가 8만 원이었는데. 민영화하면 보통 벌어지는 일이에요. 속달이라는 건 특수 서비스거든요.

민영화로 경쟁력 키운다는 말은 개뻥!

선대인 철도 이야기로 돌아가죠. 영국 같은 경우 민영화를 했는데, 선로 보수나 유지를 서로 떠넘기고 잘 하지 않아요.

김미화 그거 다 우리 세금으로 해야 하는 거죠.

선대인 영국 정부는 민영화하고 나서 세금 재정 보조가 오히려 4배 정도 늘어났어요. 우리 돈으로 매년 7조 원 정도를 투입해요. 그러면 사고는 줄었느냐? 사고가 엄청 늘었는데, 10명 이상 죽은 사고만 3번 일어났어요.

우석훈 영국에 갔더니 영국의 기차는 절대로 제 시간에 오지 않는다고 푸념을 하더라고요. 우리도 각하랑 이렇게 몇 년 보내면, '명박 이후 한국의 기차는 절대로 제 시간에 오지 않는다.' 그런 말 하게 된다니까요.

김미화 그런데 한국교통연구원이 KTX 사업 민간 개방을 하면, 여객 서비스, 역사 운영, 유지 보수 기술 인력 1천400개의 신규 일자리가 창출된다고 이야기를 했어요.

선대인 지금까지 일자리 늘어난다고 해서 일자리 늘어난 게 있어요?

김용민 4대강 사업 어떻게 되었는지 보세요.

우석훈 그것도 그렇고, 그 자리가 만약 생긴다면, 공무원 자르고 넣는 거죠.

선대인 ·그 일자리들 공기업에서 어차피 만들어낼 걸 민간이 한다는 건데, 굳이 따지자면 사실 공기업이 일자리를 더 많이 늘리죠. 그리고 또 이런 이야기를 해요. 경쟁을 한다잖아요. 경쟁 안 돼요. 일본도 예를 들어 사철이라고 해서 처음부터 민영화를 했는데, 사실 구간별로 다 독점이어서 경쟁이 일어나지 않아요. 그런데 이런 식으로 해서 무슨 경쟁이 일어나느냐고.

우석훈 가스 얘기 했잖아요. 가스 소매도 지역별로 정하고 나니까 그 지역에서는 마음대로죠.

선대인 그리고 이걸 또 누가 도입했냐. 도입하는 방식이 이래요. 늘 건설 마피아, 토건 마피아들이 하는 방식인데, 교통연구원이 국토해양부 산하 국책연구원이에요.

김미화 맞아. 국토해양부 철도정책국장하고 오늘 인터뷰를 했어.

선대인 다 그런 식이에요. 퇴임하고 나서 국장급들이 내려가서 교통연구원장 하고 그러거든요. 그러면서 국토해양부 먹여 살릴 항목 만드느라고 있지도 않은 통행량 조작해서 용인 경전철 만들고, 인천공항철도 사업 만들고, 다 이런 식이라는 말이에요. 이번 것도 마찬가지예요.

김미화 그러면 자기들 먹고사는 걸 만드는 건가요?

우석훈 원래는 정부 연구원이 그렇게 하면 안 되고, 고유의 결정 권한을 가지고 자유롭게 판단을 해서 적절한 결정을 내려야죠. 그런데 만약 어떤 연구원이 '이 사업 하면 손해본다'고 말하면 잘리는 거죠. 4대강 사업 한창 할 때 건설기술연구원인가 건설개발연구원인가 거기 연구원 한 명이 사업에 문제가 있다는 의견을 보고서로 쓰지 못하니까, 양심선언 비슷하게 해서 데이터를 공개했어요. 그 사람 구박에 구박을 하다 결국 내보냈잖아요. 그러니까 사실은 정부에서 하는 사업은 동그라미를 하나에서 두 개 빼고 봐야 해요.

선대인 하던 말 마무리하면, 국토해양부에서 시녀 노릇 하는 산하연구기관을 통해서 이렇게 저렇게 해야 한다는 거예요. 철도공사 쪽에서는 심하게 반발하던데, 국토해양부의 국장급이나 퇴임을 앞둔 사람들이 밀어붙이는 것 같아요. 청와대 쪽에서도 좋아하는 방안이고요.

김미화 대통령이 철도 경쟁체제 도입과 관련해서 업무보고를 받는다던데요.

선대인 국토해양부가 정부 발의로 하는 게 아니라 국회 안에서 심포지엄으로 진행해요. 이번에 심포지엄을 주도했던 사람이 선관위 마비시킨 비서를 둔 한나라당 최구식 의원이에요.

우석훈 이것도 최구식 작품이었어요?

선대인 작품이라고는 할 수 없지만, 국토해양부가 이렇게 좀 해달라니까, 보통 여당 의원들이 총대 메고 분위기를 띄우죠. 그렇게 군불 떼고, 그다음에 교통연구원 연구용역 결과 받아서 청와대에 업무보고 한다는 거예요.

김미화 만약 민영화를 꼭 해야 한다면, 정부가 할 일은 민간을 설득해서 새마을호, 무궁화호처럼 철도 운영이 잘되지 않는 구간을 떼어서 민간에 주고 잘 운영되도록 하는 게 맞죠. 어떻게 이렇게 잘되고 있는 걸 떼어줍니까. '옛다, 떡 먹어라'고 떼어주는 건 누가 못하겠어요.

선대인 그리고 세계 각국에서 철도사업은 다 공공이 하는 걸로 되어 있어요. 영국이 민영화했는데 결국 독일, 프랑스는 철도공사 체제로 갔거든요. 영국이 경쟁력, 경쟁력 하는데 철도에 한해서는 경쟁력이 오히려 독일이나 프랑스보다 떨어져요.

우석훈 철도가 잘 운영되는지, 아닌지를 보기 위해서는 이렇게 보면 돼요. 고속버스가 있는 나라는 철도 운영이 아직 미흡한 거예요. 우리나라 고속버스 있죠. 영국에서 주로 지방 갈 때 고속버스 많이 타요. 프랑스, 독일은 기차로 다 오갈 수 있어서 고속도로가 없어요. 그러니까 우리는 고속버스가 필요 없을 정도로 철도가 더 정비돼야 해요. 민영화해야 하는 나라가 아니라 공공적인 걸 강화해야 하는 나라인 거죠.

선대인 더구나 온난화 가스 배출량에서 열차가 트럭, 버스, 자동차의 10분의 1이에요. 그러면 열차 수송량을 늘려야죠. 그런데 이런 식으로 민자로 하려는 거예요. 요금도 당장은 내려간다지만 궁극적으로 오를 거고요.

우석훈 녹색성장을 주장하지만, 그 녹색은 페인트칠하는 녹색이죠. 실제로는 원자력 늘리겠다는 거예요.

선대인 민주통합당인지 뭔지 어쨌든 통합했는데, 한미 FTA 국정조사도 관철하지 못하고 들어간 거 정말 못마땅하지만, 이왕 들어가기로 했다면 인천공항철도 파는 것하고, KTX 민영화하는 문제는 정말 좀 막았으면 좋겠어요. 아니면 도대체 야당의 존재 이유가 뭐냐고요.

KTX, 인천공항 등 알짜 팔아서 누구 배 채우려는 걸까?

김미화 인천공항 이야기도 말 나온 김에 할까요?

우석훈 인천공항은 우리가 다 알다시피 민영화할 필요가 전혀 없거든요. 그런데 계속 민영화한다고 했다가 국회 예산 짜면서 소위에서 다 잘려버렸어요. 그러니까 2012년에는 민영화하지 않는 걸로 결정됐는데, 한나라당에서 새로 예산 편성하고 다시 추진하겠다는 거예요. 홍준표가 한다고 막 난리를 치더니, 오늘 뭐라 그러냐면, 이 건은 자기가 한 게 아니래요.

선대인 인천공항공사 매각과 관련해서 국민주 형식으로 팔아서 국민한테 되돌려주겠다고 그랬어요.

우석훈 그러면 국민주는 외환은행부터 하자고요.

선대인 그러니까 말이에요. 국민주를 해야 할 건 안 하고, 이런 건 또 하는데, 이게 얼마나 웃기는 말이냐면, 인천공항공사는 100% 정부 소유 공기업이거든요. 국민 세금이 18조 원이나 들어간 기업이에요.

김미화 그러면 그건 국민들 거지.

선대인 맞아요. 국민 거예요. 그걸 팔아서 소수 사람들한테 배분했다 치면, 그게 국민 게 되나요. 일부 사람 재테크시켜준 거죠. 그리고 이게 대부분 큰손, 재벌, 아니면 검은 머리 외국인한테 결국 다 팔려나가게 되어 있어요.

김미화 각하의 조카, 그러니까 둘째 형 이상득 의원의 아들이 인천공항 매각 의혹에 연관되어 있는 거죠?

우석훈 매쿼리인프라펀드라는 회사에 팔 거라는데, 조카가 그 회사 직원이라는 거죠. 이것도 진짜 웃기는 일이에요. 팔아야 할지 말아야 할지도 아직 논쟁 중인데, 어디에 팔겠다는 이야기가 먼저 나와서 돌아다니는 일도 있나요?

김미화 외국에서 자꾸 물어보잖아. 인천공항 얼마에 팔래, 나한테 좀 싸게 다오, 이런 거.

선대인 이 사람들한테 경제 발전은 자기네들 배불리는 방향으로만 발전하는 거니까.

우석훈 자기들도 몇 명 안 돼요. 하긴 식구가 많기는 하다.

선대인 이 부분은 이야기를 좀 할 필요가 있는데, 왜 포철은 민영화를 했는데, 인천공항공사는 민영화하면 안 되냐는 이야기들이 있는데, 안 됩니다. 1998년의 포철하고, 2011년의 인천공항공사는 전혀 다릅니다. 포철은 이미 공기업이 생산하지 않아도 되는 철강 같은 걸 생산하니까 언젠가 민간에 넘어갔어야 하는 거고, 또 외환위기 이후에 우리가 외화가 너무 부족해서 외화벌이도 사실 좀 했어야 했고, 그런 상황에서 민영화를 한 거고, 지금의 인천공항공사는 공공의 성격이 너무 강하죠. 안보 측면에서도 그렇고, 세관 검사라는 측면에서도 그렇고, 검역이라는 부분도 그렇고.

우석훈 거기서 서울이 한 달음인데.

선대인 그리고 정말 알짜 회사예요.

우석훈 그러니까 가져가려고 하죠. KTX도 알짜고.

선대인 인천공항공사 매각과 관련해서 매킨지라는 컨설팅 회사에 30억 원을 주고 경영 컨설팅을 의뢰했는데, 거기서 평가한 게, 자산 가치가 7조 원 정도 되고, 49% 팔면 3조 5천억 원 받으면 된다, 이렇게 이야기했어요. 그런데 지금 인천공항공사의 실제 자산 가치는 자산만 10조 원 가까이 돼요. 그리고 한 해에 발생하는 단기순이익이 3천 400억 원 정도예요. 10년만 있으면 3조 4천억 원이 되거든요. 그냥 10년 가지고 있으면 그 돈이 생기는 거예요. 이걸 왜 파느냐고. 어느 미친놈이.

우석훈 미쳐서 그런 게 아니고 식구들을 중심으로 생각한 합리적인 방법이죠.

선대인 그렇죠. 자기들 재테크 차원에서는 기발하고 합리적이죠.

우석훈 매킨지 이야기가 나왔으니 그 얘기 합시다. 인천공항공사 매각과 마찬가지로 한전 민영화에 관한 경영 컨설팅도 매킨지가 했어요. 그리고 KBS 시청료 올리는 것과 관련된 KBS 경영 개편에 관한 건 보스턴컨설팅에서 했어요. 한국의 주요 기관 혹은 주요 산업에 대한 의사결정을 조선 놈들이 내려야죠. 틀려도 우리가 틀려야지, 이걸 이런 식으로 외국 회사에 넘긴다는 게 문제죠. 말도 안 되는 일이에요.

선대인 외국 회사라지만, 그쪽 컨설팅 회사에서 일하는 젊은 친구들 중에는 우리나라 장차관 아들이나 딸, 고위 정치인 아들, 딸이 대단히 많아요.

우석훈 검은 머리 외국인이죠. 그중 일부는 또 청와대 직원으로 들어가요. 저는 이렇게 생각해요. 다음 정권 때는, '우리나라의 주요한 사업이라든가 구조에 대해서는 외국 회사에 컨설팅을 주면 안 된다'고 법으로 정해야 해요. 이 나라 상황을 파악하기 위해 영어로 된 문서를 읽으면서 분석해야 하는 정말이지 거지 같은 일이 벌어지는 건데, 이걸 국민이 어떻게 이해하겠어요. 또 결탁이 생기기도 쉽고요.

김미화 박사들도 이해를 못하는데 말이죠. 영어로 그 많은 서류를 다 들춰봐야 하잖아요.

선대인 사실 연구 용역 자체가 30억 원씩 할 만한 게 아니에요. 아무리 많이 줘도 2억~3억 원 정도면 돼요.

우석훈 선대인 씨한테 주면 3천만 원이면 돼요.

선대인 나하고 우석훈 박사님하고 둘이 하면 1억 원에 아주 싸게 해줄게요.

우석훈 왜 이렇게 세게 불러요. 나는 3천만 원이면 된다니까.

선대인 나는 그래도 억은 불러야 돼.

김용민 너무 앞서가는 질문일 수 있는데, 사실은 경제 금융 관료의 경우 노무현 정부 때 인물들이 지금 정부의 인물들이고, 별 변화가 없으면 다음 정부에서도 그 인물들이 또 계속 주도권을 갖는 거 아니냐는 우려가 있습니다.

김미화 '생生 노병사', 노병은 죽지 않아요.

선대인 그래서 모피아와 토건 마피아를 근본적으로 바꿔주는 작업이 굉장히 중요합니다.

- 이상 6회(2011년 1월 3일 방송)

물가 비상

이명박 정부가 김대중·노무현 정권을 향해서 '잃어버린 10년'이라고 했는데, 경제성장률 평균을 내면 김대중 정부 때 5.4%, 노무현 정부 때 4.3%, 이명박 정부 때 3.1%니까 일단 양적인 측면에서 훨씬 떨어지죠. 질적인 측면에서도 훨씬 악성이에요. 물가 엄청 올랐죠? 환율 올라서 재벌 대기업들은 살려줬지만 서민은 망했죠? 수입업자, 하청업자 고통스럽죠?

경제 대통령이 아니라 경제 대도大盜

경제성장률: 김대중 5.4%, 노무현 4.3%, 각하 3.1%

NEWS

2011년 신년연설

"MB: 금년 경제운영의 목표는 첫째 5%대의 고성장", 그러나 실제 성장률은 3.8%.

"MB: 둘째 3% 수준의 물가안정", 실제 물가는 4%.

그리고 2012년 신년연설

"MB: 올해는 어떤 일이 있어도 물가를 3%대 초반에서 잡도록 하겠습니다. 성장도 중요하지만 물가에 역점을 두겠습니다."

선대인 이명박 대통령이 경제 대통령이라고 했고 747 공약을 내세웠잖아요. 747이라는 건 7% 경제성장, 4만 달러 국민소득, 그래서 임기 끝날 때 세계 7위 경제 대국 달성한다는 거였어요. 그런데 그 뒤로 어떻게 되었는지 한번 보자 이거죠.

경제성장률 먼저 보면, 지금 4년 지났지만, 내년에 경장성장률 전망치가 정부가 이야기한 거 다 합쳐도 평균 3.1%밖에 안 돼요. 7%는 고사하고 반도 안 되는 거죠. 이 성장률을 김대중 정부, 노무현 정부 때랑 비교해보면요,

우석훈 참고로 노무현 마지막 해에 성장률이 5%였습니다,

선대인 이명박 정부가 이 두 정권을 향해서 '잃어버린 10년'이라고 했는데, 경제성장률 평균을 내면 김대중 정부 때 5.4%, 노무현 정부 때 4.3%, 이명박 정부 때 3.1%니까 일단 양적인 측면에서 훨씬 떨어지죠. 질적인 측면에서도 훨씬 악성이에요. 물가 엄청 올랐죠? 환율 올라서 재벌 대기업들은 살려줬지만 서민은 망했죠? 수입업자, 하청업자 고통스럽죠?

우석훈 물가가 오른 것도 문제인데 성격이 불량해요. 부자가 쓰는 건 별로 오르지 않고, 가난한 사람이 쓰는 것이 주로 올랐어요.

김미화 그러게요. 소주나 담배에 붙이는 간접세 같은 것도 오르고.

우석훈 전기요금부터 이야기하죠. 우리 집은 주택이고 두 사람만 사는데다 낮에는 집에 아무도 없으니까 전기를 많이 쓰지 않는 편인데 5만 원 정도 나와요. 적게 나오는 편이죠. 그런데 전기요금이 올랐어요. 늘어난 건 없는데, 3년 전에는 2만 원에서 2만 5천 원 정도 하다가, 이번에 보니까 두 배로 올랐더라고요.

제가 왜 전기료 이야기를 했냐면, 두 가지 문제가 있어요. 처음에 석유 값 올랐을 때부터 전기료를 조금씩 올려나갔어야 하는데, 그러지

않았기 때문에 우리가 한꺼번에 올랐다는 느낌을 받을 수가 있고, 또 한 가지는 전기 관련 공기업의 사장이나 경영자가 전문가여야 하는데, 대통령 친구나 측근이 많거든요.

선대인 한전의 임원이나 간사를 대통령 친구들이 했죠.

우석훈 전문가들이 효율성을 높이는 일을 하고, 가난한 사람을 위해서 전력 장비 같은 것도 추가 공급했어야 하는데, 이걸 안 하다 보니까 전기료가 한꺼번에 오르고, 얼마 전에는 아예 정전 사태까지 벌어졌잖아요. 다른 정권에서도 마찬가지긴 했지만, 이명박네 사람들이 너무 심한 짓을 한 거예요.

예를 들어 한국전기안전공사 사장을 임명한다고 치면, 추천위원들이 적당한 사람을 보통 3배수, 4배수로 추천해서 청와대에 올려줘요. 그 사람들 중에 한 명 뽑는 거죠. 저도 그 추천위원 해봤습니다. 김영삼, 김대중, 노무현 정부까지는 후보자가 보통 서너 명 올라가면 그중에 한 사람을 뽑는 게 상식이었어요. 그런데 이명박 정부에서는 처음으로 이런 추천제를 유명무실화했어요. 자기 친구가 후보로 올라오지 않으면, 추천받은 사람들 모두 신뢰하지 못하겠다면서 다시 내려요. 그러면 평가위원들이 열 받아서, 재평가할 때도 대통령이 원하는 사람을 추천하지 않죠. 그러면 청와대에서 또 전부 떨어뜨려요.

선대인 원하는 인물이 올라올 때까지.

우석훈 제가 평가를 세 번 하는 것까지 봤어요. 세 번째쯤 되면 평가위원도 바쁜 사람들이라 매번 평가하러 갈 수가 없으니까,

김미화 평가하러 가다 지쳐.

우석훈 '더럽다'면서 추천해줘요. 그러면 '이번 평가는 잘됐네' 하는 거

예요. KBS는 평가위원들부터 바꿔놓아서 한 번에 끝난 거고, EBS 사장, 전력, 가스 관련 공기업 사장까지 다 이런 식으로 했어요.

김미화 전기면 전기를 아는 사람이 가야 하고, 물이라면 물을 아는 사람이 가야 하는데, 전혀 모르는 사람이 지연으로, 또 친구라는 이름으로 속속 앉다 보니까.

우석훈 전기료가 오르고, 아예 정전되기도 하는 거죠.

김미화 제가 우석훈 박사가 쓴 글을 읽어봤어요. 전기라든지, 가스라든지, 상수도가 공공분야잖아요. 그런데 이런 것들이 이미 민영화가 되었다고 썼더라고요. 무슨 이야기인가요?

우석훈 민영화가 되어가는 것도 있고, 전기 같은 경우는 김대중 정부 때 외환위기 끝나고 나서 6개로 분산만 시켜놓았거든요. 그런데 이걸 파는 게 공약이었어요.

선대인 그때 민영화하려고 그랬죠.

우석훈 죽어라고 해서 그건 막았거든요. 그런데 가스 소매 같은 건 상당히 민영화됐고, 그래서 방어선을 치고 있는 건데, 지금 물까지 민영화한다는 거예요.

김미화 가스 이야기를 해보자고요. 내가 깜짝 놀랐던 건, 우리가 가스 고지서를 받아보면, 거기에 GS나 SK라고 씌어 있어요? 그런데 거기서 40%를 가지고 있다면서요.

우석훈 그건 민영화라기보다 소매하는 지역 라인인데, 약간 지역 분할로 되어 있어요. 특정 회사가 그 지역을 먹는 거죠. 그런데 가스 도입까지 전부 민영화시키자는 거고,

김미화 가스가 33개로 쪼개졌다는 게 그런 이야기구나.

우석훈 어떤 회사는 좀 괜찮고 거의 깡패 같은 회사도 있고 그래요. 그런데 가격이 달라요. 그러다 보니까 동네별로 민원이 생기는 거고요.

MB 정권 들어 공공부채만 400조 원 늘어

선대인 공공요금이 오르는 이유에 대해서 설명할게요. 구조적인 요인이 있거든요. 현 정부 들어서고 나서 공기업 부채가 엄청 늘었어요. 재정적자, 저는 공기업 부채를 포함해서 공공부채라고 하는데, 이 공공부채가 400조 원 늘었어요. 400조 원이면 GDP의 35% 정도예요.

우석훈 4대강 사업을 스무 번 하는 돈이에요.

선대인 경제 대통령이라면서 이명박 대통령이 집권하고 나서 얼마나 경제성장을 못했느냐를 설명할 필요도 있어요. 공공부채가 GDP의 35%를 차지하니까, 이 400조 원만 길거리에 뿌렸어도 기본적으로 35% 성장했어야 하거든요. 그런데 올해까지 누적해서 성장한 게 12.3%밖에 안 돼요. 중간에 돈들이 다 녹아난 거죠.

우석훈 그러면 23%는 누군가의 주머니로 들어갔다는 이야기인가요?

선대인 그 주머니들이 어디냐 하면, 공기업. MB의 낙하산들이 내려가서 온갖 이권 사업에 개입했을 거라고요.

우석훈 그러면 그 사람들이 340조 원 정도를 가져갔다는 건가요?

선대인 다 가져가지는 않았겠지만 김대중-노무현 정부 10년 동안보다 이명박 정부 4년 동안 늘어난 공공부채가 더 많아요. LH는 50조 원이 늘어났어요. LH는 옛날 토지공사하고 주택공사가 합쳐진 토지주택공사를 말하는데, 토지보상금이니 뭐니 해서 부동산 시장 들어가서 떠받친 거죠. 그리고 수자원공사, 이게 멀쩡했었는데, 여기서 4대강 사업 공사비 22조 원 가운데 8조 원을 빚내서 끌어온 거예요.

김용민 앉은자리에서 수자원공사가 8조 원 빚이 생긴 거죠.

우석훈 그걸 메우자고 이제 4대강 옆에 아파트 짓겠다는 거예요.

선대인 그러니까 수도 요금도 결국은 오르게 되죠.

우석훈 4대강 사업 하느라고 물이 썩는다니까 이제 상수도를 민영화하겠다는 거예요. 물 사 먹으라는 거죠.

선대인 그다음에 한전의 빚이 25조 원 늘었고, 이렇게 공기업 부채가 두 배씩 늘어났어요. 부채가 이렇게 늘어나면 공공요금을 인상하는 수밖에 없어요. 그런데 저금리니 고환율이니 해서 물가가 오를 수밖에 없도록 만들어놓고는 요금 인상은 강제로 틀어막아놓았죠. 그러니 부채가 계속 늘어난 거예요. 그리고 토건사업이니 뭐니 해서 헛짓도 많이 했죠. 앞으로는 공공요금 오를 일만 남았어요. 올해(2011년) 많이 오를 거고 내년에 특히 정권 바뀌고 나면 확 뛸 겁니다.

우석훈 이 사람들이 어떤 꼼수가 있냐 하면, 그렇게 해놓고 나서, 공기업이 빚이 늘어 운영하기 힘드니까 민영화하자고 나오는 거죠.

부자 감세는 곧 서민 증세

NEWS

아나운서 부자 증세 내용을 담은 한국판 버핏세가 논란 끝에 결국 국회를 통과했습니다. 하지만 실효성을 지적하는 목소리가 끊이질 않고 있습니다.

기자 현재 우리나라의 3억 원 초과 소득자는 약 6만 3천여 명으로 이로 인한 세수 증대 효과는 5천억 원에 달할 것으로 전망됩니다.

꼽사리 해설 이것은 한나라당 방안. 한나라당은 효과가 대단할 것이라고 큰소리.

한나라당 나성인 의원 "액면상으로는 7천700억 원 정도의 세수 증대가 있을 것이다. 그것을 사회복지 지출 확대에 쓸 수 있을 것이다."

기자 1 하지만 이를 두고 실효성이 없다는 지적이 나오고 있습니다.

기자 2 민주당은 이를 두고 원색적으로 비난하고 나섰습니다.

민주당 이용섭 의원 "전체 소득자의 0.17%밖에 과세 대상이 되지 않기 때문에 실효성이 떨어진다는 점이고요."

민주당 원해영 대표 "박근혜 위원장에게는 3억 원 이상 고소득자도 증세를 해서는 안 될 서민으로 보이는지 묻겠습니다. 박근혜 위원장은 부자 공주임을 스스로 분명히 한 것입니다."

선대인 이명박 정부의 대표적인 경제 실정이 감세 정책이잖아요. 2008년 말에 최준경이 차관이고 강만수가 장관일 때 감세 정책을 폈는데,

우석훈 최강 라인이죠.

선대인 이게 진짜 웃기는 거예요. 경제위기의 진원지도 아닌데 감세 정책을 폈고, 이명박 대통령은 이 혜택의 70%가 중산층 서민한테 돌아간다고 했는데, 제가 조사해보니까 실제로 80%가 상위 20%한테 돌아가요. 직접세인 소득세, 법인세를 깎아주니까 이 혜택이 재벌기업, 부동산 부자, 고소득자들한테 많이 돌아갔죠.

우석훈 부동산 관련된 것들도 많이 빼줬죠.

선대인 종부세도 깎아줬고 양도세 뭐 다 깎아줬죠. 여기서 정부가 이야기하지 않은 절반의 진실은 서민 증세예요. 국세 수입의 3대 축이 소득세, 법인세, 부가가치세인데,

우석훈 부가가치세는 우리가 새우깡 사 먹을 때 붙이는 거예요. 과자 먹고, 술 마시고, 호텔 가서 밥 먹을 때 TEN 붙이는 거죠.

선대인 이 3대 세금이 국세 수입의 75%를 차지해요. 그런데 여기서 소득세, 법인세를 깎아주면 뭐가 늘어나겠어요. 부가가치세 부담이 늘어날 수밖에 없잖아요. 2008년 말부터 소득세, 법인세는 세수가 확 깎이고 부가가치세는 계속 올라가요. 그러면 김용민하고 이건희하고 스테이크 먹는 양은 똑같지만,

우석훈 그건 아니지. 김용민이 더 많이 먹고 더 많이 내지.

선대인 싼 걸 먹으니까. 그러니까 어떻게 되냐면 실제로 서민이 부담하는 세금이 더 많아지는 거예요.

우석훈 그리고 이상한 세금을 계속 붙여 넣어서 4대강 사업으로 빠진 걸 메우거든요. 대표적인 게 반려동물 데리고 병원 갔을 때예요. 원래는 부가가치세 안 냈거든요.

선대인 반려동물 병원 치료비라고 하죠.

우석훈 그런데 거기도 부가가치세를 붙였어요. 반려동물은 장기적으로는 보험 체계로 들어가게 되는데, 거기다 부가가치세를 붙인 거예요. 이를테면 혼자 사는 20, 30대 여성이 반려동물을 많이 키워요. 그건 의학적으로도 그렇다더라고요. 누군가를 돌보지 않으면 여성은 병이 난대요. 그래서 반려동물을 키우는 여성보다 그렇지 않은 여성의 발병률이 높다는 거예요. 그러니까 이건 국민보건상으로도 더 많이 키

울 수 있게, 몇 마리씩은 키울 수 있게 해줘야 하는데, 거기다 부가가치세를 붙이는 거죠. 우리 집 고양이가 진짜 죽을 뻔했거든요. 그래서 병원에 데려갔더니 장기에 혹이 생겨서 떼어주지 않으면 죽는다는 거예요. 그래서 80만 원이 들었어요. 거기에 부가가치세 붙은 걸 보니까, 생명도 돈에 따라간다는 생각이 들었어요. 돈이 없으면 그 고양이는 죽었겠죠. 만약 혼자 사는 여대생이 키우던 고양이였다면 안락사시키는 수밖에 없는 거죠. 그러니까 이건 지금 꼭 붙여야 할 것도 아니고, 제대로 정비해서 나중에 하겠다면 이해하겠는데, 굉장히 비싸진 상태에서, 대책도 없이 추진을 하는 거죠. 그러니까 4대강 사업 때문에 고양이가 죽는 거라니까요.

김미화 비약 아닌가요?

상위 1%를 위한 감세 정책

우석훈 4대강 사업 때문에 모자란 세원을 맞추려다 보니까 반려동물 병원 치료비에 부가가치세를 붙인 거잖아요.

선대인 맞는 말이에요. 왜냐하면 재정적자가 엄청나게 늘어났거든요. 현 정부 들어와서 100조 원 가까이 늘어났어요. 이런 재정적자가 4대강 사업 같은 무리한 토목 사업 때문이에요. 예를 들어 2006년에 20조 원이던 정부 발주 공사액이 2009년에는 51조 원으로 두 배 반이 늘어났으니까.

우석훈 서울시도 2007~2009년 동안 지금의 빚이 거의 다 생겼어요.

선대인 2009년에 제일 많이 늘었죠. 그리고 감세 정책으로 깎인 액수가

78조 원 정도 되거든요. 4대강 사업이 22조 원이니까 3.5배에 달하죠.

김미화 상위 1%의 감세 정책이지.

선대인 우리가 고령화 시대에 들어서는데 문화 복지 시설이 없잖아요. 대충 계산해보니까 전국 방방곡곡에 문화도서관, 노인 요양 시설, 아이들 돌봄 시설, 영화관, 공연장까지 포함하는 문화 복지 시설을 만드는 데 100억 원 정도 들어간다고 하면, 감세 정책으로 깎아준 돈으로 전국에 이런 문화 복지 시설 1만 개를 만들 수 있어요. 인구 1천 명당 거의 하나씩 돌아간다고요. 이런 돈을 감세 정책을 통해서 깎아줘버리고, 또 한편으로는 건설업자들 먹여 살린다고 22조 원씩 처박고 있는 거고. 그러면 세수에 구멍이 나잖아요. 이렇게 세수에 구멍이 나는 걸 땜질하는 거예요. 반려동물 병원 치료비에서 10% 채우고, 죄악세라고 해서 술, 담배에 붙는 부가세 계속 올리고, 워낙 저항이 거세서 실패했지만 근로소득자 카드 소득공제하던 것도 없애려고 했고. 이런 식으로 세금 더 거두려고 해요.

우석훈 아주 꼼꼼하게 조그만 것들을 계속 더 붙여서 그걸로 메우려고 한다니까요.

선대인 이런 여러 효과 때문에 상위 20%는 세금이 계속 조금씩 늘어나는 추세였는데 2008년 말에 확 떨어졌어요.

김미화 그래서 이런 해프닝이 있더라고요. 어느 지자체에서 10년 전, 20년 전 범칙금 있잖아요. 예를 들어서 주차를 잘못했다거나, 아니면 교통신호를 위반했다거나, 그걸 최근에 다 물렸대요. 얼마나 세금을 걷어야 하면 그러겠냐고.

선대인 그리고 또 어떻게 하느냐면, 연말이 되면 세무서들을 막 쪼아요.

그래서 일선 세무서들이 이명박 정부 들어와서 너무 힘들다는 거예요. 원래는 대충 걷던 세금을 한 푼 한 푼 다 긁어내니까.

우석훈 비싼 세무법인한테 맡겨놓은 부자들은 그 와중에도 다 도망가잖아요. 그런데 국민의 95%는 평생 세무사 볼 일 없을걸요. 그런 사람들은 그냥 당하는 거라니까요.

선대인 이런 감세 정책의 영향으로, 조사해보니까 상위 20%는 세금이 2008년 말부터 확 깎였어요. 그런데 하위 20%, 40% 심지어 60%까지는 확 늘어나버렸어요. 30~50퍼센트씩 늘어났어요.

우석훈 좀 죄송한 이야긴데, 이명박 정부 들어선 뒤로 저는 소득세가 계속 줄었어요. 많이 줄더라고요.

김미화 미움 받아서 많이 못 버니까 그렇지.

김용민 요절한 걸로 알기 때문에.

선대인 특히 하위 20%는 타격이 커요. 하위 20%는 한계선상에 놓인 사람들이에요. 외환위기 이후로 내내 매월 20만 원, 30만 원씩 적자가 나는 사람들이거든요. 돈 빌릴 데가 없어서 카드채도 쓰고, 그게 안 돼서 사채시장까지 가고, 신용불량자로 내몰리는 사람들이죠.

우석훈 저신용이라는 표현을 쓰죠.

선대인 그런데 이 사람들 세금을 매월 3만~4만 원씩 더 늘려버린 거예요. 작은 것 같지만 이 사람들한테는 굉장히 큰돈이라고요. 겨우 라면으로 끼니 때우는 사람들이 되게 많아요. 이런 사람들 세금 늘려놓고, 정부에서는 부자 세금 깎아주면 서민도 좋아진다고 이야기했던 거죠.

김용민 트리클다운 효과(Trickle-Down Effect, 적하효과)라고 했죠.

선대인 좋아지긴 뭘 좋아져요. 진짜 나쁜 놈들이에요.

747, 칠 수 있는 사기는 다 친다

김미화 이명박 대통령이 당선인 시절에 처음 찾아간 데가 재래시장이었잖아요. 거기서 생선 파시는 할머니에게, 다른 건 몰라도 내가 경제적으로는 확실히 반석에 올려놓겠다고 해서 할머니가 각하 가슴에 안겨서 운 거 아니야. 지금 그 할머니 어디 가 있는지도 모르고.

선대인 재래시장은 이미 풍비박산이 났죠.

김미화 오늘 누나 머리가 김추자 스타일 비슷하지 않아요? 김추자 언니가 옛날에 판타롱 바지 입고 부른 유명한 노래가 있어요. 콧소리 좀 넣어가지고. "거짓말이야, 거짓말이야, 거짓말이야, 거짓말이야. 747 거짓말. 세종시 거짓말."

선대인 요새는 '칠 수 있는 사기는 다 친다'는 게 '칠사칠'이래요.

우석훈 그런데 세금 푸는 게 사실은 이명박 쪽 공약이 아니고 박근혜의 공약을 받은 거예요.

선대인 줄푸세라고 하죠.

우석훈 줄푸세에서 '줄'이 세금을 줄인다는 거였잖아요. 박근혜의 공약을 받아서 하다 보니까 이렇게 된 거거든요. 이건 좀 기억해야 할 것 같아요.

선대인 감세 정책 내놓을 때도 제목이 뭐였냐면, '경제 재도약과 서민경제 지원을 위한 세제개편안'이라고 했거든. 그런데 세금 부담 늘리는 게 서민 지원하는 정책인가요?

우석훈 그런데 가을 들어서 이명박 정권에서 팔아먹는 게 하도 많아가지고, 하루하루 막다 보니까 너무 힘들어요. 앞으로 1년을 어떻게 버

될지 모르겠어요.

선대인 팔아먹은 게 한두 개야? 서울시립대 부지도 팔았잖아요? 뚝섬 용지 같은 경우 1조 2천억 원. 그런데 서울시 간부들은 저런 좋은 땅들은 공공이 가지고 있어야 한대요.

우석훈 지금도 공무원들은 그 얘기 해요. 그래서 대놓고 이야기 좀 하라고 그러면, "니가 좀 해라." 그러죠.

선대인 그런데 이렇게 팔아먹어놓고, 대선 때 대통령이 자기가 서울시장 하는 동안에 서울시 재정 상황이 굉장히 좋아졌다고 그랬잖아요. 그때는 부동산 활황기라서 서울시 세수의 40%가 취등록세였어요. 부동산 세수가 막 들어오니까 좋아졌던 거지. 지금도 국가 재산 팔아먹으면서 똑같은 식으로 하고 있잖아요.

김미화 그리고 저축은행 비리부터 해서, 이런 거 팡팡 터지잖아요.

선대인 가계부채, 공공부채도 엄청 늘려놨죠. 빚쟁이 대통령이라는 말 말고는 더 이상 설명할 길이 없어요.

우석훈 시각을 바꾸면 대통령의 식구를 위한 경제 대통령은 맞죠. 우리의 경제 대통령이 아니라서 문제죠.

선대인 경제 대통령이 아니라 경제 대도大盜라고 해야 할걸요.

- 이상 6회(2011년 1월 3일 방송)

물가지수에 숨겨진 꼼수

물가지수 계산할 때 금반지를 항목에서 빼버린 까닭

김미화 '주간꼽사리' 하나 더 할까요.

선대인 물가지수 이야기할게요. 얼마 전에 물가지수를 개편했어요. 어떻게 개편했냐면, 물가지수 산정에서 금반지를 뺐어요. 가상의 바구니가 있다고 생각하면, 이 바구니 안에 우리가 많이 쓰는 상품이라든지 서비스 품목을 100개 정도 채워요. 실제로는 그것보다 훨씬 많지만. 그리고 우리가 많이 쓰는 것에 가중치를 줘요. 많이 쓰는 품목일수록 물가에 미치는 영향이 큰 거죠. 이런 식으로 5년에 한 번씩 물가지수를 개편하는 거예요. 그런데 이번에 꼼수가 있었어요. 금반지를 많이 주고받으니까 물가지수에 미치는 비중이 상당히 커요. 그런데 항목에서 빼버린 거예요. 이거 하나만 빼도 물가지수가 0.25% 포인트 내려가요. 그래서 왜 뺐냐고 했더니, 국제기준 권고에 따라서 한국은행이

2008년부터 국민계정을 개편할 때 금을 자산으로 분류했고, 원래 금은 물가라기보다 주식이나 부동산처럼 자산 쪽에 속하는 것이라서 이번 개편에서 제외했다는 거예요. 그걸 국제적으로 권고한 건 1993년부터였어요. 그런데도 늘 항목에 들어갔어요. 지금까지 이렇게 계속 포함하다가 어째서 지금 갑자기 빼냐고요. 거기다 지금 전기세가 굉장히 많이 뛰어서 사람들이 고통 받잖아요. 전기세의 물가비중도 큰데, 가중치를 확 낮추어버렸어요.

이렇게 하니까 올해(2011년) 10월까지 실제로는 물가가 4.4% 뛰었는데, 이번에 물가지수를 개편하고 나서 4.0% 상승한 게 되어버렸어요. 한국은행에서 이야기한 올해 물가 관리 목표가 4.0%예요. 이것도 웃기는 이야기죠. 원래는 물가 관리 목표가 3.0±0.5%였거든요. 이걸 범위로 보면 2.5~3.5%인 거죠. 그런데 2010년 봄에 김중수 씨가 한국은행 총재로 들어오고 나서 관리 목표가 바뀌었어요.

김용민 김중수 씨가 대통령 측근이죠.

선대인 그렇죠. '한국은행의 정치 독립은 필요하지만 그건 대통령으로부터의 독립을 의미하지는 않는다'는 식의 망발을 했던 분이죠. 정말 황당하죠. 대통령제 국가에서 대통령한테서 독립하지 않으면 그럼 누구한테서 독립을 하겠다는 건지.

우석훈 한나라당으로부터는 독립하겠다는 말이겠죠.

선대인 황당하게 개념이 없는 분들이 많아요.

우석훈 개념은 확실한 거예요. 자기가 어떻게 해야 안 잘리는지 아는 거니까.

선대인 한마디로 인민경제에 기생하는 방법을 확실히 아는 꼽사리인 거죠. 어쨌거나 김중수가 원래 물가 관리 목표를 바꿔서 2~4%까지 범위를 늘려버렸어요. 이건 실제로는 2%를 염두에 둔 게 아니죠. 성장 드라이브를 계속 걸고 싶고, 저금리 기조 유지해서 부동산을 계속 떠받쳐야 하니까, 그러려면 저금리를 계속 놔둬야 하는데, 그렇게 되면 물가는 무조건 올라요. 그러니까 4%까지 범위를 늘리려고 한 거예요. 양궁에 비유하자면 과녁을 두 배 정도로 키운 거죠. 그런데도 맞추지를 못해서 물가가 4.4%까지 올라가니까, 이제 물가지수를 개편한 거죠.

우석훈 그래도 물가는 또 올라갈 거예요.

선대인 실제로 11월에 발표한 게 4.2%잖아요.

김미화 이번에 물가지수 개편한 거 보니까 금반지는 빼고 떡볶이는 넣고 그랬던데요.

선대인 사람 키에 침대를 맞춰야 하는데, 침대에 사람 키를 맞추고, 다리가 삐져나오면 톱으로 잘라버리는 식이에요.

우석훈 비유가 너무 어렵다. 선거로 치면 게리맨더링gerrymandering이라고 하죠.

김미화 게리멘더링이 뭐야, 그게 더 어려워.

우석훈 지역구를 자기 마음대로 조정해서 우리 쪽 사람 많이 들어가게 하는 거예요. 그러니까 '물가 게리맨더링' 같은 거죠.

기회가 되면 한국은행 총재는 꼭 한 번 하고 싶어요. 제가 남의 얘기는 죽어라고 안 듣거든요. 그러니까 아마도 물가 관리는 잘할 거예요.

-이상 3회(2011년 12월 5일 방송)

아파트 추락

수도권 중심으로 보면 2008년 중반이 집값 꼭짓점이었어요. 그때부터 집값이 떨어지면 정부가 부양책 내놓아서 몇 개월 가고, 또 떨어지면 다시 대책 내놓아서 몇 개월 가고 이런 식인데, 지난번에 8·29 대책 내놓고 약발이 다 떨어지면서 다섯 달 전부터 다시 집값이 떨어지기 시작하니까 정부에서 다시 모르핀을 놓은 거예요. 이 정부의 목표는 임기 안에 폭탄이 터지지 않게 조심했다가, 다음 정부로 떠넘기자는 거거든요.

재건축 타령으로 날이 새는 아파트 공화국

건설업계와 다주택 투기자를 위한 부동산 대책

NEWS

권도엽 국토해양부장관 "주택시장 정상화를 도모하는 한편, 내년 봄 이사철 전세시장 안정을 위한 선제 대응 차원에서 대책을 마련하게 되었습니다.

기자 정부는 먼저 다주택자 양도세 중과제도를 폐지해 집을 여러 채 사는 부담을 덜어줬습니다."

권도엽 국토해양부장관 "다주택자 양도세 중과제도는 내년 중 폐지를 추진하고, 재건축 초과 이익 부담금도 시장 여건을 감안하여 2년 간 부과 중지할 계획입니다."

기자 집 여러 채 가진 부자들 감세해주고 재건축 시장을 들썩이게 할 것이라는 우려도 적지 않습니다.

꼽사리 해설 하지만 정부는,

권도엽 국토해양부장관 "부동산 시장 과열 시기에 도입된 과도한 규제를 현 상황에 맞게 대폭 정비할 계획입니다."

김미화 선대인 씨가 먼저 이번 주 이야기를 풀어나가주시죠.

선대인 이번 주에는 국토해양부에서 발표한 12·7 부동산 대책에 대해서 이야기할 거고요. 그것과 공교롭게도 맞물렸는데, 서울시가 서울 강남의 가락시영아파트 재건축 종상향해준 문제가 있어요.

김미화 종상향이라는 게 뭐죠?

선대인 종상향이라는 건, 2종까지는 15층까지 지을 수 있지만 3종으로 올리면 최고 35층까지 층수를 높일 수 있는 걸 말해요. 늘어난 용적률만큼 아파트를 더 지을 수 있는 건데, 결국은 분양아파트 물량이 늘어나는 거예요.

김미화 15층까지 지을 수 있는 아파트를 최대 35층까지 지을 수 있도록, 그러니까 아파트를 더 위로 지을 수 있도록 많이 허용해줬다는 말이군요.

우석훈 그리고 그걸 팔 수 있는 거죠.

김미화 12·7 부동산 대책에서 투기과열지구 해제, 다주택자 양도세 중과 폐지, 재건축 이익부담금 폐지, 분양권 전매제한 완화, 이렇게 여러 가지 대책이 나왔잖아요. 하나씩 짚어주세요.

선대인 이번에 내놓은 부동산 대책 제목부터 좀 봐야 해요. 말이 안 되는 제목을 달아놓았거든요. '12·7 주택시장 정상화와 서민주거 안정 대책'이라고 되어 있는데, 앞에 목적어가 빠졌다고 봐요. '건설업계와 다주택 투기자 구제를 위한' 이라는 말이 생략되었다고요.

우석훈 누구를 위한 대책인지가 생략된 거죠. 결국은 '강부자(강남 부동산 부자)'를 위한 대책이에요.

선대인 제목에 '정상화'라고 되어 있잖아요. 지금은 수도권을 중심으로는 집값이 하향 안정화되고 있어요. 집값이 가계소득 대비해서 너무 높기 때문에, 자연스럽게 거품이 빠지는 과정이고, 사실 집값이 정상화되는 과정이거든요.

우석훈 정상화되려면 한참 더 내려가야죠.

선대인 국토해양부 입장에서는 집값이 떨어지는 게 비정상으로 보인다는 거예요. 그래서 정상화되고 있는 걸 '정상화'하겠다는 건데,

김미화 지금은 어느 정도인데, 어느 정도로 하겠다는 거예요?

선대인 지금 상황은 집값이 머리꼭대기에서 어깨 정도까지 내려온 수준이죠. 서울 강남 재건축 이런 데를 따지면, 아직은 어깨 위죠. 그런 정도로 떨어진 건데, 그래도 여전히 엄청 높죠. 아직도 강남에서는 집값이 20억 원씩 하잖아요.

우석훈 이렇게 비유를 해볼게요. 제가 외환위기 때 서울에 있는 우리 집을 가지고 외국에 대입해서 계산을 해봤거든요. 서울에 있는 우리 아파트를 팔면 일본, 파리 아무데도 못 갔어요. 그런데 몇 년 전에 집값이 한참 올랐을 때 계산해보니까, 도쿄에서 그 정도 위치에 집 두 채를 사더라고요. 그리고 파리에서는 2.5채를 사요.

김미화 강남에 살았는데?

우석훈 강남 약간 구석진 곳에 살았어요. 그런데 일본이나 프랑스의 국민소득이 우리나라의 두 배 가까이 되거든요. 우리는 1인당 2만 달러인데, 거기는 3만 7천 달러, 4만 달러 정도예요. 서울에 있는 집을 팔

아서 다른 곳에 두 채를 살 수 있다는 건, 그 나라들의 집값이 너무 싸든지 우리가 미쳤든지, 둘 중 하나죠.

선대인 우리가 미친 거죠.

김미화 우리나라 집값이 미쳤다고 치고, 20억 원에 집 샀던 사람들은 집값이 계속 떨어지니까 집을 팔지 않을 거 아니에요.

선대인 안 판다기보다, 팔 수 없는 상황이 된 거죠. 강남의 재건축을 산 사람들이 다 돈이 있는 강남의 부자들이 아니에요. 특히 최근에는 열에 아홉 정도는 강남에 살지 않으면서 강남에 있는 집을 사요.

우석훈 투기네.

선대인 완전히 투기죠. 10여 년 전에는 이런 사람들의 비율이 20% 정도밖에 안 되었는데, 최근에는 90% 정도까지 치솟은 거예요. 말이 좋아 투자지 투기거든요. 이 사람들이 집을 살 때는 30%를 금융권에서 가져오고, 나머지 40%는 전세 끼고 사요. 그러면 70%가 자기 돈이 아니잖아요.

김미화 30%는 자기 돈이고.

선대인 대부분 굉장히 위험한 투자를 해놓은 거죠.

우석훈 지금 워낙 구매 여력이 없고, 한국 경제 자체가 침체되어 있기 때문에, 어차피 이번 대책대로 해도 잘되지 않을 거예요.

김미화 그래서 대책이 나왔어도 지금 썰렁하대요. 12월 7일이면 내놓은 지가 언제야.

양도소득세 중과·종부세 폐지 수혜자는 정책 당사자들

우석훈 정부가 하고 싶은 말이 뭔지 알겠어요. '강부자'에게 좋게 해서 보다 쉽게, 집을 여러 채 사라는 거고, 자기편은 사게 해주겠다는 거죠. 제가 제일 문제라고 생각하는 부분은 다주택자 양도소득세 중과 폐지 부분인데요. 지금도 양도소득세를 2년 동안 면제해주고 있는데, 이걸 영구히 면제하는 조치를 살짝 끼워넣었어요. 집 많은 사람들한테는 굉장한 소식이죠. 그런데 이건 나쁜 변화일뿐더러, 이렇게 하면 1가구 다주택자들한테만 혜택이 가는 거예요. 다주택자들한테 양도소득세 면제해주는 문제는 야당에서 무슨 수를 써서라도 막아야 해요.

김미화 그런데 왜 안 막아요? 막을 기회는 있어요?

우석훈 아직 통과도 안 되었어요. 정부는 12월에 통과시킨다는데, 그러면 지금 아니에요? 지금 예산국회도 안 열리는데요 뭐.

김미화 예산국회가 열리면 기를 쓰고 막아야 하는 문제라는 거네요.

우석훈 다주택자 양도소득세 중과 폐지는 절대로 통과시키면 안 됩니다.

선대인 양도소득세 중과는 사실상 2009년부터 적용을 안 했어요.

우석훈 임시면제였죠.

선대인 늘 쓰는 수법이에요. 처음에는 적용을 하지 않겠다면서 유예, 유보, 연기 이런 식으로 해서 한시적인 것처럼 해놓고, 2년 정도 지난 지금에 와서 폐지시켜버린다고 하는 거예요.

김미화 그러니까 이게 누구를 위한 대책이냐 이거죠. 다주택 투기자들이잖아요.

우석훈 집 서너 채씩 가지고 있으면서, 세놓고 돌리는 사람들이죠. 그 사람들은 그 세도 받아먹었고, 언젠가 투기가 되어서 돈이 올라갔을 때 양도소득세도 안 내겠다는 거예요. 그러니까 '지금 당신 돈 있으면 많이 사라'는 거야, 집값 싸니까.

김미화 구체적으로 하나씩 이야기를 해줘요. 주택 대책은 좀 복잡해요.

선대인 지금 우리나라에서 1가구 1주택자는 집을 3년만 보유하고 있으면, 기본적으로 비과세하도록 되어 있어요. 그런데 현 정부 들어서 2년 거주 요건도 없애버렸어요. 그러니까 원래는 2년을 살아야 했어요.

우석훈 전세 안 주고 자기가 살다가 그 뒤에 전세를 줘야 했는데, 지금은 전세부터 줘버려도 되는 거예요.

김미화 집 사서 처음부터 전세를 줘도 된다는 거죠. 그러면 그냥 전세 끼고 사면 되는 거네.

선대인 시가 9억 원 이하는 집만 가지고 있다가 3년만 넘기면 양도세를 하나도 안 물어도 되는 거예요. 그런데 이렇게 하다 보니까, 장관 청문회 같은 거 할 때 보면, 다운계약서, 업계약서 써서 탈세했느니 안 했느니 하잖아요. 다주택 투기자들도 1가구 1주택자하고 거래를 하면서 기본적으로 세금을 안 내도 되니까 다운계약서 써서 빠져나갔거든요.

김미화 그때 누가 그랬지?

우석훈 정운찬 총리가 제일 먼저 걸렸고요.

선대인 천성관 검찰총장 후보자도 그랬고, 이제훈 지식경제부장관 후보자도 그랬고, 사실 안 걸린 사람이 별로 없었죠. 어쨌거나 노무현 정부 때 투기를 막아보겠다고, 다주택자들에 대해서 중과세를 먹인 건데, 2009년부터 부동산 경기침체가 오니까 이걸 적용하지 않고 있다가 이번에 폐지한 거예요.

우석훈 폐지를 하자고 한 거죠. 폐지하면 큰일이에요, 막아야 해요.

선대인 양도소득세 중과를 폐지하면 실제로 다주택 소유주들의 세금이 얼마나 줄어드냐면, 지금 기본적으로 2억 원에 사서 9억 원에 팔았다고 치면 시세 차익이 7억 원 남잖아요. 그러면 전에는 3주택자 같으면 60%, 그러니까 4억 원 가까이 세금을 내야 했는데, 이게 확 줄어들어버리는 거죠. 그러니까 전에는 세율이 60%였는데, 이번에는 30% 정도, 시가별로 차익별로 단계별로 35%까지 내게 되어 있는 게 절반 이하로 줄어버린다고요. 그러면 세금 4억 원 낼 걸 2억 원도 채 안 내게 되는 거예요. 지금 월급쟁이들은 연봉 수천만 원만 돼도 직간접세금을 일 년에 몇 백만 원씩 내잖아요. 월급쟁이들은 진짜 열 받아야 해요.

김미화 이런 정책을 내는 이유는 뭔가요?

우석훈 두 가지인데, 일단 집 많이 가진 사람들이 여론을 끌고 나가는 측면이 있어요. 그리고 공무원들이 그렇게 가지고 있으니까, 장관이니 차관이니 이런 사람들이 국민은 상관없이 자기 세금부터 깎아야겠다는 심보예요.

선대인 이건 조금 다른 이야기이긴 한데, 종합부동산세 있잖아요. 2008년 말에 강만수 씨가 기획재정부장관이고 최준경 씨가 차관일 때 종부세를 깎아줬어요. 강만수 씨가 그때 종부세 없애면서 '단 한 사람의 억울한 징벌적 납세자도 없어야 한다'는 식으로 말했죠.

NEWS

2008년 7월 28일

기자 종합부동산세 완화 의사를 묻는 질문에 대한 강만수 기획재정부장관의 답변입니다.

강만수 기획재정부장관 "조세 정책을 통해서 부동산 안정을 위한 정책을 쓰는 나라는 선진국에서는 별로 없지 않은가 생각을 하고 있습니다."

그해 10월 7일

기자 강만수 기획재정부장관은 종부세는 어느 나라에도 없는 세금이라며, 잘못된 전제 하에서 만들어졌던 만큼 타당성이 부족하다고 답변했습니다.

강만수 기획재정부장관 "우리 국민은 누구도, 한 명이라도, 그리고 자기 능력보다 과하게 세금을 내서는 안 된다는 것이, 1원이라도 내서는 안 된다는 것이 우리 헌법의 원리입니다."

한 달 뒤인 11월 6일

기자 강만수 기획재정부장관이 헌법재판소의 종합부동산세 판결을 앞두고 헌재와 접촉을 했다는 발언을 해 파문이 일고 있습니다.

강만수 기획재정부장관 "현재 우리가 헌재와 접촉을 했습니다마는, 확실한 전망을 할 수는 없습니다. 일부는 위헌 판결이 날 것으로 예상하고 있습니다만."

기자 야당은 장관이 헌재에 압력을 행사하고 판결의 가이드라인을 제시한 헌정 교란 사건이라며 일제히 반발했습니다.

이에 대한 홍준표 당시 한나라당 원내대표의 수습성 사과

홍준표 "국회 답변 과정에서 생긴 오해로 인해서 국민 여러분께 심려를 끼

쳐드린 점, 대단히 송구스럽게 생각합니다."

선대인 강만수가 종부세를 없애면서 말한 '단 한 사람의 억울한 징벌적 납세자'에서 '한 사람'은 바로 자신들이에요. 실제로 종부세를 이렇게 바꿔서 강만수, 최준경은 세금을 1천만 원 이상씩 아꼈어요. 1천만 원 이상 내다가 1백만 원도 내지 않는 상황이 되어버린 거죠.

김미화 재미있네.

우석훈 비슷한 사례가 있어요. 예전에 이헌재 경제부총리가 농지투기를 풀어주려고 했거든요. 그런데 부총리 재임 중에 자기가 농지투기로 결국 물러났다니까요. 우리가 생각하기에는 정말 그렇게까지 할까 싶은데, 자기 재산을 지키기 위해 정책을 결정하는 사람들이 많다니까요. 기가 차죠.

선대인 이 정부는 기본적으로 부동산에 올인한 정부예요. 이번 12·7 부동산 대책까지, 현 정부 들어서 부동산 부양책이 21번 나왔어요.

우석훈 올해만 여섯 번째예요. 두 달에 한 번씩 나오더라고요.

선대인 이 정부는 부동산 정책에 관해서 철학이나 장기적인 비전이 없어요.

우석훈 왜 없어요. '올려야 한다'는 철학과 비전이 있죠.

선대인 길게 보고 대한민국의 주거 환경 또는 주거 정책이 어떤 방향으로 바뀌어야 한다는 신념에서 정책을 내는 게 아니라, 매번 대책이라고 나오는 게, 건설업체 떠받쳐주는 내용이에요. 제가 〈MBC 100분 토론〉이라든지 부동산 관련 토론에 자주 나가잖아요. 그러면 항상 상대 패널로 나오는 건설업계 부설연구소인 건설산업연구원이나, 건설업체들한테 용역 받는 학자들이 늘 양도소득세 중과 폐지를 주장하더라고요.

우석훈 왜냐하면 그 사람들한테는 이게 제일 고통스러우니까요. 양도소득세 중과만 없으면 집 열 채, 스무 채 사서 마음대로 재산을 불릴 수 있는데, 이것 때문에 지금 못하거든요.

김미화 돈 있는 사람은 무조건 사면 이득이니까.

선대인 이 문제가 지금 부자들한테는 최대 민원이에요. 기본적으로 투기한 사람들을 임대사업자로 만들어주고 세금 다 깎아주겠다는 이야기거든요.

김미화 건설업자들이나 부동산 관계자들의 입김이 들어갔겠군요.

우석훈 엄청 들어갔죠. 그런데 안타까운 건 이게 김대중 정부 때 처음 풀렸어요. 그전까지는 다주택자들한테 임대사업자라는 이름을 붙이지 않았는데, 외환위기 때 경제를 짧은 시간에 끌어올리려니까 돈을 끌어내야 했고, 그래서 임대사업자라고 해서 이것저것 많이 줄여줬거든요. 지금은 그렇게 할 필요가 없는 상황인데, 이미 1%에 해당하는 사람들이 다주택자로서 계급을 형성한 거죠.

선대인 그 사람들이 그렇게 하는 건 이해를 한다지만, 국토해양부 같은 경우는 공공임대주택 같은 것도 제대로 공급을 안 하면서, 매번 다주택 투기자들을 민간 임대주택 사업자로 전환시켜서 공급을 늘려줘야 집값을 잡는다는 식으로 뻥을 치고 있거든요.

우석훈 국가가 할 역할을 부자들한테 시키는 건데, 결국은 부자들만 돈을 벌게 만드는 거예요.

재건축 이익부담금과 용적률의 비밀

김미화 재건축 이익부담금이 줄어들면 어떻게 되는 건지 설명을 해주세요.

선대인 재건축 이익부담금도 노무현 정부 때 만든 거죠. 예를 들어서 재건축을 한다고 치고 용적률을 올려주면, 아파트 분양을 많이 해서 수익이 생기잖아요.

우석훈 돈을 막 벌어들이죠.

김미화 그렇게 하면 누가 제일 좋은 거예요?

우석훈 집 가진 사람들이 좋아지죠.

선대인 일단 조합원들도 좋은 거고, 건설사들도 혜택을 보는 건데, 이렇게 생각해보죠. 내가 강남구 개포동에 사는데, 지금은 4억~5억 원짜리 15평에 살아요. 그런데 사는 집이 40평으로 커지면 집값이 10억 원 이상씩으로 뛰어서 엄청난 개발 이익이 생기잖아요. 그런데 이건 사실은 도시계획상에서 무형의 공공재인 용적률을 풀어줘서 생긴 개발 이익이에요.

우석훈 불로소득이라고 하죠.

선대인 그러니까 이건 공공이 흡수하는 게 맞아요. 그런데 다 흡수하지도 않고, 여기서 생기는 개발 이익의 50% 정도만…….

김미화 공공이 흡수한다는 건 무슨 말이에요? 어렵네요.

우석훈 정부에서 개발 이익 수혜자한테, '내 공공재인 공간을 줬기 때문에 네가 돈을 벌었으니까, 우리 반띵하자'는 거죠. 반은 네가 먹고 반은 나라에 내라는 말이에요.

김미화 아, 반띵! 그렇게 설명하면 쉽잖아. 예이, 선떨아. 반띵을 하는 건데, 어떻게 된다는 말이에요?

선대인 이렇게 반띵하는 제도가 바로 재건축 이익부담금제예요. 부담금을 재건축 단지에 매기는 거죠. 그런데 양도소득세도 2009년부터 적용하지 않았다고 했잖아요. 이번에 재건축 이익부담금도 폐지하는 게 아니라 적용을 2년 유예한다고 했어요.

김미화 2년 뒤에는 하겠다는 거죠.

선대인 그렇게 될 수 있죠. 정권이 바뀌면 어떻게 될지 모르겠지만.

우석훈 기왕에 줄였던 거 계속 줄이다가 없애자고 하겠죠.

선대인 시간이 어느 정도 지나면 실효성이 없으니까 폐기하자, 이런 식으로 가는 거죠. 늘 이런 식으로 해요.

우석훈 그런데 정권이 바뀌어도 국토해양부장관은 안 바뀔 거예요. 똑같은 사람들이 지금 10년째 이러고 있었으니까.

선대인 예를 들어 노무현 정부 때 강동석 장관 같은 사람들도 다 부동산 투기해서 밀려난 사람들이거든요.

우석훈 금융도 마찬가지지만, 국토해양부도 그렇지 않은 사람들이 들어오는 걸 철저하게 막아요. 만약에 선대인을 국토해양부장관 시킨다고 하면 난리 나겠죠.

선대인 나는 국토해양부의 마지막 장관을 해서, 국토해양부 해체하고 주택복지청 만들 거야.

우석훈 제도로만 보면 복잡하지만, 결국은 있던 것들을 없애가면서 다주택자들이 집을 많이 갖게 하는 정책을 일관되게 계속해온 거예요.

선대인 이게 재건축 조합원 입장에서 왜 좋으냐면, 이런 거죠. 재건축을 추진하려면 기본적으로 비용이 들잖아요. 건설사를 선정해서 재건축 사업을 진행하는 시공비가 들고, 또 재건축 이익부담금 같은 각종 부담금을 내야 해요. 그리고 공공임대주택 같은 것도 지어야 하고, 이런 부담들이 있어요. 그런데 반면에 이렇게 해서 조합원들이 자기 집을 넓히는 것 외에 추가로 용적률이 올라가면 거기서 분양할 수 있는 아파트가 나오잖아요. 분양해서 나오는 그 수익금을 가지고 자기 분담금을 줄일 수도 있고, 이득금을 돌릴 수 있는 거죠.

김미화 이득금 가지고 다 돌려서, 돈이 돈을 버는 거군요.

우석훈 땅도 없는데 갑자기 아파트가 생기고, 사람들이 그 아파트를 사준 돈을 가지고 자기들이 돈 잔치를 하는 거죠. 그래서 용적률에 목을 매는 거예요.

선대인 그래서 국토해양부 입장에서는, 재건축이 침체되어서 조합에서 사업 추진이 안 된다니까, 재건축 이익부담금이라는 비용을 빼주는 거죠. 강남 개포, 둔촌 주공, 가락 시영 등지에서요.

김미화 그런 소수의 주택에만 혜택이 가는 건가요?

선대인 이런 곳들은 2천에서 5천 가구가 있는 대규모 단지들이에요.

김미화 그러면 강북이나 이런 지역을 통틀어서 완화를 시켜주는 건가요, 아니면 이번 부동산 대책은 강남에만 적용이 되는 건가요?

선대인 이번에 발표한 12·7 부동산 대책은 완전히 강남 대책이죠. 그래서 '강부자' 대책인 거죠.

김미화 그러면 문제가 있네.

선대인 굳이 '강부자' 대책으로 국한하지 않더라도 문제가 많은 거예요.

우석훈 강남이 아닌 다른 곳은 집값이 오르지 않을 거니까, 이렇게 풀어주더라도 혜택을 받기가 어려워요. 강북을 재개발한다고 해서 우리가 가서 막 사진 않으니까요.

선대인 지금 사업이 안 되는 기본적인 이유는 집값이 너무 높아서예요. 뒤늦게 들어온 조합원 입장에서 생각해보면, 예를 들어 재건축이 되고 나서 지금 6억~7억 원 하는 집값이 분양하는 시점이 되면 15억 원 정도 된다고 생각했을 때, 지금 10억 원 들고 들어와서 투자를 했는데, 부담금을 몇 억 원 내야 하고 사업이 얼마나 늘어질지도 모르는 상황이잖아요. 그렇기 때문에 손해보고 사업을 추진하면 안 되는 조합원들이 이미 끼어 있는 거죠.

우석훈 전문용어로 똥바가지 쓴 거죠. 비싸다고 돈 될 거라고 해서 샀는데, 안 되니까 정부한테 막 뭐라고 해대는 거죠.

선대인 그래서 사업성 좋게 해달라니까, 정부가 이런 규제를 자꾸 풀어주는 거예요.

김미화 정부는 뭔가 실효성을 거두기 위해서 대책을 발표한 것처럼 하지만 결코 그렇지 않다는 말씀이잖아요? 결론적으로 어째서 이번 대책이 실효가 없는 건지 이야기해주시죠.

우석훈 일단 정부가 부동산으로 경제를 움직여야겠다는 생각을 버려야 해요. 지금은 어떻게 해도 시장이 여력이 없어요. 성장률은 계속 떨어지는 상황인데도 고성장 시대의 전략을 쓰겠다는 건데, 지금은 이런 메커니즘이 돌아가지 못해요. 그러다 보니 세금도 지나치게 깎아줘야 하니까 부작용만 생기지, 실제로 이 사람들이 생각하는 활성화는 일어날 수 없거든요.

이미 끝난 투기 시장에 모르핀 계속 투여

김미화 그럼 우석훈 씨가 보는 대책이란 어떤 건가요?

우석훈 재건축은 한국에서는 이미 끝난 일이에요. 이제는 정비하는 방식으로 가야 해요. 이걸 리노베이션이라고 하는데, 5층을 35층으로 올리는 식의 사업은 어차피 지금 힘들어요. 일본도 1990년대에 그랬거든요. 그러니까 있는 걸 부수지 말고, 거기에 뼈대를 강화하고 일부를 고치는 리노베이션 방식으로 해야 합니다.

김미화 층수는 올릴 수 있는 거예요?

우석훈 층수는 못 올리는 거죠. 그리고 자기가 그 집에서 30년 살아서 집을 고쳐야 한다면, 집 고칠 돈은 자기가 내는 게 맞죠.

김미화 그 사람들은 고쳐서 살려는 게 아니라, 고쳐서 득을 좀 보겠다는 건데.

우석훈 그런 사람들이 나쁜 거죠.

선대인 이 구조는 다단계 피라미드예요. 이걸 더 비싼 값에 사줄 수 있는 또 다른 투기자가 들어오지 않으면, 이 피라미드 구조는 무너지게 되어 있어요.

김미화 실제로 재건축이라는 게, 투기 목적으로 사놓는 사람들이 있잖아요?

선대인 90%가 그런 사람들이죠.

김미화 그러니까 그런 사람들이 손해보는 일을 하겠어요?

우석훈 일본의 부동산 투기가 끝나면서 거품이 터지는 과정을 보니까, 사람들이 아파트가 오래되면 결국 감가상각이 벌어져서 집을 고치는

데 자기가 돈을 내야 한다는 걸 받아들일 때까지 경제가 떨어지더라고요. 그러니까 우리나라에서는 이미 투기는 끝난 거예요.

김미화 그러면 이명박 정부가 부양책을 내놓을 때마다, 대책도 안 서는 대책을 내놓는 거네요?

우석훈 부양책도 못 되고 게다가 조세의 형평성만 나빠지는 거라니까요. 집을 여러 채 갖고 있으면 돈을 내야 할 거 아니에요? 이건 크든 작든 지켜야 하는 건데, 이런 원칙은 깨지고 사업도 깨지고. 저는 쪼다들이나 하는 일이라고 봐요.

선대인 계속 모르핀 주사 놓는 거예요.

우석훈 모르핀도 너무 많이 놓아서 이제 듣지도 않아요.

선대인 이번 대책 내놓은 이유가 뭐냐 하면, 특히 수도권 중심으로 보면 2008년 중반이 집값 꼭짓점이었어요. 그때부터 집값이 떨어지면 정부가 부양책 내놓아서 몇 개월 가고, 또 떨어지면 다시 대책 내놓아서 몇 개월 가고 이런 식인데, 지난번에 8·29 대책 내놓고 약발이 다 떨어지면서 다섯 달 전부터 다시 집값이 떨어지기 시작하니까 정부에서 다시 모르핀을 놓은 거예요. 이 정부의 목표는 임기 안에 폭탄이 터지지 않게 조심했다가, 다음 정부로 떠넘기자는 거거든요.

김미화 이제 결론이 나네. 지금 폭탄 돌리기를 하는 거라는 말이잖아.

선대인 그 대책의 연장선에 있는 거죠. 다시 몇 개월 버티기용으로 이번 대책을 내놓은 거예요.

김미화 버틸 수 있을까요?

선대인 제가 볼 때 이번 대책은, 이 상태로 두세 달 더 갔으면, 사람들이 진짜 이제는 더 이상 못 버티나 보다, 하고 매물을 내놓았을 텐데, 그

때까지 2~3개월 시간을 버는 거죠. 그런데 그렇다고 해도 살 사람들은 이미 빚을 내서 다 샀기 때문에,

우석훈 추가로 빚을 낼 사람들이 없어요.

선대인 떠받쳐줄 사람이 없거든. 약발이 다한 상황이죠.

김미화 그러면 내놓으나마나 한 대책이네요.

선대인 그런데 지금 문제는 뭐냐면, 사람들이 손절매를 해야 하는데, 정부가 계속 부동산을 떠받쳐준다는 신호를 주니까, 미련을 가지고 부동산 시장을 계속 맴돌아요. 떠나지를 못하고, 손절매도 못하는 거죠. 그러면서 하우스푸어House Poor가 계속 늘어나는 거예요.

김미화 이 시점에서 질문할게요. 정권이나 대통령이 바뀌고 어수선하면 집값부터 확 뛰고 그러잖아요. 혹시 정권이 바뀌면 집값이 오르지 않을까요?

우석훈 한국은 대선 때마다 집값이 떨어졌어요. 대선 때마다 돈 풀어서 집값이 오를 거라고 했는데, 20년 동안 대선 때 집값 오른 적이 한 번도 없어요.

선대인 길게 보면 향후 10년 동안은 집값이 계속 내리막길일 거예요. 그럴 가능성이 굉장히 높아요. 지금 몇 년째 언론에서 집값이 바닥이라고 떠들지만 계속 내려가고 있잖아요.

김미화 바닥에서 바닥으로?

선대인 지금은 바닥이 아니라니까요. 아직도 어깨 위에 있어요.

김미화 두 사람을 믿어도 되나? 믿었다가 선거 때 집값 오르는 거 아니야?

선대인 저는 부동산 투기 선동가들이라고 부르는데,

우석훈 곱게 말해줘요. 업자라고.

선대인 부동산업자들이 있는데, 그 사람들이 온갖 핑계를 다 대요. 그런 비슷한 이야기가 지난해 지방선거 때도 있었어요. 개발공약 내놓을 테니까 집값이 뛴다고 그랬거든요.

우석훈 나도 그때는 정말 뛸 줄 알았어요.

선대인 뛰기는 뭐가 뛰어요, 하나도 안 뛰었지. 그런 거짓말 레퍼토리만 해도 수십 개가 돼요. 그 거짓말들을 모아서 한번 정리하고 싶어요.

우석훈 이런 건 있어요. 서울이나 수도권에서 오르지 않으니까 그 돈들이 순간적으로 지방으로 빠질 때가 있어요. 잠깐 지방으로 빠지면 부산 튀었다, 어디 튀었다 그러잖아요. 사실 그 돈이 그 돈이에요. 서울이 안 되니까 여기저기 떠도는 거죠.

선대인 사람들이 수도권은 내려도 지방은 뛰고 있지 않느냐고 하는데, 주택시장 자산 가치의 75%는 수도권에 있어요. 부동산 거품의 에너지라고 할 수 있는 주택담보대출도 75%가 수도권에 몰려 있거든요. 그러니까 수도권이 몸통이고 지방은 꼬리예요. 수도권이 가라앉고 있는데, 지방이 뛰니까 수도권도 덩달아 뛸 거라는 건 웃기는 이야기죠. 부산 이야기를 하면, 부산이 연초에 꼭짓점을 찍고, 지금 거래량이 반토막 났어요. 이제 거의 끝물이니까, 이 방송 들으시는 분들은 부산은 진짜 조심하셔야 해요.

김미화 구체적으로 부산 어디요?

우석훈 해운대.

선대인 부산 전부 다.

김미화 12·7 부동산 대책에 대한 결론을 내려보자면, 부동산 시장에

효과 없고, 우리 정부 계속 모르핀 주사 놓고 있고, 폭탄 돌리기 하고 있고, 좀비 건설기업 양산하고 있고, 또 길게 보면 한국 경제에 부담이 되고, 국토해양부는 일반 가계보다 건설업계하고 다주택 투기자들을 대변하는 부처입니다.

우석훈 건설업계와 다주택 투기자를 대변하는 게 아니라, 그게 바로 자기들이라니까요.

선대인 토지보상금 푼 것도 상당 부분 사실 그 사람들 호주머니로 들어갔을 거야.

우석훈 내가 풀어서 내가 가진다는 말이죠. 4대강 사업도 그랬어요. 4대강 주변에 아파트 짓는다고 땅을 파는데, 그걸 사간 사람들이 또 공무원이었어요.

– 이상 4회(2011년 12월 15일 방송)

박원순의 고민

종상향이 대체 뭐길래

김미화 주택 대책에 대해서 이야기를 나눠봤고요. 이제 서울시 가락시영 종상향 대책, 15층을 35층으로 지을 수 있는 이 대책에 대해서 말해봅시다.

선대인 이게 어찌 보면 효과 측면에서는 굉장히 큰 거예요. 국토해양부 대책 못지않게 재건축의 사업성을 높여주거든요.

우석훈 이거 하나가 서울시 재건축 분량의 10% 가까이 된다고 그러더라고요.

선대인 가락시장 아파트 단지의 가구 수가 5천 가구가 넘거든요. 그리고 대표적인 강남의 재건축 단지가 강남의 은마아파트, 개포동 주공아파트, 강동구 둔촌주공아파트, 송파구 가락시영아파트예요. 이 단지에 종상향을 해준다는 의미는, 분양할 수 있는 아파트 물량을 크게 늘려준다는 거예요. 583가구를 더 분양할 수 있어요.

김미화 583가구 늘려주는 정도 가지고 무슨 대책이라고 볼 수 있나요?

선대인 583가구면, 송파 주변 지역 시세로 따지면 한 가구당 십 몇 억이 넘어요. 10억 원씩만 잡아도 5천830억 원이에요.

김미화 그러니까 20평 아파트 가지고 있던 사람이 40평으로 평수가 늘어나버리면 그 정도 이득이라는 말인가요?

선대인 그게 아니고, 조합원이 자기 집을 가지고 있는데, 재건축을 하게 되면 15평이던 걸 40평으로 늘려서 번듯한 새 집으로 옮겨가요. 대신에 재건축 부담금도 내야 되고, 조합원비도 내야 하는데, 이렇게 조합원한테 돌아가는 물량 말고, 일반 시장에 분양하는 물량이 생겨요.

우석훈 그냥 팔 수 있는 물량이 생기는 거죠. 원래 있던 것보다 더 많은 아파트를 짓게 하니까, 그건 그냥 분양해서 팔아버릴 수 있잖아요. 그걸 팔면 그 사람들이 그 돈을 그냥 가지는 거죠.

김미화 아파트를 판 돈을 조합원이 나눠 가지는 거예요?

선대인 나눠 갖는다고 볼 수도 있고. 예를 들어서 지금 가락시영 같은 경우는 1천124가구니까 여기서 1조 원 넘는 수익이 생긴다는 말이에요.

김미화 그런데 이게 왜 문제냐고. 나눠가지면 좋은 거지.

선대인 용적률을 올려준다는 의미를 생각해보세요. 안 그래도 지금 강남 지역이 밀집해 교통난도 심각하고 각종 혼잡비용이 일어나잖아요. 상하수도 같은 기반 시설 부담도 많이 늘어나고. 이게 다 공공재라는 말이에요. 그러니까 용적률이라는 공공재를 올려주는데, 거기서 발생하는 수익을 이 사람들이 가져간다는 말이에요.

김미화 특별히 가락시영 종상향 대책이 문제가 되는 이유가 뭐예요?

우석훈 기본적으로 재건축이라는 건 상업적인 활동이잖아요. 상업적인 활동이라는 건 잘못하면 망할 수도 있고, 잘하면 돈을 버는 거죠. 그런데 이 사람들이 지금 잘못했어요.

김미화 누가 잘못을 했어요?

우석훈 가락시영을 비롯해서 재건축을 추진하는 곳들이, 지금 돈을 벌 수 없는 상황까지 온 거예요. 돈이 너무 많이 들어갔고, 계획도 잘못 짰고. 그러면 이제 이걸 리모델링하든지 다른 방식으로 전환해서 투기는 아니지만 연착륙할 수 있는 방법을 생각해야 되거든요. 그래서 지난주까지는 서울시에서 시장도 바뀌었으니까 재건축을 천천히 할 거라고 이야기했잖아요. 그러면 고층단지가 아니라 저층단지로 추진하면서 손해를 최소화하는 방식을 생각해야 하는 거겠죠. 그런데 서울시가 고층으로 층수를 확 올리면서 다시 토건 방식으로 할 수 있도록 하겠다는 거예요. 말하자면 바뀐 서울시가 투기를 합리화해준 거죠. 그런데 이 문제는 이명박 시장, 오세훈 시장 시절에도 '이건 너무한 거다' 해서 안 한 거였어요.

김미화 그런데 지금 서울시에서 왜 그렇게 한다는 거죠?

우석훈 여기서부터 아픔이 좀 있어요.

선대인 제가 여기저기 전화를 해봤더니 결론은 이거예요. 저는 박원순 시장님이 기본적으로 낮은 데로 임해서 현장 주민의 목소리를 듣는 자세는 굉장히 좋다고 생각해요. 그런데 뉴타운 재개발, 재건축 같은 부동산 정책이라든지, 입찰제도 개혁 같은 구조적인 문제에 대해서는 충분히 준비가 안 되었던 것 같아요.

우석훈 실무적인 건 사실 어려워요.

김미화 그래도 옆에서 보좌해주는 사람들 이야기는 들었을 텐데요.

선대인 준비가 되지 않은 상태에서 들어왔기 때문에, 빨리 준비를 했어야 하는데, 제가 서울시에 있을 때 경험으로 미루어보면 박원순 시장이 미처 준비가 되기 전에 서울시 공무원들이 약간은 시장님 뒤통수 치듯이 추진해버린 것 같아요.

우석훈 우리 선떨은 한 것도 많아요. 서울시에도 있었어.

김미화 별로 크게 돋보이는 행적은 없는 것 같아요.

선대인 1천억 원을 아꼈다니까요. 제가 자랑하기 시작하면 끝이 없어요.

김미화 깔때기 들이대지 말고 하던 이야기 계속하세요.

선대인 공무원들은 시장님의 심사를 헤아려서 자기네 이해와 뜻을 관철하는 데 굉장히 탁월한 재주를 가지고 있어요. 이번에도 박원순 시장이 공공임대주택 8만 호를 공급하겠다는 공약을 내세웠는데, 서민 주거 안정이라는 의지를 천명했다는 측면에서 좋게 보지만, 사실은 8만 호 공급 못해요. 그런데 공무원 특히 주택본부에서 시장의 공약을 실현한다는 이유로, 강남 재건축 단지들이 요구한 걸 살짝 들어주는 방향으로 가버린 거죠. 그런데 이 정책을 결정하는 곳이 도시계획위원회예요.

우석훈 도시계획위원회라는 건, 시장이 혼자 모든 결정을 내리면 독재할 가능성이 크니까, 기술적인 것들을 위임해놓은 위원회예요. 그래서 여기서 결정을 하는데, 제가 알아본 바에 따르면 근본적으로 도시계획위원회가 시장의 뜻을 거스르지는 않을 거예요.

선대인 도시계획위원회에 공무원도 당연직 위원으로 들어가거든요. 그러니까 사실은 사전에 시장이 확고하게 이야기를 하면, 그런 방향으로 공무원이 방향을 잡아가는데, 이번에는 박원순 시장 의중하고는 다른 방향으로 진행이 된 듯해요.

우석훈 도시계획위원회가 과연 시민을 잘 대변하느냐는 문제가 있죠. 사실 도시계획위원회에 토건업자와 토건 쪽 학자 등이 들어가 있고, 그러다 보니 집 있는 사람의 이익을 반영하게 되어 있어요. 그러니까 기본적으로 공무원이나 시장이 크게 견제를 하지 않으면 개발하는 방식으로 가게 되어 있는 거죠.

선대인 제가 서울시에 있을 때 도시계획위원들을 보니까, 건설업자들한테 용역을 받는 학자들이나 건설업 관련 설계사무소 사람들이 많이 있고요.

우석훈 업자와 그들과 결탁한 교수들.

선대인 심지어는 현 정부 인수위에 들어가 있으면서 동시에 부동산 컨설팅업을 하던 고정환이라는 사람까지 서울시 도시계획위원회에 있었어요.

우석훈 한마디로 업자죠.

선대인 이 양반은 말은 많지 않은데 이런 데 들어와서 정보를 얻는 것 같았어요. 고정환 씨가 한 발언을 보면, 용적률 규제를 완화해줘야 한다는 식의 말을 많이 하더라고요. 이건 고양이한테 생선가게를 맡긴 격이죠.

가락시영아파트 종상향으로 삼성·현대가 이득 본다?

우석훈 도시계획위원회에 시민의 목소리가 반영돼야 하기 때문에 운영 방식과 구성을 바꿔야 해요. 무엇보다도 집 없는 사람들, 월세, 전세로 사는 시민을 대표하는 사람들이 도시계획위원회에 들어가야죠.

김미화 도시계획위원회에 들어가서 의사를 결정하는 사람의 층을 좀 더 다양하게 구성해야 한다는 의견인데, 이건 서울시장님이 들어야 할 내용이네요?

우석훈 그래서 지금 한 번 잘못한 게 문제가 아니죠. 실제로 이런 정책들이 계속 진행되면 집값이 올라 결국 집 없는 사람을 어렵게 하거든요.

선대인 가락시영아파트 같은 경우도, 만약 이 사업이 추진된다면 당장 6천 세대의 세입자가 쫓겨나게 돼요. 사업이 자연스럽게 순차적으로 진행되어야 하는데, 이런 식으로 종상향해줘버리고, 그 과정에서 세입자가 한꺼번에 몰려나오면, 재건축 단지들이 다 해먹는 식으로 추진이 될 수도 있잖아요.

우석훈 그러니까 도시계획위원회에 진짜 집 없는 사람들이 들어가 있었다면, 이렇게 통과되지는 않았겠죠.

김미화 서울시장님 공약이 집 없는 사람들, 그러니까 세입자들이 살던 집에서 함부로 쫓겨나지 않게 하겠다는 거였는데.

선대인 그러니까요. 어쨌든 좀 이해하는 입장에서 보자면, 박원순 시장이 충분히 준비가 안 된 상태에서, 제대로 검토할 수 있는 기회를 빼앗긴 상태에서 결정이 되어버렸어요.

김미화 이건 이해해야 할 문제가 아닌 것 같은데요.

선대인 당연히 긴장감을 가져야죠. 그리고 이번에 가락시영아파트 종상향 같은 경우는 특히 삼성하고 현대하고도 연관이 되어 있어요. 가락시영의 시공을 삼성물산하고 현대건설이 나누어서 하기로 이미 결정이 되어 있거든요. 그런데 이번 결정이 사실은 이 시공사한테 특혜를 준 것이기도 해요. 이 사람들이 공사를 하는 방식에는 도급제와 지분제라는 게 있어요. 도급제는 주택조합에서 '돈 얼마 줄 테니까, 이 돈 받고 그냥 공사를 해' 하는 방식이고, 지분제는 건설업체가 참여해서 공사를 했는데, 나중에 분양하고 나서 수익이 발생하면, 일정 지분을 넘어서 발생하는 초과수익은 건설사들이 나눠 먹는 방식이에요.

우석훈 말하자면 떼돈을 벌면 건설사도 같이 떼돈을 버는 거죠.

김미화 그래서 도급제와 지분제 중에서 어느 쪽을 취했다는 거예요?

선대인 지금 지분제 방식으로 되어 있는 거죠. 그러니까 이번에 종상향해서 분양 물량을 늘려준 건 사업성이 좋아졌다는 이야기잖아요. 나중에 분양하고 나서 1조 원 정도 추가수익이 발생한다고 치면, 건설업체들이 추가수익 1조 원을 나눠 먹는 거예요. 이 건설업체들이 분명히 로비를 했을 거라고 봐요.

김미화 그거는 뒤를 한번 캐봐야 할 상황이네.

선대인 아마도 공무원이 박원순 시장 임기 초에 어떤 식으로든 해치워야겠다는 생각을 했을 수도 있어요.

우석훈 몇 달 전부터 작전을 준비한 것 같아요.

김미화 그러면 결론을 어떻게 내려야 서울이 좋고 또 서울에 사는 사람에게도 좋은가요.

우석훈 일단 이대로 추진하는 건 안 됩니다. 서울시장 권한으로 도시계획위원회에서 올라온 사안에 대해서 재심의를 하도록 할 수 있어요. 만약 그것도 안 된다면 지금 서울시 의회에 야당인 민주통합당 쪽이 과반수가 넘으니까, 서울시 의회에서 재심의 권고안을 만드는 방식이 있죠. 그렇게 견제를 하는 방법도 있는 거죠.

선대인 박원순 시장 입장에서는 이미 발표가 된 사안을 뒤집는다는 게 부담이 되기는 할 거예요. 그런데 이것으로 인한 파장을 생각하면 그 부담은 사실 아무것도 아니에요.

김미화 그러면 두 떨떨이가 서울시장한테 이야기를 해. 할 수 있죠?

선대인 메일도 보냈고요. 제가 듣기로는 시장님도 이 부분에 대해서 충분히 검토를 못한 상황에서 진행이 되어버렸는데…….

김미화 우리가 여기서 이야기만 나눌 게 아니라, 그런 대책이 이루어져야 한다고요.

우석훈 이번 일을 계기로 박원순 시장을 보필하는 사람들이 긴장감을 좀 가져야 할 것 같아요. '종상향' 세 글자 중에 '종'이라는 한 글자에 이런 문제들이 다 숨은 거예요. 일반 사람들이 보기에는 이렇게 복잡한 문제가 숨어 있을 것 같지 않죠.

김미화 '종상향'의 '종'이 무슨 종이죠?

우석훈 1종, 2종, 3종.

선대인 주거지의 종류.

우석훈 종상향은 2종을 3종으로 바꾼다는 의미입니다.

- 이상 4회(2011년 12월 15일 방송)

분양 원가는 성역인가

10억 원짜리 아파트 아니면 집도 아니야?

NEWS

기자 권도엽 국토해양부장관은 서울시의 재건축 정책이 자칫 주택 공급을 줄일 수 있다며, 박원순 시장의 주택 정책은 친서민 정책이 아니라고 강하게 비판했습니다.

박상호 국토해양부 주택토지실장 "재건축 사업 자체가 굉장히 추진이 어려워집니다. 이렇게 되면 장기적으로 주택 공급도 줄게 되고요. 결국 서민들의 내 집 마련이나 전셋값 문제 등에도 악영향을 미칠 수가 있습니다."

아나운서 서울 강남의 재건축 추진 아파트들이 박원순 시장 취임 이후 난항을 겪고 있습니다.

11월 28일 SBS CNBC, MBC 보도 하지만 오랫동안 끌고 온 사업이 진행이 되지 않는 데다, 집값도 떨어지고 있어서 해당 아파트 주민의 불만은 커지고 있습니다.

SBS CNBC, MBC와 인터뷰한 한 부동산 전문가 "박원순 서울시장은 임대주택 8만 호 건설을 위해서 공공성 강화를 추진하고 있고, 반대로 재건축조합들은 소형 임대주택이 늘어나게 되면 그만큼 사업성이 악화되기 때문에, 둘 간의 합의점을 찾기가 쉽지 않아 보입니다. 따라서 당분간은 재건축 가격 하락이 불가피할 것으로 예상이 됩니다."

김용민 말하자면 박원순의 저주라는 거죠. 강남 업자들은 실제로 그렇게 이해하더라고요.

선대인 그런데 실제로 박원순 시장 들어오고 나서 별다르게 한 게 없어요.

김미화 그리고 시장된 지 얼마나 되었다고.

선대인 이제 한 달 지났죠. 집값은 다섯 달 전부터 떨어지고 있었어요. 그런데도 이런 보도를 하는 것들을 언론이라고 해야 하나요. 아니, 시장이 된 지 이제 한 달 되었는데, 다섯 달 전부터 떨어지던 집값이 박원순 효과 때문에 떨어진다는 건 말이 안 되잖아요.

김용민 나경원이 당선되었으면 나경원 때문에 떨어졌다는 이야기는 안 했을 거 아니에요.

우석훈 나경원 덕분에 안정화되고 있다고 했겠죠.

선대인 권도엽 국토해양부장관도 시비를 걸었어요. 주택 공급을 줄이기 때문에 결국은 서민이 밖으로 쫓겨나게 된다. 그렇기 때문에 박원순 시장이 쓰는 주택 정책은 친서민 주택 정책이 아니다, 이런 식으로.

우석훈 아파트 정도는 있어줘야 서민이라는 게 한나라당 식이죠.

분양 원가 공개는 위험해서 안 된다?

김미화 박원순 서울시장이 주택 공급을 줄이겠다고 했나요?

선대인 전혀 아니죠. 이번에 추진되던 재건축이 있었는데, 보통 1차로 들어올 때는 바로 통과되지 않는 경우가 많아요. 그래서 이번에 보류가 된 건데, 마치 일부러 제동을 건 것처럼 포장을 해서, 그것 때문에 주택 공급이 안 된다고 공격한 거예요. 그러면 자기는 뭘 했냐는 거지. 예를 들어 노무현 정부 말에 14만 호까지 공공임대주택을 공급했거든요. 그런데 지난해에는 1만 5천 호를 공급했어요. 10분의 1로 줄였어. 반띵도 아니고, 이건 뭐 10분의 1띵이라는 표현도 있나요?

김미화 우리가 만들지 뭐.

김용민 '씹분의 일'이에요.

선대인 권도엽 국토해양부장관은 강남에 10억 원짜리 주택을 계속 공급해줘야 주택 공급이라는 건지 참 황당하죠. 제가 이 양반이 국토부 국토정책국장으로 있을 때 인터뷰를 한 적이 있어요.

김용민 〈동아일보〉 기자 시절이었나요?

선대인 아니요. 그때는 〈미디어다음〉에 있을 때였죠. 2004년 무렵이니까 노무현 정부 때였는데, 아파트 공공부문의 분양 원가 공개에 대해서 어떻게 생각하시느냐 물어봤더니, 아무 말도 없이 그냥 "위험합니다" 그러더라고요. 그래서 위험한 근거가 뭐냐고 다시 물었더니, "아, 그거는 어쨌거나 위험합니다" 이렇게 이야기하는 거예요. 아무런 논리도 없어요.

김용민 묻지도 따지지도 않고 위험해?

선대인 그래서 다시 물어봤더니 하는 말이 이래요. 건설업체들이 굉장히 싫어하고, 또 분양 원가를 공개하면 건설업체들이 여러 가지 밝히고 싶지 않은 것들을 드러내야 하는데, 그렇게 되면 위험하다는 거예요. 그러니까 이게 도대체 정책 당국자가 누구를 위해서 정책을 생각하는 건지 황당한 거죠.

김미화 국토해양부를 위한 정책인가봐요.

김용민 관료사회가 정말 심각하네요.

우석훈 모피아만큼 부패한 사람들이 잔뜩 계시죠.

선대인 그런데 또 승승장구해서 이명박 정부에 와서 지금 장관까지 하고.

김미화 우리가 경제라든지 국토해양에 대해서 뭘 그렇게 심각하게 생각했겠어요. 그러니까 전문가라는 사람들이 계속 살아남는 거지. 그냥. '생生 노병사'들이에요.

김용민 2004년 6월에 부동산 분양 원가 공개 문제와 관련해서 당시 보건복지부장관이었던 김근태 씨가 "계급장 떼고 토론하자"고 한 사건도 있었죠.

- 이상 3회(2011년 12월 5일 방송)

세계경제 위기

2008년을 생각해보면 쉬워요. 그때 환율이 확 뛴 이유는 여러 가지가 있지만, 국내에 외국계 자금이 많이 들어와 있었던 것도 원인이에요. 2007년에 우리 시중은행에서 달러나 유럽계 자금을 가져와서 부동산 펌프질을 했어요.

지금 우리 주식이나 채권시장에도 외국계 자금이 많이 들어와 있어요. 그런데 그쪽 시장, 그러니까 미국이나 유럽에서 신용경색이 발생해서 금융기관들이 돈을 묶어두어야 하는 상황이 되어버리면, 우리나라에 있던 자금을 회수해 가버리죠.

미국에서 터지고 유럽에서 무너지고, 세계 경제위기의 내막

기업의 위기가 정부의 위기로

김미화 세계 경제위기라는 게 어디까지 온 건지 이야기를 해주세요. 사람들이 보이지도 않고 만져지지도 않기 때문에 불안하거든요. 어디까지 온 거예요?

선대인 2008년에 금융위기가 온 이유부터 설명하죠. 부동산 가격이 마구 올랐다가, 우리가 주택담보대출 받듯이, 미국에서 모기지대출을 엄청 해줬어요. 그런데 지난번에 설명했듯이, 그걸 가지고 파생금융상품을 만들어서 확 뿌리다 보니까, 이게 미국에서만 팔린 게 아니라 전 세계적으로 팔렸어요. 그런데 이게 집값, 그러니까 부동산 가격이 떨어지면 대출상품들이 다 부실해지게 되어 있어요. 그것과 연관된 파생금융상품도 다 부실해지는 거죠.

우석훈 거기다 보험까지. 파생상품에도 보험을 들거든요. 보험사들까지 위험해지니까 금융이 전체적으로 불안해지는 거죠.

선대인 그게 와장창 무너진 게 2008년이었고, 그 정점이 리만브러더스 파산이었죠.

김용민 글로벌 금융위기를 말하는 거죠?

선대인 그렇죠. 기본적으로 시장경제라는 건 돈을 빌려주는 시스템이잖아요. 돈을 빌려줘서 그 돈을 가지고 (이자로 말이죠) 경제가 굴러가는 건데, 금융이 확 위축되어서 이른바 신용경색 현상이 벌어지면서 돈이 다 막히는 거죠.

김미화 핏줄이 막히는 것처럼.

선대인 그렇죠. 피가 공급이 안 되는 거죠. 그러다 보니까 실물경제도 죽는 거고요. 실물경제라는 건 금융의 반대죠. 기업이 생산하는 영역이라고 할 수 있는데, 거기까지 영향을 미쳐서 실물경제까지 죽어버리는 거죠. 우리나라도 2008년 말부터 경기가 급락하고, 자영업자 문 닫고, 실업자 늘어나고 그랬잖아요. 전 세계적으로 그런 현상이 벌어졌어요. 그래서 글로벌 금융위기 이후에 어떻게 했느냐면, 우선 각국 정부가 정부 재정을 풀어서 대대적인 부양책을 썼어요.

김미화 돈을 찍어낸다는 말이에요?

선대인 돈을 찍어내는 건 중앙은행이 하는 거고, 정부 쪽에서, 우리나라 같으면 기획재정부, 미국은 재무성 같은 곳에서 엄청나게 국채를 발행하죠. 그러니까 정부가 빚을 내는 거예요. 정부가 빚을 내서 우리나라 4대강 사업 하듯이 돈을 막 풀어요. 그처럼 해괴망측한 사업은 하지 않지만, 어쨌든 그런 식으로 돈을 풀어줬죠. 그다음에 미국의 중앙은행격인 FRB에서,

우석훈 우리의 한국은행이라고 보시면 돼요.

선대인 금리를 거의 초저금리, 제로금리 수준까지 낮춰버려요.

김미화 제로금리면 어떻게 되는 건가. 이자가 전혀 없는 건가요?

우석훈 이자가 없고 현실적으로 인플레이션을 따지면 마이너스 금리이기도 한 거예요. 은행에 돈을 맡기고 시간이 지나면 그 돈이 줄어드는 거죠.

선대인 금리를 내릴 수 있는 만큼 내린 거죠.

우석훈 그러니까 은행에 돈 가지고 오지 말고, 그냥 네가 써라, 이런 말이에요.

선대인 심지어 마이너스 이율 이야기도 나왔는데, 현실적으로는 아직 실행된 적은 없고 제로금리까지 갔어요. 그런데 금리를 낮추는 방법으로도 경기후퇴를 막지 못하니까 이제는 양적 통화 확대 정책을 펴요. 윤전기를 돌려서 신문 인쇄하듯이 돈을 막 찍어내고, 헬리콥터에서 뿌리듯이 시장에 푸는 거죠. 이렇게 해서 실물경기가 가라앉는 걸 막아놓았어요. 그래서 대공황 이후의 가장 큰 경제위기를 성공적으로 막았다고 이야기를 하는데,

우석훈 그건 자기들 이야기고요.

선대인 사실은 위기를 구조적으로 해소했다기보다, 막아놓거나 지연시켜놓은 것에 가깝죠.

우석훈 기업의 위기를 정부가 막아준 거예요. 그런데 그렇게 2~3년이 지나니까, 지금은 정부의 위기가 온 거죠.

선대인 민간이나 기업이 금융기관에 부채를 지고 있는데, 정부에서 돈을 마구 투입해서 공적자금도 넣어주고, 민간 부채 같은 것도 일정하게

대출금리를 낮춰준다든지 해서 해소를 한 거죠. 그리고 돈을 풀어서 경기가 침체하는 걸 막았죠. 그런데 이런 건 기본적으로 시장에 돈을 푸는 거잖아요. 그렇게 돈이 흔해지면 상대적으로 물건 값이 비싸져서 인플레이션이 일어나죠. 이게 물가상승으로 나타난 거예요. 이렇게 진행되다 보니까 가라앉았던 유가도 뛰고, 농산품이며, 각종 구리 원자재까지 국제적으로 뛰어버렸어요. 이런 부작용이 나타나는 거죠.

우석훈 우리나라는 라면 값까지 뛰었어요.

김미화 라면은 정말 서민이 예전부터 어려울 때 먹던 음식인데. 지금도 마찬가지이고. 그런데 너무 많이 뛰어버렸어.

선대인 세계적으로 그런 현상이 생겼는데, 한국은 환율까지 정부가 인위적으로 계속 떠받치다 보니, 달러는 비싸지고 우리 원화가치는 떨어져요.

우석훈 예를 들어서 기러기 아빠들이 외국에 원화를 보내는데, 지금까지는 1천 원이 갔다면 이제는 900원만 가는 거죠.

선대인 수입물가로 보면, 1달러짜리 물건을 예전엔 1천 원 주고 샀는데, 이제는 1천200원을 주고 사와야 하니까 이른바 수입물가가 높아지죠. 그런데 여기서 그치는 게 아니라, 수입한 원자재를 활용해서 납품하는 협력업체도 있단 말이에요. 그러면 생산자 단계에서 또 생산자 물가가 올라요. 그리고 최종 소비재가 만들어져서 시장에 나갔을 때는 소비자 물가가 오르는 현상이 생기는 거죠.

미국에서는 민간 부채를 정부 부채로 이전했는데, 정부 부채도 한도가 있죠. 미국의 총 부채가 21조 달러 정도 돼요. 우리나라 돈으로 치면 2경 원이죠. 이제는 더 이상 쓸 수 있는 조치들이 많지 않은 상황이죠. 그런데다 유럽에서 사태가 터져버렸잖아요.

김미화 유럽에서 무슨 사태가 터졌죠?

선대인 시사돼지만 있는 게 아니고 유럽에도 돼지가 있어요. PIIGS라고 하는데, 포르투갈, 아일랜드, 이탈리아, 그리스, 스페인이에요. 아일랜드를 제외하면 주로 남유럽 국가인데, 이런 나라들은 재정 건전성이 굉장히 안 좋아요. 예를 들어 그리스 같으면 재정적자 비율이 GDP 대비 143% 정도 되죠. 재정적자가 이렇게 심각한 상태에서 경제위기 때문에 경기가 침체되니까 대외채무가 엄청나잖아요? 그렇다고 재정으로 떠받치기도 힘들죠. 여기는 워낙 재정적자를 쌓아놓았으니까.

김미화 그런데 유럽이 나라마다 상황이 다 다른데도, 통일해서 유로화를 쓰잖아요.

선대인 유로화로 묶어놓으니까 어떤 현상이 생기냐면, 예를 들어 독일 같은 나라는 경제력 대비 유로화의 가치가 상당히 낮게 평가되어 있는 거예요. 그런데 그리스처럼 경제력이 떨어지는 나라한테는 이 환율이 굉장히 높은 거죠.

우석훈 뱁새가 황새를 따라가려다 보니 문제가 생기는 거죠. 독일 정도 되는 나라들은 괜찮은데, 그 아래 있는 나라는 독일 중심으로 결정된 환율이 자기들한테는 불리한 거니까.

선대인 유로화는 굉장히 안정된 통화잖아요. 그러니까 국가신용도가 낮은 그리스 같은 나라에도 좋은 조건으로 돈이 들어온다는 말이에요. 투자가 막 되는 거죠.

우석훈 그리스는 못 믿어도, 그 뒤에 프랑스와 독일이 있을 테니까, 꿔줘도 되겠다고 생각해서 준 거예요.

선대인 이 돈이 생산적인 데만 가는 게 아니라 부동산 시장에도 가서 자산거품을 일으키는 거죠. 그런데 경제위기가 터지니까 확 거품이 꺼지면서 금융권에도 부실이 생기고, 또 그걸 떠받친다고 재정적자도 엄청나게 늘어나고.

김미화 유럽에서 다시 각각 통화를 사용하자는 이야기도 나왔잖아요.

우석훈 유럽은 세계대전을 치렀잖아요. 그 이후에 이루어진 통합이 정치적인 안정도 줬거든요. 전쟁은 다시 하지 말자는 거였어요. 당장 경제 문제만 생각하면, 찢어버리고 각자 알아서 죽을 놈 죽고 살 놈 살자 하면 되는데, 그럼 언젠가는 또 전쟁이 일어날 거 아니냐는 거죠. 하지만 돈을 꿔줘야 하는 프랑스는 힘들어 죽겠는 거죠.

선대인 독일의 역할이 중요한데, 독일 국민이 가만히 있겠느냐고요. 그리스나 이탈리아 같은 나라가 흥청망청 썼는데, 왜 우리가 그걸 메워야 하는 거냐, 반발하는 거죠. 그러니까 제대로 된 위기 수습이 안 되고 있어요.

우석훈 이 위기상황이 2008년 이후에 점점 커졌어요. 그나마 중국이 돈을 풀어서 경기부양을 했던 건데, 최근에는 중국도 인플레이션 문제에 부딪혔거든요. 중국에서 속도를 좀 조절하자고 하면 확 떨어졌다가, 중국이 다시 돈을 좀 풀 거라면 또 확 올라갔다가 하죠.

선대인 이제는 남유럽 국가의 신용등급 문제만 발생하는 게 아니고, 다른 나라도 위험해요. 프랑스 같은 경우가 특히 위험한데, 프랑스는 정부만이 아니라 금융기관들도 남유럽 국가에 돈을 엄청나게 빌려줬어요. 부동산 자산 투자도 하고, 기업도 사재기하면서 빌려준 돈이 5천억 달러 정도 되거든요. 우리 돈으로 500조 원 정도니까 우리 GDP의 절반 정도죠.

우석훈 4대강 사업 스무 번 할 돈.

김용민 그래도 450조 원의 경제효과가 있는 G20 회의 한 번만 열면 됩니다.

선대인 하여튼 지금 그런 상황까지 와 있는데 쉽게 해결하기 힘든 문제죠.

신흥시장의 현금인출기가 된 '글로벌 호구' 한국

김미화 우리 경제 이야기도 해보죠.

우석훈 우리 대통령이 좋은 분은 아니잖아요?

김용민 상태가 좋지 않죠.

우석훈 본성도 별로 좋지 않은 것 같아요. 2008년에는 위기가 왔는데, 마침 필요하다면서 꺼낸 게 4대강 사업이었어요. 촛불집회 때 대운하는 안 한다고 사과를 했죠. 그런데 그걸 4대강으로 바꿔서 2008년에 꺼낸 거예요.

김미화 그때 일자리 창출 얘기하셨지.

우석훈 지금 대부분의 사람이 내년에 세계적으로 위기가 올 거라니까, 이제는 한미 FTA를 해야 한다는 거예요. 세계적인 금융위기를 정치적으로 활용하는 거죠.

선대인 우리나라의 교역 비중이 높다는 건, 거꾸로 이야기하면 대외민감도가 굉장히 높다는 말이거든요. 외국에서 경기가 급락하면, 그 여파를 우리도 받게 되잖아요. 우리나라의 주요 수출국을 보면, 중국이 제일 크지만, 그다음이 유럽과 미국이니까, 만일 유럽과 미국 경기가 침체하면, 거기서 수요가 줄어드니까 수출 물량이 확 줄어드는 거예요. 이런 식으로 우리도 영향을 크게 받게 되어 있어요.

우석훈 일본의 경우는 우리나라보다 무역 규모 자체는 작지 않은데, 내수가 60% 정도 돼요.

김미화 내수 시장은 지키고 있구나.

우석훈 그러니까 일본은 외국 상황이 바뀌어도 우리보다는 좀 덜 움직이죠.

김미화 일본은 우리보다 피해를 덜 본다는 말이네요.

선대인 수출과 수입이 GDP에서 차지하는 규모를 교역의존도라고 하는데, 일본은 교역의존도가 40% 정도밖에 안 돼요. 그런데 우리는 거의 100% 가까이 돼요. 그 정도로 교역의존도가 높은데 한미 FTA를 하면, 세계경제가 불확실한 방향으로 치닫는 상황에서 이 진폭을 훨씬 키우는 방향으로 가는 거예요. 그런 면에서도 시기적으로 한미 FTA는 잘못된 선택이죠.

우석훈 비유를 하자면, 가장이 회사에서 해고당해서 기분이 나쁘잖아요. 그 김에 왕창 쇼핑을 한다고 표현할까요? 문제 생긴 김에 더 문제를 일으키는 식이죠.

선대인 2008년을 생각해보면 쉬워요. 그때 환율이 확 뛴 이유는 여러 가지가 있지만, 국내에 외국계 자금이 많이 들어와 있었던 것도 원인이에요. 2007년에 우리 시중은행에서 달러나 유럽계 자금을 가져와서 부동산 펌프질을 했어요.

우석훈 엔화도 막 끌어오고…….

선대인 지금 우리 주식이나 채권시장에도 외국계 자금이 많이 들어와 있어요. 그런데 그쪽 시장, 그러니까 미국이나 유럽에서 신용경색이 발생해서 금융기관들이 돈을 묶어두어야 하는 상황이 되어버리면, 우리나라에 있던 자금을 회수해 가버리죠.

우석훈 요즘 그걸 ATM이라고 하잖아요. 한국은 카드만 뽑으면 바로 돈 나오는 현금지급기라고.

김용민 한국이 신흥시장의 현금인출기다?

선대인 글로벌 ATM이라고 하죠.

우석훈 글로벌 호구의 다른 이름이죠.

선대인 이렇게 외국계 자금이 확 빠져나가면서 환율이 뛰는 상황인데, 상황 파악도 못하고, 수출 대기업 위주로 경제성장하겠다는 식으로 환율을 계속 올린다고 해버렸으니, 불붙고 있는 데 기름 끼얹은 격이죠.

김미화 그때 왜 그랬어요?

선대인 상황을 전혀 몰랐던 거예요. 한 투자은행 대표한테 나중에 들은 이야기인데, 강만수가 환율 올린다고 명시적으로 이야기를 해버리니까, 투자은행 입장에서는 한국이 너무나 호구인 거예요. 달러 올라가는 쪽으로 달러를 잔뜩 사두기만 하면, 시간이 지나면 달러가 올라서 돈을 벌 거 아니에요. 그렇게 해서 그 투자은행 한 군데에서만 1조원을 벌어갔대요. 그런 멍청한 짓을 하고 있었다고요.

우석훈 제가 강만수 장관 보라고 글을 썼는데, 우리가 경제원론에 나와 있는 대로만 하자고 했거든요. 그랬더니 사람들이 저더러 너 진짜 야비하게 썼다는 거예요. 무슨 말이냐면, 강만수 장관이나 수많은 모피아는 경제학과 출신이 아니에요. 경제학과를 나오지 않아서 경제원론을 배운 적이 없거든요.

김미화 수많은 모피아라고 하면, 지금 어디에 있는 분들인가요?

우석훈 강만수 등등 해서, 지금 금융위원회 등에서 실무를 담당하거나 정책을 결정하는 사람 중에 법대 출신이 많아요.

선대인 옛날에는 고시 본다면, 보통 법대로 많이 갔으니까.

우석훈 그러니까 환율이 올라갈 건데 더 올린다는 건, 마르크스 경제학이나 〈자본론〉까지 갈 필요도 없이, 경제학과 다니면서 학부 때 배우는 경제원론에서도 그렇게 하면 안 되는 거라고 되어 있어요. 그런데 우리는 거꾸로 한 거죠.

선대인 그리고 외국계 자금이 확 빠져나가버리면, 환율이 뛰는 것뿐만 아니라 기본적으로는 주가가 빠져버리잖아요.

우석훈 증시라는 건 기본적으로 단기투자하는 투기거든요. 개인이 들어와서 돈을 벌거나 말거나 신경 쓸 건 아닌데, 우리 돈을 가져다 투기에 쓰는 건 문제예요. 우리 돈이라는 건 연기금이라고 표현하는데, 국민연금기금, 공무원연금기금, 우체국보험기금, 사학연금기금이죠. 이런 돈들이 일정 부분 주식투자에 들어갈 수 있긴 하지만, 문제는 청와대에서 각 기관으로 아예 팩스를 보내서 오늘 띄워라, 하는 식으로 작전을 건다는 거죠. 그런 식으로 하면 사실은 연기금으로 돈을 벌 수가 없잖아요.

김미화 청와대에서 어디로 팩스를 보낸다는 거예요?

우석훈 제가 들었던 건, 아마 우정사업본부 쪽이었을 거예요. 거기 연금을 관리하는 사람한테 청와대에서 팩스를 보내서 주식투자를 하라는 거죠. '빨리 넣어라, 빼라' 하는 식으로. 그런데 올해(2011년) 외국인 대부분은 수익률이 플러스였고 개인도 일정하게는 수익률이 플러스인 사람들도 있긴 한데, 정부의 공식 연금은 수익률이 전부 마이너스예요. 우리 모두의 돈이 지금 증시를 떠받치느라고 계속 들어가는 거니까.

선대인 그리고 외국인이 빠져나갈 때는 받쳐주니까 굉장히 빠져나가기 쉽고. 그래서 한국이 글로벌 ATM이라는 이야기가 나오는 거죠.

김미화 청와대에서 왜 그러는 거예요?

우석훈 일단 한나라당 지지자들이 주식을 해요.

선대인 그리고 각하가 주가를 3,000까지 올린다고 그랬잖아요.

김미화 그래서 관리하시는구나.

우석훈 어떤 식으로든 주식은 올라간다는 걸 보여줘야 하는데, 수가 없으니까 연기금이라도 가져다 처박는 거죠.

호구 짓 하며 연기금 까먹는 정부

김용민 보수는 물가든 주식이든 통계만으로도 충분히 여론을 다스릴 수 있다고 보기 때문에, 통계 조작에 굉장히 익숙합니다.

김미화 숫자놀음이군요.

선대인 숫자놀음인데, 국민의 돈이라는 실탄을 마구 쏴버리는 거죠.

우석훈 하루에 800억, 1천억 원, 이렇게 막 넣고, 외국인은 그걸 빼가고. 그래서 뉴스 보면, 초반에 추락하다가 오후에 기관투자자가 들어오면서 어쨌다, 이런 이야기 하잖아요.

선대인 그걸 장 마감하기 직전에 오후에 들어온다고 해서 도시락 폭탄이라고 불러요. PKO라고도 그래요. PKO가 원래는 평화유지군Peace Keeping Operation인데, 앞을 바꿔서 Price Keeping Operation이라고 해요. 가격 유지 정책을 쓰는 거죠.

2008년 이후로 국민연금이 340조 원 이상 쌓여 있거든요. 그래서 연금을 국채 같은 데만 투자하지 말고 투자 수단을 좀 다양화하라고 했더니, 엉뚱하게 어디에다 투자하냐면, 부동산 거품이 꺼지는 외국의 부동산을 사요. 예를 들어서 영국 템스 강변의 빌딩을 산다든지, 미국의 빌딩 같은 걸 사는데, 그게 장부상 가치로는 얼마에 샀다고 되어 있지만 실제로 시장 가치는 많이 떨어졌죠.

김미화 돈이 있으니까 엉덩이가 들썩들썩하는 거지 뭐.

우석훈 강만수 장관 등이 리만브러더스 망할 때 연기금으로 그걸 사자고 했어요.

선대인 리만브러더스 파산하기 한 달 전까지 사자고 그랬죠.

김미화 샀으면 어떻게 되는 거야?

선대인 진짜 망하는 거였죠. 〈조선일보〉에서는 칼럼까지 써서, 한국이 금융 대국으로 도약할 발판이라면서 막 사라고 그랬다고요.

김미화 그런 분들을 믿고 우리가 지금까지 왔습니까?

선대인 국민이 불쌍한 거죠.

우석훈 사실 지난 정부에서부터도 연기금을 증시에 계속 풀어왔어요. 노무현 정부 때도 그렇게 활용하자고 해서 그때 제도를 열어놓았고, 연기금을 막 굴린 건 이번 정부고요. 어쨌든 전체적으로 연기금이 올해 수익률이 마이너스인데, 진짜 딜레마는, 증시는 더 내려갈 수도 있으니까, 내려가면 우리 돈이 깨진다는 거죠.

김미화 그러면 이럴 때 우리는 어떻게 해야 하는 건가요?

우석훈 정권을 바꿔야죠.

- 이상 3회(2011년 12월 5일 방송)

룸살롱 음습

공직자가 업자 등과 룸살롱에 한 번 갔다면 이미 약점을 잡힌 거죠. 갔다는 것 자체가 문제가 되는 거니까. 지금은 특히 법이 쌍벌제거든요. 일단 비밀을 공유하기 시작하니까 그다음부터는 조금씩 받게 되는데, 스폰서를 갖게 되는 거죠. 신재민 같은 사람들이 그런 경우죠. 그런데 이런 비용은 자기가 처리할 수가 없어요. 정부도 처리하기 어렵고, 기업도 점점 손비처리를 안 해주려고 하거든요. 그러다 보니 남는 건 깡패, 한나라당, 재벌 일부 딱 그렇게만 가더라고요. 그래서 룸살롱도 지금 장사가 안 돼서 망하는 중이라는 거예요.

룸살롱의 경제학

MB 정부 들어 지하경제가 다시 커졌다는데

김미화 백 있고 돈 있는 1%는 술 마시고 싶을 때 룸살롱 같은 근사한 데 가서 고급 술 먹으면서 취하지만, 우리 99%는 룸살롱에 가려면 다리가 후들거려서 일단 소주로 '간덩이'를 붓게 만들어야 해요. 그래서 간이 부으면 그때서야 '야, 룸살롱 가자', 이러면서 어쩌다 한 번 환각 상태에 빠지는 거예요.

선대인 환각 상태에 빠졌을 때 룸살롱에 가고, 다녀오면 경각심이 생기죠.

김미화 그러다 새벽에 정신이 번쩍 드는 거지. 마누라 생각도 나고, 애들 생각도 나고. 오늘의 가장 중요한 주제는 '룸살롱의 경제학'입니다. 룸살롱 안에서 과연 무슨 일이 벌어지는지, 그 안에 어떤 경제적인 이야기가 숨어 있는지 다루겠다고 했었죠?

우석훈 숫자 얘기 할 건데요. 저는 20대 때는 룸살롱에 좀 다녔어요.

김미화 20대 때 룸살롱 다니는 건 정말 어렵지 않아요?

우석훈 제가 20대 때 박사였기 때문에.

김미화 누구랑 다녔어요?

우석훈 현대그룹에 입사할 때가 스물아홉 살이었으니까. 그때는 회사 사람들이 한 달에 한 번씩 룸살롱에서 공식적인 회식을 가졌어요. 이게 좀 문제가 있다고 생각해서, 룸살롱을 끊은 사건이 있었는데, 딱 10년 전이었죠. 그때부터 소주만 마셨어요.

선대인 무슨 계기로 끊었어요?

우석훈 정부 안에 있을 때, 제가 직접 움직이던 예산이 1조 5천억 원 정도 되었어요. 그때부터 술 먹자고 오는 사람이 너무 많은데, 이거 처리를 잘못하면 큰일 나겠더라고요. 그래서 파트너였던 공무원과 같이 소주만 마시자고 약속해서 10년 동안 끊었는데, 이번에 조사하면서 보니까 룸살롱계도 많이 바뀌었더라고요.

선대인 강산이 변하는 세월이니까.

김미화 우리 선떨이는 어떤가? 룸살롱 안 다녔을 듯한 얼굴이에요.

선대인 저도 20대부터 좀 다녀봤네요. 〈동아일보〉에 있을 때. 〈동아일보〉에 있으면서 정치부에 또 잠깐 있었어요. 그러면서 사실 좀 다녔죠. 국회의원하고도 가고.

김미화 룸살롱 가면 누가 제일 잘 놀아요? 국회의원인가요, 기자인가요?

선대인 기자가 잘 놀죠. 특히 제가 잘 놀았어요.

김미화 까져가지고. 룸살롱의 경제학이라면, 우리가 어떤 이야기를 해야 할까요?

우석훈 일단 룸살롱이라는 건 지하경제라는 틀로 분류합니다. 일부는 지상으로 나와 있기도 한데, 지하경제를 블랙마켓이라고 하죠. 세금 내지 않고,

선대인 탈세도 있고, 범죄, 마약 거래, 매매춘 이런 것들이 다 지하경제의 대표적인 영역이죠.

우석훈 보통 지하경제가 10% 미만이면 선진국이라는데, 우리나라가 18~19% 정도 돼요.

선대인 예전에는 25% 수준까지 되었어요.

우석훈 1970년대는 62%. 그러니까 박정희 정권 때는 GDP랑 비교해서 국민경제 절반 이상이 지하경제였던 거고, 전두환 정권 때는 37%, 1990년대 24%. 2000년대는 18%니까 많이 좋아지긴 했죠. 그런데 한 가지 놀라운 사실이 있어요. 김대중-노무현 정부 거치면서 지하경제가 계속 줄어들다가, 현 정부 들어와서 지하경제가 다시 커졌어요. 줄어드는 게 정상인데 커지고 있더라고요.

선대인 거꾸로 가는 게 너무 많아요.

김미화 왜 커지는 건가요?

우석훈 뭔가 음성적으로 돈을 쓰고, 깡패들도 늘고 그런 거죠.

선대인 기업에 접대비 한도 늘려주고, 특히 건설사업 엄청나게 벌이면서 늘어난 거죠. 다들 아시겠지만 건설사업이라는 게 사실은 대한민국에서 부정부패의 온상이자 탈세의 온상이에요. 삼성 같은 경우도 비자금 조성하는 거 보면, 해외에서 법인 설립해서 삥땅쳐서 들여오고,

우석훈 김용철 변호사가 쓴 책 〈삼성을 말한다〉에 잘 나와 있죠.

선대인 국내에서는 삼성물산 국내 부분의 건설 부문이 비자금을 조성

하는 창구 역할을 하는 거죠. 그런데 현 정부 들어서 건설 물량 엄청 늘어났잖아요.

우석훈 22조 원(4대강 사업비) 가운데 상당 부분이 그 밑으로 들어가다 보니 지하경제가 늘어난 거죠.

김미화 지하경제 안에서 무언가를 이루어보려는 꼼수가 있는 거 아닌가요?

청탁과 돈세탁의 온상 룸살롱

선대인 지하경제가 이렇게 팽창한다는 건, 실제로는 세금을 내지 않는 경제 규모가 크다는 거잖아요?

우석훈 그만큼 부패한 거고.

선대인 그러니까 실제 납세자는 상대적으로 그만큼 더 많은 세금을 내야 하죠. 또 경제 전체에서 안 잡히는 영역이 많기 때문에 제대로 경제 운용을 못하는 경우도 많죠.

우석훈 공식통계를 보니까, 나도 이런 용어는 처음 알았는데, 일반유흥주점업이라는 게 룸살롱이더라고요. 그리고 스테이지가 있는 곳은 무도유흥주점업이에요. 공식적인 통계로 룸살롱에서 10만 명이 일해요. 가게는 3만 1천 개. 총 규모를 보니까, 룸살롱의 연간 매출액이 3조 5천억 원. 나이트클럽 같은 데는 5천억 원. 합치면 4조 원이 공식적으로 지하경제로 간다는 말이죠.

선대인 그 외에 매매춘까지 합치면 6조 원이 넘죠.

우석훈 그리고 수익률이 높아요. 공식적으로 신고한 걸로만 봐도 룸살롱 수익률이 22%이고, 나이트클럽 수익률은 19%예요. 그런데 지금 우리나라에서 장사하면서 8% 수익률 올리기도 어려워요. 그러니까 수익률이 세 배 정도 높은 거고, 돈이 있어서 룸살롱을 만들면 5년 동안에 본전을 뽑을 수 있다는 거죠.

김미화 강남에 가면 한 사람이 룸살롱을 5, 6개씩 운영하기도 하고, 주주 형식으로 운영을 해서 룸살롱 하나 만드는 데 100억 원이 들어간다는 이야기도 있죠. 그런데 룸살롱에서 왜 그렇게 중요한 이야기들이 오가고 거래가 성사되는 거예요? 플랫폼 역할을 한다는 이야기를 들었는데요.

우석훈 당연히 그렇겠죠. 룸살롱에 간다는 것 자체가 누군가 돈을 마련한다는 말이니까요. 이 돈을 마련하기가 쉽지 않아요. 제 경험으로 보면, 돈세탁이라고 부르는데, 정부에서 어떤 일을 하면 그 일에 쓸 수 있는 돈 중에서 10%가 업무추진비로 잡혀요. 10억 원짜리 일을 하면 1억 원을 쓸 수 있는 거죠. 그 돈으로 밥도 먹고, 술도 마시고 그런 거예요. 그런데 그 경비를 룸살롱에서 카드로 그냥 긁으면 감사받고 다 잘리는 거죠. 그러니까 10%의 업무추진비를 가지고 돈세탁을 하는 거예요. 누구한테 줬다가 뺐다가, 다른 돈을 이리로 넣었다가 뺐다가, 그러다 보면 수용비라는 게 또 있어요. 볼펜 사거나 할 때…….

김미화 돈세탁을 룸살롱을 통해서 한다고요?

우석훈 그렇게는 못하고 평소에 모아두는 거예요. 회의 끝나고 밥 먹을 때 5만 원 빼두고, 어떤 분한테 원고 청탁하면서 10만 원 빼두고, 그렇게 차곡차곡 모으는 거죠.

김미화 금액을 부풀려서 청구하고 돈을 뺀다는 말이군요?

우석훈 그렇게 여러 번 하다 보면 돈이 커지거든요.

김미화 그게 룸살롱하고 무슨 상관이에요?

우석훈 그렇게 해서 현금을 가지게 되면, 로비를 할 때 돈을 줄 수 있잖아요. 그러면 받은 사람은 이미 빚지고 들어오는 거죠. 누군가 사준다면, 이미 그거 자체가 뇌물인 거예요.

선대인 이런 거예요. 일반 회사원은 십시일반한다고 해도, 룸살롱 자주 가기 어렵잖아요. 그런데 예를 들어 공무원들이 몇 백억 또는 몇 천억 원짜리 사업 발주한다고 쳐봐요. 거기서 엄청나게 돈이 남을 수 있거든요. 그런 사업을 수주했다고 하면 업체 입장에서는 노나는 거죠. 그런데 공무원이 이게 노나는 일인 걸 알아요. 그런데 그걸 직접 돈으로 받기 어려운 경우에 룸살롱에서 접대 받는 경우들이 많이 있죠. 업체 입장에서는 수주를 받아야 하니까 술자리라고 하면서 룸살롱 접대, 성 접대까지 하면서 공무원을 구워삶는 거죠.

우석훈 하여간 그런 자리에 갔다고 하면, 간 것 자체가 부패거든요.

김미화 우석훈 씨는 가서 구워삶아졌어요? 가보니까 거기 빠질 것 같아서 20대 때 룸살롱 끊었다는 건가요?

선대인 왜 대답을 못하고 머뭇거려요?

우석훈 제가 다루는 돈이 적을 때는 아무 일도 아니에요. 그런데 쥐는 돈이 커지니까 그때부터는 부탁을 하기 위해서 룸살롱 가자는 사람들이 생기더라고요. 룸살롱에는 다루는 돈이 적을 때 간 거였어요. 그때 대전에 있는 정부연구소의 과학자들이 룸살롱에 가자고 찾아왔어요. 그런데 그 돈을 어떻게 만들었을까 생각해보니까 빤하잖아요. 이건 안 되겠다는 생각이 들더라고요. 그래서 그 이후에 끊었죠.

그런데 청탁을 직접 하면 바보고, 그날은 그냥 노는 거예요. 놀고 나서, 다른 때 청탁을 하죠. 하지만 룸살롱에 한 번 갔다면 이미 약점을 잡힌 거죠. 갔다는 것 자체가 문제가 되는 거니까. 지금은 특히 법이 쌍벌제거든요. 일단 비밀을 공유하기 시작하니까 그다음부터는 조금씩 받게 되는데, 스폰서를 갖게 되는 거죠. 신재민 같은 사람들이 그런 경우죠. 그런데 이런 비용은 자기가 처리할 수가 없어요. 정부도 처리하기 어렵고, 기업도 점점 손비처리를 안 해주려고 하거든요. 그러다 보니 남는 건 깡패, 한나라당, 재벌 일부 딱 그렇게만 가더라고요. 그래서 룸살롱도 지금 장사가 안 돼서 망하는 중이라는 거예요. 그만큼 경기가 어렵다는 거죠. 사람들 진짜 가난해진 거예요. 그래서 룸살롱도 해외 진출 전략을 짜고 있다고 해요.

김미화 해외도 어려운데 뭐, 어떻게 할 거야.

우석훈 1%와 99%라고 우리가 말하잖아요. 그런데 1%도 지금은 힘들다는 거예요.

중요한 거래는 꼭 룸살롱에서 해야 돼?

김미화 그럼 우리가 지금 생활하는 경제와 룸살롱을 연관 지을 수 있을까요?

우석훈 처음에 제가 한국 경제 분석하면서 세 가지만 없애면 당장 잘 살 수 있다고 생각했거든요. 첫 번째가 대학 등록금, 두 번째가 사교육비, 세 번째가 룸살롱 등 유흥업소에 쓰는 돈이에요. 집에서 아빠들이 그 돈만 안 써도 훨씬 나아질 거예요. 그런데 몇 년 전에는 중산층까지 다 룸살롱에 가더라고요. 거기다 20대도 간다는 거예요. 삼성이나 현대 직원한테 물어보니까 자기들도 한 달에 한 번은 간대요. 무슨 돈으로 가냐고 했더니, 처음에는 직장 상사가 가자고 해서 할 수 없이 갔는데, 가다 보니 재미있어서 자기들끼리 갹출해서 간다고 하더라고요. 결혼했는데도 가더라고요. 부인들한테는 이 얘기 꼭 해주고 싶어요. 절대로 못 가게 해야 집에 돈이 남는 거고, 업무상 간다느니 이런 거 다 개뻥이니까, 웃기는 소리 하지 말라고 하세요.

제가 잘 아는 정치인 중에서, 이계안 의원은 현대자동차 CEO였던 분인데, '최연소'로 시작하는 거 다 했어요. 그분은 술도 마시지 않고 룸살롱도 안 가요. 그렇게 해도 최연소 사장 하는 데 아무 문제없었어요. 그러니까 업무니 승진 때문이니, 그런 거 다 거짓말이고, 자기가 가고 싶어서 가는 거라고 생각하시면 되죠.

김미화 국회의원은 항상 룸살롱에 갔다 말썽이 생기면 돈은 후배가 냈다, 저 사람한테 접대 받은 거 아니다, 이런 식으로 이야기하잖아요. 이게 말이 되는 건가요?

선대인 저도 동아일보사 퇴사하고 나서는 거의 간 적이 없는데, 〈동아일보〉 정치부에 있을 때 보니까 국회의원들이 기자들 접대를 많이 해요. 기자들은 국회의원들하고 친해지면 거기서 정보가 나온다고 생각하고 가는데 실제로 거기서 나오는 정보는 없어요. 룸살롱 가서 특종 건지는 사람 한 번도 못 봤어요. 특종 건지려고 주요 정치인과 골프 같이 친다고도 이야기하는데 그래서 특종 건지는 기자도 못 봤어요.

우석훈 주진우 기자는 매번 특종 잡는데, 골프장 같은 데 안 다니잖아요.

선대인 진짜 특종은 그런 게 아니에요. 제가 출입할 때가 2000년 무렵이니까 지금은 어떤지 모르겠지만 룸살롱에 가면 돈을 나누어주더라고요. 얼마인지는 모르겠지만.

우석훈 받아놓고 모르긴 뭘 몰라요?

선대인 주는 자리에서는 봉투에 넣어서 주니까 액수가 안 드러나잖아요. 여하튼 그 자리에 끼어서 혼자 안 받는 것도 되게 이상해요. 괜히 분위기 어색해지니까.

우석훈 당신 지금 어색해요.

선대인 저는 건설 이야기를 해볼게요. 건설 쪽이 향응이 제일 많이 일어나는 곳이라고 봐요. 워낙 눈먼 돈도 많고, 실제로 건설업계에서 연간 발생하는 비자금 규모가 최소 10조 원 이상이라고 보거든요. 여기서 생기는 탈세액만 해도 몇 조 원 정도 되겠더라고요.

김미화 그걸 어떻게 탈세를 하냐고요?

선대인 예를 들어서 국토해양부에서 발표하는 미분양 물량이라는 게 나오죠. 그런데 이 물량을 국토해양부가 점검하거나 확인하지도 않고 업체에서 불러주는 대로 처리하니까, 물량이 고무줄 식으로 늘었다 줄었다 해요. 미분양이라는 건 분양률하고 직결된 것이고, 분양이 얼마나 되었느냐를 보면 매출이 얼마나 일어났는지 알 수 있잖아요. 그런데 이게 늘었다 줄었다 하더라도 국토해양부에서 전혀 건드리지 않아요. 그만큼 회계 조작을 멋대로 한다는 거고, 매출액을 멋대로 조절한다는 거죠.

김미화 분양 원가를 공개하지 않으니까.

선대인 그리고 실제로 부동산 거품이 부풀어 오를 때 삼성이나 현대건설 같은 1, 2위 건설업체들이 하위 100위권 업체들, 그러니까 자기들보다 매출 규모가 훨씬 떨어지는 업체들하고 같은 수준의 세금을 내요.

우석훈 그건 알겠는데, 현금을 어디서 만들어요?

선대인 현금은 다양한 방법으로 만들죠. 예를 들어서 인건비를 착복하는 거죠. 요새는 다 기계화되어서 인부들도 그다지 많이 필요하지 않거든요. 그래서 실제로 작업한 사람은 10명밖에 안 되는데, 100명, 200명이 들어갔다고 하고.

우석훈 그래서 4대강 사업에 그렇게 고용효과가 안 나온 거였군요.

선대인 그리고 정부에서 1천억 원 줬다 그러면, 실제로 현장에 투입되는 비용은 400억 원 정도밖에 안 되는 경우들이 많아요. 예산은 엄청 쓰는데 덤프트럭 운전기사 같은 사람들은 최저생계비 수준의 생활을 하고 있다는 이야기들이 바로 그래서 나오거든요. 사실은 그런 돈들이 부패의 고리를 타고 다 중간에서 녹아버려요. 그리고 그게 한편으로는 지하경제로 스며들어서, 지하경제만큼 세금이 덜 걷히기 때문에 상대적으로 유리알 지갑 같은 인생들은 세금을 더 내는 구조가 되는 거죠.

음지에서 모의하고 양지에선 거짓말하고

김미화 서민만 불쌍한 거지. 우석훈 박사님이 결론을 내려주시죠. 룸살롱의 경제학, 과연 우리에게 어떤 영향이 있고, 우리는 어떤 것을 경계하면서 봐야 할까요?

우석훈 국민경제라는 눈으로 보면, 지하경제가 늘어나고 정상적이지 않은 의사 결정이 많아지는 거니까 이중경제처럼 되는 거예요. 눈앞에 내보이는 발표들은 다 거짓말이고, 술자리에서 자기들끼리 결정한 게 진실인 그런 나라가 되는 거죠. 디도스 해킹 같은 경우도 술자리에서 모의했다는 거잖아요. 선진국이 되면 이런 지하경제가 줄고, 투명해지는 거고요. 가내경제로 보면, 사실 이런 돈을 쓰면서 국민후생이 좋아질 리가 없잖아요. 그러니까 절대로 못 쓰게 해야 한다는 거예요. 사업하고 먹고살려면 어쩔 수 없이 룸살롱에 가게 되어 있다, 이런 말, 다 거짓말이니까, 부인이 남편 단속 잘해야죠.

김미화 그래서 이런 일화가 있어요. 우리 99% 중에 한 명이 룸살롱에 가서 새벽까지 술을 먹다 보니까 정신이 번쩍 난 거라. 마누라한테 들키면 큰일인데, 부인 전화기로 '딩동' 하고 연락이 가거든. 그래서 마담한테 부탁을 했어요. 이거 카드 긁을 때 식당으로 끊어다오. 마담이 그랬어요, "걱정 마세요, 식당으로 끊어줄게." 그런데 이 사람은 새벽 2시 20분에 집에 가서 부인한테 맞았어요. 부인 전화기에 이렇게 찍혀 있는 거예요. '02시 20분, 김밥천국 167만 원'. 우리가 이런 사람들이야. 당신들이 큰돈을 빼먹을 때 우리는 이런 작은 거 하나에 쫄아서, 간이 부어서야 비로소 김밥천국 가서 167만 원어치 먹는 그런 사람들이란 말이야.

우석훈 작년에 제가 술값으로 20만 원을 한 번에 썼다가, 아내한테 1년 내내 터져서 죽는 줄 알았어요.

선대인 우석훈 박사님 자주 터지네요.

우석훈 1년에 두세 번은 터집니다.

김미화 오늘 방송 끝내면서, 만사형통 형님 예산 상왕 이상득 의원님께서 하신 말씀을 들어봅시다. 본인의 앞날을 내다보고 말씀하신 것 같아요. 어려운 말을 좀 쓰셨더라고.

이상득 의원 "제 보좌관의 불미스러운 일로 국민 여러분께 심려를 끼쳐드린 점 깊이 사과드립니다. 이 일에 관해서는 긴 설명보다, 옛말에 '천망회회 소이불실'이라는 글로 제 심정을 밝혀드립니다."

천망회회 소이불실天網恢恢 疎而不失. 이게 〈도덕경〉에 나오는 구절인데요.

우석훈 〈소녀경〉 아니고요?

김미화 〈소녀경〉이라니, 이 사람이 큰일 날 소리를 해. 국회의원이 지금 불출마하겠다고 발표하는데, 〈소녀경〉을 가지고 이야기를 하겠어? 〈도덕경〉에 나온 구절이고, '하늘이 친 그물은 크고 성기지만 악인에게 벌을 주는 일에는 빠짐이 없다'는 말입니다.

선대인 그러면 뭐야, 달게 받겠다는 뜻이야?

김미화 그러니까. 제발 빠짐이 없기를 바라면서, 오늘 이야기 끝.

- 이상 4회(2011년 12월 15일 방송)

골프장
끔찍

저는 골프장 건설이 '지자체판 한 방 신화' 같은 거라고 봐요. 경제라는 건 건전하고 지속 가능한 구조를 차근차근 만들어나가야 하는 것이고, 거기 사는 사람들이 잘 먹고 잘사는 생태계를 만들어야 하잖아요? 그런데 아직도 1980년대처럼 큰 개발 사업 하나 따내는 식으로 세수를 올릴 수 있다느니, 지역 경제 활성화에 도움이 된다느니 하면서 골프장을 자꾸 때려짓는 거죠. 개발 사업이라는 것들도 대부분 실패했잖아요. 이런 관행을 이제는 끊어야 해요.

2.7%의 골프 공화국

골프장 잔디는 맹독성 산업폐기물

NEWS

기자 1 수년째 골프장 조성 논란이 이어지고 있는 강원도. 산을 통째로 밀어버리는 난개발은 물론 이로 인한 자연생태계 파괴까지 부작용이 만만치 않습니다.

기자 2 이 골프장의 경우 벌목을 모두 마치고 성토작업을 하던 도중에 부도가 났습니다. 주민들은 제대로 된 보상도 받지 못하고 각종 소송을 벌이고 있습니다.

기자 3 골프장 개발에 반대하며 강원도 내 골프장 건설 현장에 생명버스가 등장했습니다. 부산의 희망버스나 제주의 평화비행기처럼 시민연대를 통해 골프장 추가 조성을 억제하자는 의도입니다.

이승현 원주녹색연합 사무국장 "심각한 피해를 줄 수 있는 개발 행위입니다.

그래서 이러한 문제들을 시민과 국민 여러분들과 함께 나눌 수 있는 기회를 갖고자 생명버스를 준비하게 되었습니다."

기자 3 골프장 개발 현장을 둘러본 참가자들은 심각한 생태계 파괴와 난개발에 우려를 나타냈습니다.

신창철 생명버스 참가자 "개인의 영리 목적으로 우리 산하가 무참히 훼손되는 일이 앞으로는 우리나라 산하에서 일어나지 않았으면 좋겠습니다."

기자 3 현재 마흔두 개의 골프장이 운영 중인 강원 지역에서는 내후년까지 마흔한 개의 골프장이 추가로 건설됩니다. 생명버스 참가자들은 골프장 건설 반대 시위를 지속적으로 이어나간다는 계획입니다.

김미화 골프장 이야기를 해봐야죠. 뉴스라든지 신문 장식하는 거 보면, 전부 골프로 돈을 먹었네, 골프장 가서 뭐 어떻게 했네, 다 그렇게 연결된 고리 아닙니까?

우석훈 우리나라에서 골프를 치는 사람이 국민의 2.7%예요. 그러니까 많지는 않고요.

김미화 그러나 상위 1%는 다 치는 거지. 자기 돈을 안 내고 치는 게 문제죠.

선대인 상위 1% 중에 자기 돈 안 내고 접대 골프 받는 사람들 엄청 많아요?

김미화 그러니까 접대가 문제라니까.

선대인 특히 관료나 행정관서, 인허가 관청에 있는 사람 중에서 자기 돈 내고 치는 사람이 어디 있어요.

김미화 오죽하면 무혐의 처리된 한명숙 전 총리 5만 달러 뇌물수수 사건 일어났을 때, 박영선 의원이 법무부장관한테 "아니 장관님은 골프 접대 한 번도 안 받아보셨습니까? 명단 가져오세요, 쳤는지 안 쳤는지 얘기하세요." 이런 이야기까지 나오겠어요.

선대인 제가 아는 어떤 퇴직 관료는 "퇴직하고 나서 내가 내 돈 내고 골프 쳐보니까 엄청 비싸대." 이러시더라고. 공직에 있을 때는 한 번도 자기 돈 내고 골프를 치지 않았다는 말이에요.

김미화 실제로 골프장이 너무 많아요. 경기도 지역만 해도 어마어마하잖아요.

우석훈 김미화 누님 사는 용인이 전국에서 단위면적당 골프장이 제일 많은 곳이에요.

김미화 우리 집 주위에 골프장이 20곳 이상 되는 것 같아요.

선대인 용인하고 여주에 특히 많죠.

김미화 가평 쪽으로도 엄청나게 많고요.

김용민 김문수 경기도지사님이 취임 이후에 골프장 43곳을 승인했다고 합니다.

김미화 경기도가 워낙 골프장을 만들 수 있는 자연 같은 게 잘 보존되어 있으니까, 산을 헐어서 그렇게들 하는 거죠.

김용민 김문수 경기도지사의 이야기는 이렇습니다. "(성대모사) 경기도지사 김문수입니다. 골프장이 나쁜 시설이 아니고, 환경에 유해한 시설이 아니라고 봅니다." 이렇게 얘기했다는 거예요.

골프장은 민들레, 질경이, 두더지가 살 수 없는 곳

김미화 골프장을 이렇게 많이 만들면 뭐가 문제가 되는 거죠?

김용민 부분적으로 산림이 훼손되긴 하지만, 돈 있는 사람들이 와서 즐기면서 세금도 많이 내고, 주변 상권이 발전하고, 지역 고용이 증대되고, 환경도 보호되고, 이런 장점이 많다고 김문수 경기도지사가 이야기했습니다.

NEWS

아나운서 1 골프장들의 농약 사용 실태가 심각하다는 조사 결과가 나왔습니다. 환경부는 전국 골프장의 약 절반인 185곳에서 열네 종류의 농약 성분을 검출했습니다.

아나운서 2 일부 골프장에서는 잔디에 사용이 금지된 농약을 뿌리기도 했는데요. 독성이 강한 살충제 성분인 메티다티온이 섞인 농약을 쓴 곳도 있었습니다.

아나운서 3 골프장 예정지에서 멸종위기 동물들이 잇달아 발견되면서 환경단체와 골프장 개발업체 간 갈등이 끊이지 않고 있습니다.

기자 1 멸종위기종인 담비와 삵이 촬영된 곳입니다. 골프장 개발 예정지 한복판에 위치해 있습니다. 골프장 예정지인 은사시나무 숲에선 천연기념물인 소쩍새가 목격되었고, 산본나무 아래에선 하늘다람쥐의 배설물도 발견되었습니다.

기자 2 경기 이천시 목아면의 한 골프장 공사장에서 골프장 건설에 방해가 된다며 도살 처분한 돼지 4천5백 마리가 파묻혔던 곳을 파헤쳐 돼지

사체를 다시 꺼냈습니다. 현행법에 따르면 구제역 가축을 매몰한 토지는 침출수 유출 우려나 도로를 놓는 등의 공사가 필요한 때가 아니면 3년이 지나야 용도 변경이 가능하지만, 해당 토지는 골프장 공사를 위해 1년 만에 파헤친 겁니다.

곱사리 해설 그런데 이러한 골프장의 환경 파괴를 감시하고 단속해야 할 환경부는,

아나운서 국토해양부에 이어서 환경부 직원들도 연찬회를 하면서 업체들로부터 접대를 받은 것으로 드러났습니다.

기자 이들의 숙박비 60만 원은 산하기관인 환경공단 측이 냈고, 연찬회 회비 180만 원은 하수도 관련업체가 결재했던 사실이 드러났습니다.

어느 업체 관계자의 증언 "전날 연찬회 끝나면 저녁을 먹고, 다음날 일찍 운동을 하고……."

곱사리 해설 여기서 말하는 운동이란 바로 골프입니다.

우석훈 골프장을 만들면서 제일 문제가 되는 건 환경, 보건 문제예요. 외국 같은 경우는 골프장에 다녀오면 일단 손을 깨끗이 씻어야 하고 아이를 만져선 안 된다는 가이드라인이 있거든요. 왜냐하면 맹독성 약품이나 혹은 제초제를 써요. 특히 그런 지역은 잔디가 깨끗하잖아요?

김미화 그게 희한한 게, 나도 농촌에 살지만 우리 잔디밭에 신경 안 쓰면 잡풀이 날아와서 난리가 나는데, 어떻게 골프장의 그 넓은 면적에 민들레라든지, 질경이 같은 것들이 뿌리를 깊게 박는 게 한 개도 없느냐는 거지. 그건 맹독성 약을 뿌렸기 때문이에요.

우석훈 그리고 이건 여기서 처음 하는 이야기인데, 두더지가 없잖아요.

두더지한테는 그린이 잔디도 있고 살기에도 좋으니까 완전히 뉴타운이거든요. 그런데 두더지가 없다는 건, 거기 포유류용 독을 친다는 거죠. 두더지가 있으면 그린이 그렇게 생겼을 리가 없잖아요.

김미화 맞아요. 우리 집 마당이 두더지 천지인데, 땅 밑이 울퉁불퉁해서 밟으면 푹푹 꺼져요.

우석훈 그래서 이런 문제들을 찾아내려는데, 골프장이 사유지라서 문제예요. 환경부에서 1년에 한두 번쯤 검사를 하러 가는데, 문을 열어주지 않을까 봐 검사하는 날을 아예 알려주고 가요. 그렇게 해도 절반 정도 걸린대요. 그러니까 불시에 검사하러 가면 100% 다 걸리겠죠.

김미화 걸리면 벌금이 있나요? 벌금도 적을 것 같은데요.

선대인 벌금도 많이 내지 않고 거기다 관리 감독하는 관청 공무원이 늘 거기 골프를 치러 가고 부킹 특혜도 받아요. 검사 일정도 며칠 전에 알려주면 다 치워놓죠. 물로 씻어내서 최대한 농약을 치지 않은 장소를 실효조사하는 거죠.

우석훈 그래서 할아버지들이 골프 치는 건 모르겠지만, 가임여성이 골프장에 가는 것에 대해서는 사실 환기를 해줘야 해요. 기형아를 낳을지도 모르는 일이니까요. 원래 스코틀랜드에는 목초지가 있어서 자연스러운 거였는데, 한국에는 그런 목초지도 없고…….

김미화 원래 골프가 스코틀랜드에서 하던 운동인가요?

선대인 예. 거기는 1년 내내 기후가 온화해서, 스코틀랜드에 있는 잔디들은 농약을 따로 치지 않아도 관리가 돼요. 그런 잔디를 한국에 가져와서 심으면 농약을 치지 않고는 관리가 되지 않는 거예요. 그래서 이게 가장 심각한 문제 중 하나인데, 농약이 하도 많이 묻어 있으니까 그

잔디를 처리할 때 산업폐기물로 처리해요. 일반적인 풀 버리듯 하는 게 아니고 산업폐기물로 분류해서 버리는데, 사람들이 그걸 몰라요.

우석훈 제초제가 농약보다 훨씬 위험한 건데, 농민이 가끔 자살을 시도하잖아요. 농약을 먹은 농민은 90% 이상 위세척을 해서 살린다고 하더라고요. 그런데 그라목손이라는 제초제를 먹은 사람은 한 명도 살리지 못했대요. 의사들도 이런 내용을 아는 사람들은 골프장에 안 가거든요. 엔지니어들도 약품 다루는 사람들은 내용을 아니까 안 가요. 제일 불쌍한 건, 골프 좋아하는 의사들한테 골프 치료 처방을 받는 디스크 환자들이에요. 이런 경우는 진짜 문제가 되는 거죠. 이 환자는 전혀 골프를 칠 마음이 없었는데 의사가 가라고 해서 간 거잖아요. 만약 재수 없게 병에 걸리면 문제죠.

김미화 아까 제초제 피해 이야기하면서 가임여성만 이야기했잖아요?

우석훈 일단 기형아를 낳게 될 확률이 있죠.

김미화 그러면 가임시킬 수 있는 남성은 어떠냐는 것도 생각해봐야죠.

우석훈 마찬가지죠.

김미화 그렇죠, 정자에 문제가 생길 수 있죠. 잔디를 밟으면 제초제의 맹독 성분이 먼지를 통해 호흡기로 들어온단 말이에요.

우석훈 캐디 보건 문제도 있어요.

선대인 하루 종일 거기서 사는 사람들이니까요.

김용민 농약을 뿌리지 않으면 안 됩니까?

선대인 잔디 상태가 유지가 안 되죠.

우석훈 지금까지 논쟁을 많이 해서, 필드 같은 경우는 조금 개선이 되었는데, 맨 마지막 홀의 그린은 방법이 없다는 거예요. 그린은 깨끗해야 하니까. 그린 위에서 손으로 잔디 만지고들 하는데, 그건 진짜 위험해요. 골프장을 자꾸 만들려는 사람들이 이런 이야기를 하지 않아요. 피해자는 어딘가에 있는데 문제를 감추기만 하는 거죠. 문제는 피해자가 골프장에서 피해를 입었는지 입증하기 어렵다는 거예요. 예를 들어 아이를 갖지 못하는데, 그게 골프장 탓인지 아닌지 입증하기 어려운 상태에서 그냥 방치되는 거죠.

골프장 건설이 '한국형 뉴딜'이라고?

김미화 강원도나 경기도 일대에 많은 골프장이 있는데, 어떻게 해야 하는 건가요?

우석훈 일단 골프장은 노무현 정부 이후로 많이 생겼어요. 여기서도 모피아가 원흉인데, 제가 추정하기로는 한국 모피아의 대부가 이헌재 씨예요. 외환은행 사건도 이분의 작품일 거라고 추정해요. 이헌재 씨의 2004년도 작품이 '한국형 뉴딜'인데, 골프장을 190개에서 200개쯤 만드는 것이 한국 경제가 사는 길이라는 주장이었죠. 그때 마침 이해찬 총리가 골프를 정말 좋아하던 분이었고요.

김미화 골프 중독인 사람이 한 둘입니까.

선대인 국토해양부장관이었던 강동석 씨는 경기를 살리기 위해서 골프장을 200개가 아니라 2천 개라도 지어야 한다고 했어요. 황당하죠. 한 나라의 경제 정책이라는 게 어떻게 골프장 때려짓는 거냐고요.

우석훈 골프장 문제로 보면 사실 진보와 보수가 잘 나눠지지 않아요. 유시민 대표 같은 경우도 새만금에 골프장 500홀 만들어놓으면 해결된다고 그랬거든요. 그러다 보니까 오히려 진보 정부 때 골프장을 짓자고 해서, 지금까지 그 기조가 이어져 오는 거죠.

선대인 사실 토건 패러다임에 대해서는 한 번도 정권 교체가 된 적이 없어요. 많은 사람들이 노무현 정부 때 이런 정책들이 나와서 추진되었다는 건 잘 상상하지 못하는데, 사실 그때 굉장히 시끄러웠어요. 정부에서 경제 정책이라고 내놓는 게, 골프장 무더기로 지으면 내수가 활성화되고 경기부양이 이루어진다는 거였으니까요.

우석훈 그게 '한국형 뉴딜'이라는 거죠. 선대인 씨하고 저하고 처음 일을 같이했던 것도 골프장 때문이었어요.

김미화 그때 둘이 뭐 하고 있었나요?

선대인 이 방송 준비하면서 제가 〈미디어다음〉에 있을 때 썼던 기사를 찾아봤어요. 골프장 관련해서 그 문제 때문에 2주 가까이 심층취재를 하고 굉장히 장문의 기사들을 연재했었거든요. 그때 자료를 찾다 보니까 우석훈 박사님 이름이 나오더라고요. 당시에 초록정치연대 정책실장이었는데, 가로 열고 경제학박사라고 되어 있고요.

우석훈 그때 열심히 싸웠죠.

김미화 두 사람이 열심히 싸우던 박사들이구나. 그래서 오늘 결실로 나타나는 거네요?

우석훈 모피아가 경제를 살리는 수단으로 토건, 골프장을 잡은 거죠. 노무현 정부 때는 굉장히 잘할 거라고 기대를 했었는데, 사실상 그 사람들이 골프장으로 우리나라 경제를 살린다고 하다가 지금처럼 완전히 망가진 거예요.

김미화 경제 모피아가 골프장을 만들면 자기들한테 뭐가 좋은가요?

우석훈 일단 돈이 돌잖아요.

선대인 당장 반짝하는 경기부양 효과가 생긴다는 거예요.

우석훈 일종의 모르핀 같은 거죠.

선대인 이게 기본적으로는 건설산업이니까요.

우석훈 일본도 똑같은 짓을 했어요. 일본의 곳간이라는 대장성이라는 데가 지금 우리나라 기획재정부 같은 곳인데, 21세기에 들어와서 접대 사건이 생기면서 결국 대장성을 없애버렸어요. 우리식으로 하면 토건과의 고리를 끊기 위해서 기획재정부를 없애버린 거죠.

선대인 없앴다기보다는 두 개로 나눠버렸죠.

골프 접대, 골프 뇌물에 골프 회의까지

NEWS

아나운서 1 삼화저축은행으로부터 뇌물을 받은 혐의로 김장호 금융감독원 부원장보를 불구속 기소했습니다. 골프 접대와 백화점 상품권…….

아나운서 2 부산저축은행 로비스트 박태규 씨가 입을 열기 시작했습니다. 출국 금지된 김두우 전 청와대 수석에게 1억여 원의 금품을 건넸다는…….

기자 수도권의 최고급 골프장에서 여러 차례 골프 접대도 했다는 겁니다.

아나운서 3 국세청 현직 간부가 유흥업소 업주가 세금을 피할 수 있도록 도와주고 그 대가로 뇌물과 성 접대를 받은 사실이 포착됐습니다.

기자 시 서기관은 2005년 9월과 2007년 12월 두 차례 업주 최씨와 필리핀 골프여행을 떠나 현지 여성들을 상대로 성매매를 했고.

아나운서 4 국무총리실이 골프 접대를 받았다는 의혹이 제기된 경남 지역 기관장들에 대해서 직위해제하고 중징계 조치를 내릴 것을 지시했습니다.

기자 국무총리실은 골프 접대를 받았다는 의혹이 제기된 이윤우 경남지방경찰청장과 이인구 국정원 경남지부장, 김태교 육군 39사단장 등 세 명에 대해 직위해제한 뒤 중징계 조치를 취하라고…….

김미화 골프 접대 사건이라면 우리나라도 어마어마하잖아요? 관계, 법조계, 학계, 언론계 다 통틀어서 골프 접대 사건이 늘 뉴스 맨 윗자리에 놓이고, 심지어는 수해 골프 같은 것도 있고요.

선대인 김진표도 수해 일어나기 전에 〈조선일보〉 사장하고 골프 쳤다가 여론의 질타를 받으니까 기사 빼달라고 난리치고 그랬었죠.

김미화 나는 수해 골프 중에 최대의 압권은 이거라고 생각해요. 한나라당 박혁규 의원이 2002년에 광주시 한 골프장에서 골프대회를 개최했는데, 그때 태풍 루사가 한반도를 강타했어요. 그래서 지자체들은 지역축제며 문화행사며 다 취소하던 때였는데, 이분이 골프대회 이름을 뭐라고 지었는지 알아요? 이거 보고 뒤집어졌네. 태풍 루사가 한반도를 강타했을 때, '국회의원배 수재민돕기 자선골프대회'라는 이름으로 골프대회를 진행했다는군요.

선대인 진짜 생 지랄을 한다.

김미화 그런데 수재의연금은 2백만 원 정도 냈고, 골프대회 개최비용은 2천만 원 이상 들었다는 거예요. 이건 진짜 히트더라.

우석훈 김대중 정부 때까지는 고위공직자는 골프를 못 치게 했어요. 민간인이야 자기 돈 가지고 치든 말든 모르겠는데, 공무원은 못 치게 했죠. 그런데 노무현 정부 때 그걸 풀어준 거예요.

작년에 이런 일이 있었어요. 제가 예전에 총리실에서 같이 일했던 사람들하고 이야기를 했는데, 이 친구들이 골프를 치지 않았는데 과장이 되면서 치더라고요. 그래서 "너 왜 골프 치냐, 이 개새끼야" 그랬더니, 자기네 국장이랑 실장이 아침에 골프장에서 업무지시를 한다는 거예요. 총리실에서 업무지시를 받으려면 골프를 안 칠 수가 없다는 거예요. 그러니 나라가 이 모양이죠. 이러다 골프 때문에 나라 망하겠다는 생각이 들더라니까요.

선대인 제가 골프장 문제를 취재할 때 알았던 골프장 내부의 비리라든지 음습한 상황에 대해서 이야기를 좀 할게요. 일단 부킹 특혜라는 게 있어요. 일반인은 회원권을 가지고 있어도 부킹을 하려면 엄청나게 어렵거든요. 왜 어렵냐면, 기본적으로 골프장에서 이른바 주말 황금시간대는 다 비워놔요. 이미 다 찼다고 하고 오픈을 하는 거예요. 정관계 인사라든지, 인허가 관청이라든지, 보건복지부, 환경부, 경찰서, 세무서, 소방서까지 다 걸리거든요. 검찰, 경찰, 심지어 시군구 의원까지 다 골프장에 오니까 황금시간대를 다 비워놓는 거죠. 그런 식으로 하다 보니 주말 황금시간대에는 늘 부킹 전쟁이 일어나는 거예요. 그리고 갑자기 들어오는 경우도 있어요. 골프 부킹을 해줘야 하는데, 앞뒤로 차 있으면 슬며시 끼워 넣어요. 그래서 골프를 한참 치는데 뒷손님들이 와서 재촉하는 경우는 대부분 이런 식으로 접대성 골프 부킹을 중간에 끼워 넣은 거예요. 그다음에 대통령 골프라는 게 있어요. 정말 고위급 인사가 왔을 때, 특대우를 해줘야 하는 사람한테 아예 앞뒤로 티업하는 걸 다 비워놓아요. 그래놓고 이 양반들은 느긋하게 신나게 치고 가는 거죠.

김미화 그래서 삼성장학생이라는 말도 있고, 그런 분들이 다 그런 식으로 접대를 받는 거지.

선대인 삼성 같은 경우는 아예 자기네 골프장이 있잖아요. 재벌은 자체 골프장을 이용하거든요. 간부들이 치기도 하지만 언론계라든지 정관계 쪽에 로비하는 사람들은 다 그런 식으로 접대해요.

- 이상 7회(2012년 1월 11일 방송)

개발주의와 부패의 온상

지자체와 업자들의 한탕주의에 나라만 '골병'

우석훈 골프장을 자꾸 만드는 이유는 떼돈을 벌 수 있기 때문에 그래요. 맹지盲地라는 게 있거든요.

김미화 도로가 없는 땅을 맹지라고 하지.

우석훈 이렇게 길이 전혀 접하지 않은 곳은 되게 싸요. 그런데 골프장을 만들면 골프장에 진입로가 생기잖아요. 그러니까 맹지였던 땅이 도로에 접한 땅이 되거든요.

김미화 값이 확 뛰어버리는구나.

우석훈 예. 그러니까 그 인근에 땅이 있는 사람들은 장사를 하는 건데, 사실 골프장을 운영할 때는 돈을 못 벌어요. 돈 있는 사람들이 점점 줄어들거든요. 실제로도 골프회원권 가격은 떨어지고요. 예를 들어 망할 것 같으면 공장을 안 짓잖아요. 그런데 골프장은 계속 지어요. 맹지

때 이미 돈을 빼고, 거기다 이게 자연경관지역 같은 곳을 다 풀어놓은 거니까 골프장이 망하면 거기다 아파트를 지으면 또 돈을 버는 거죠.

김미화 자연경관지역이라고 하니까 제주도 강정마을도 생각나는데요. 제주도에 골프장이 엄청나게 많잖아요.

우석훈 노무현 정부 때 골프장이 제일 많이 들어선 곳이 제주도인데, 제일 심각한 것이 식수 문제예요. 제주도는 육지와 달라서 지하수가 연결되어 있거든요. 용탈이라고 하는데, 지형 때문에 논에서 물이 솟아 나오는 곳들이 있어요. 거기에 농약이랑 제초제가 들어가면 제주도 전체가 망하는 거죠.

선대인 이 식수 문제가 얼마나 심각하냐면, 골프장 한 군데에서 쓰는 물의 양이 한 달에 8만 톤 정도가 되기도 해요. 8만 톤이면 제주도의 3천~4천 가구가 한 달 동안 쓰는 물의 양하고 똑같아요. 그만큼 엄청난 물을 써대는 거죠. 그런데 제주도는 지하수를 퍼서 쓰게 되니까, 식수 고갈이 계속 일어나는 거죠.

김미화 제주도만 문제가 아니라, 다른 곳도 그래요. 경기도에 있는 우리 집도 우물이라니까요.

우석훈 그런 곳들도 위험하죠.

선대인 그러니까 우물물 마시고 편하게 식수를 쓰다가, 골프장이 들어선 지역에서는 물이 올라오지 않으니까 집집마다 양수기를 사요. 그러다가 안 돼서 멀리 떨어진 한강물을 끌어다 마시는 거죠.

김미화 우리가 지금 수돗물도 안심을 못해서 안 먹는 판에.

우석훈 김문수 같은 사람들이 주장하는 게 뭐냐면, 골프장이 생기면 세금이 더 들어오니까 지자체에 세수가 생긴다는 거예요. 18홀당 1.5억 원에서 2억 원 정도 받아요. 그런데 골프장이 들어서면 물 때문에 민원이 생기죠. 그 문제를 지자체에서 해결해줘야 하니까 그 돈은 5억, 6억 원이 더 들어가는 거예요. 그러니까 골프장이 들어서면 세수가 늘어나는 게 아니라 오히려 줄어요.

선대인 지자체 입장에서는 당장 취득세, 등록세, 재산세 이런 거 조금 더 생긴다고 살을 파먹는 거죠.

우석훈 민원 처리하다 보면 돈이 엄청나게 들거든요.

김미화 유기농 농산물에도 문제가 생기겠네요?

우석훈 그렇죠. 친환경인증을 받으려면 3년 혹은 5년 동안 농약을 치지 않아야 하거든요. 그렇게 해서 인증 받고 겨우 가격을 비싸게 받는 건데, 옆에 골프장 있으면 농약이 마구 날아오니까 망하는 거죠. 그래서 농민하고도 갈등이 심합니다.

선대인 이야기가 조금 돌아가지만, 2004년에 왜 이렇게 골프장을 무더기로 짓게 됐는지 배경을 좀 이야기해야 해요. 기본적으로는 골프장도 부동산 정책이고 토건 정책이었어요. 노무현 정부 들어서고 나서 2003년 10월쯤에 부동산 대책을 내놓았거든요. 정책 내놓고 나서 일정하게 부동산 가격이 떨어지기 시작했어요. 그러자 2004년 되면서 부동산 가격 떨어진다, 건설업체들 못살겠다, 이대로 가면 일본처럼 난리난다는 식으로 협박을 하기 시작했죠. 그러면서 아까 이야기했던 이헌재 재정경제부장관, 강동석 건설교통부장관, 이런 모피아 토건족 장관이 나서서 군불을 때기 시작한 거예요. 추진할 때는 늘 이거 하면 경제효과 20조 원이 생겨난다, 고용 창출 효과가 10만 명이 넘는다, 이렇게 온갖 뻥을 다 쳤는데, 실제로는 그런 효과가 전혀 안 나타난 거죠.

우석훈 경제효과는 나타나지 않고 있는 놈만 부자가 되는 거예요. 그리고 공동체 파괴 현상도 심각해요. 골프장을 만드는 동네에서 업자가 주민의 절반을 매수해서 찬성파와 반대파로 가르고 3~4년 동안 싸움을 하거든요. 그래야 골프장을 운영할 때 주민이 단결하지 못한다는 거예요. 순순히 해줄 때도 찬성파와 반대파로 나누거든요. 그러니까 한 번 골프장이 들어선 동네는 영원히 인심이 안 좋고 민심이 흉흉하게 돼요. 골프장 있는 동네는 살기가 정말 어려워지는 거죠.

골프장에서 대체 무슨 짓들을 하는 거야?

김미화 접대 골프와 관련한 기사가 넘쳐나네요. 김경환 전 법무부장관이 부산저축은행 로비스트 박태규 씨하고 자주 통화하고 함께 골프 친 걸로 확인되었다는 기사도 있고, 지방 일간지 기자들이 관공서가 시행하는 공사에 특정 업체 제품이 납품될 수 있도록 편의를 제공해주고 그 업체에서 수천만 원을 받고 골프 접대 받았다는 기사도 있네요. 공무원, 지방 공기업 직원 무더기 적발, 국립대 총장 선거의 해외 골프 접대 기사도 있고, 한불제약 의약품 처방 판매를 위해서 152개 병의원 약국에 현금, 상품권 제공하고 수금 할인, 회식 골프·접대. 우리금융지주 회장님, 전현직 고위 임원이 수년 동안 자회사에 수억 원짜리 골프회원권 편법으로 사용한 사실까지 말이에요.

선대인 골프장이 뇌물 전달과 로비의 온상 같은 곳이에요. 몇 년 전에 취재했을 때 내기골프를 전문적으로 쳐주는 사람을 만났거든요. 골프를 통해서 뇌물을 전달하는 건데, 술상무 비슷하게 골프상무를 봐주는 사람이에요.

김용민 고스톱 같은 경우도 어느 정도 이상이면 도박이 되지 않습니까? 내기골프도 그런 기준이 있습니까?

선대인 내기골프는 뇌물로 안 잡혀요. 왜냐하면 현장에서 돈을 건네는 게 아니라, 카지노처럼 칩으로 주거든요. 예를 들어 어떤 하청업체가 건설사업을 수주받기 위해서 뇌물로 몇 억 원을 주고 싶은데, 그걸 직접 전달하면 뇌물로 걸리니까, 내기골프를 쳐주는 전문 선수를 고용해서 내기골프를 하는 거예요. 고용된 전문 선수는 한 번 라운딩하는 데 200만 원을 받아요. 그리고 점당 1천 원으로 해서 18홀을 뛰고, 보통 3천만 원에서 5천만 원까지 져주는 거죠. 제가 만났던 사람은 최대 2억 원까지 져줬다고 하더라고요. 이러면 사실 2억 원을 뇌물로 전달하는 건데, 그냥 내기골프라는 포장을 한 거죠.

우석훈 대기업 특혜 문제도 있어요. 사실 지금처럼 골프 붐을 만든 사람이 이건희 회장이거든요. 현대나 삼성 포함해서 대부분 기업의 모기업 혹은 기본 기업이 부동산 관리회사예요. 삼성은 에버랜드가 그렇죠. 거기에 돈이 많아야 이게 지주회사 역할을 하면서 검은 돈도 만들고 나쁜 짓도 하거든요. 그러니까 그 회사들이 검은 돈을 만질 수 있게 골프장 특혜를 주는 거죠. 현대건설 같은 데도 많이 하고, 삼성은 에버랜드가 하죠. 그러니까 이쪽에 돈이 막 들어가다 보면 돈세탁도 쉬워지고. 하여간 모회사가 뒷돈 만드는 장치로 골프장 특혜를 받는 거예요.

선대인 거기서 로비해서 이권사업도 따내고.

우석훈 하여간 우리나라 대기업은 기술개발은 하지 않고 골프장 만들고 골프 개발하는 쪽으로 나아가고 있어요.

선대인 골프장을 경제 정책의 관점에서 보면, 정부가 내세웠던 것 중에 일자리 창출이라는 게 컸어요. 그런데 일자리가 진짜로 창출이 되느냐면, 골프장 18홀짜리 하나 만들면 고용 인원이 대략 150명에서 200명 정도 생기는데, 그중에 정규직은 50명도 채 안 돼요. 나머지 100명에서 150명은 다 비정규직이에요. 클럽하우스나 카운터 보는 사람들, 또 캐디 이런 분들이거든요. 그리고 지역 경제를 활성화한다는데 사람들은 와서 그냥 골프장 안에 있어요. 골프장 안의 게스트하우스에 모든 게 있잖아요. 그 안에서 음식도 먹고, 술도 마시고 끝나버리는 거예요.

김미화 거기서 떨어지는 떡고물이 없죠.

우석훈 골프장이 그렇게 지역 경제에 도움이 되면, 용인은 대학교 등록금 무상지원해줬어야 할 거예요. 그 정도는 돼야 지역에 돈이 되는 거 아닌가요?

김미화 당연하지. 그런 걸 우리가 추진하자. 골프장이 많은 지역은 그 회사에서 대학생들 등록금을 내라고.

우석훈 그 지역에 있는 사람들은 농약이나 제초제 등 여러 가지 피해를 보는 거잖아요. 거기다가 교통 혼잡도 일어나요.

김미화 그런데 그런 건 누가 신고를 안 하나, 왜 그렇게 되는 거죠?

우석훈 상위 1%는 잘 단결하는데, 하위 99%는 단결을 못하잖아요. 골프 치는 2.7%는 자기들끼리 엄청 단결하거든요. 그런데 골프 치지 않는 사람들은 사실 별로 신경 안 써요.

제주도 말아먹고 이제는 강원도로

김미화 강원도에 최문순 도지사님 계시잖아요. 최문순 도지사는 골프장에 대해서 어떤 의견을 가지고 계신 건가요?

우석훈 지금 아주 곤란한 문제들이 있어요. 강원도에 골프장이 49곳이고 새로 짓겠다는 게 37곳이에요. 최문순 지사는 선거할 때 골프장 문제에 대해서는 최대한 고민을 해보겠다고 하셨어요. 그런데 지금 전혀 고려가 되지 않아서 고령의 어르신들이 50일 넘게 농성 중이에요. 또 하나 큰 문제는 토지 수용 부분인데, 수용이라는 건 국가가 무슨 일을 할 때 집을 빼앗는 거예요. 뉴타운 같은 거 할 때 빼앗듯이. 그런데 골프는 진짜 성격이 나쁜 게, 민간 사업자한테 토지수용권을 준 거예요. 팔고 싶지 않은 데도, 업자가 빼앗아 갈 수 있게 해놓은 거죠. 그래서 지금 이게 헌법재판소까지 가서 위헌 판정을 받았어요. 그런데 허가는 그전에 났다는 거지요. 속도를 조금 늦추면서 이것저것 해줘야 하는데, 최문순 도지사께서 신경을 잘 써주지 않는다는 게 주민의 불만입니다.

김미화 도지사님이 신경 많이 써주실 것 같았는데, 동계올림픽만 신경 쓰시나?

우석훈 돈이 거미줄처럼 얽혀 있어서, 공무원 중에 어디서부터 어디까지가 나의 측근인지 알 수가 없는 거예요.

김미화 최문순 도지사가 강원도지사로 가기 전에 이미 이 일이 벌어져 있어서 해결을 못하는 건가요, 아니면 지금부터 해결할 수 있는데 해결을 안 하시는 건가요?

우석훈 두 가지 다 있는 거 같아요. 몇 곳은 이미 시작된 거니까 중간에 중단시켜야 하는데 아직 못하시는 것 같고, 요 몇 달 동안 9곳이 이미 새롭게 완공되었다는 거예요. 계속 빠르게 진행되는 거라서…… 이게 한동안 제주도에서 이러다가, 제주도가 다 차니까 그 자본이나 기술이 강원도로 간 거예요.

김미화 동계올림픽 때문에 업자들이 더 그럴지도 몰라.

우석훈 순전히 메뚜기 떼 같은 거예요. 한쪽에서 뜯어먹고 다 뜯어먹으면 다른 곳으로 몰려가고 해요.

김미화 그런데 일부 도민은 골프장 건설에 찬성하는 쪽도 있을 거 아닙니까? 우리 옆 동네 송전탑 들어온 것처럼.

우석훈 늘 반반이에요. 찬성 반, 반대 반이죠.

김미화 그렇게 반대하는 입장하고 찬성하는 입장을 도지사 혼자서 아우를 수 있나요?

우석훈 법 절차만 잘 지켜도 되죠. 골프장 만들면서 멸종보호종에 속하는 희귀동물 죽고 습지 없어지고 하니까, 환경영향평가 같은 거 정상적으로 받아보면 대부분 다 문제가 되거든요.

선대인 환경영향평가를 받아도 문제예요. 이 사람들이 자연녹지도를 조작하는 방법을 자주 써요. 원래 골프장은 자연녹지도가 8등급이면 들어서지 못하게 되어 있어요. 자연녹지도 8등급이라는 건 20년에서 50년 정도 수령이 된 나무들이 있을 때 등급이거든요. 그런데 용역하는 업체들이 환경영향평가를 통과시켜줘야 개발업자들한테 계약금을 받으니까, 환경영향평가에서 녹지자연도 등급을 항상 7등급으로 낮춰버려요. 희귀 멸종동물이 있어도 없다고 해버리고. 그런 식으로

야금야금 국토 강산을 파먹는 거죠.

우석훈 2011년 12월에 희망버스의 연장으로 생명버스가 강원도에 간 적이 있고, 조만간 또 가는 걸로 알고 있어요. 강원도지사가 바뀌었으면 골프장 같은 문제에 대해서는 다시 한 번 고민할 시간이 있어야죠. 그렇게 해서 우리한테 도움이 되는 게 뭔지, 그런 부분 한번쯤 고민을 해봐야 할 것 같아요.

김미화 개인적으로 최문순 도지사님 좋아하는데, 이런 문제에 대해서 여러 사람들과 깊게 대화를 나눴으면 좋겠네요.

선대인 좀 더 길게 보면 이렇습니다. 저는 골프장 건설이 '지자체판 한 방 신화' 같은 거라고 봐요. 경제라는 건 건전하고 지속 가능한 구조를 차근차근 만들어나가야 하는 것이고, 거기 사는 사람들이 잘 먹고 잘 사는 생태계를 만들어야 하잖아요? 그런데 아직도 1980년대처럼 큰 개발 사업 하나 따내는 식으로 세수를 올릴 수 있다느니, 지역 경제 활성화에 도움이 된다느니 하면서 골프장을 자꾸 때려짓는 거죠. 개발 사업이라는 것들도 대부분 실패했잖아요? 이런 관행을 이제는 끊어야 해요.

김미화 우리가 지난번에도 이야기했지만 평창 동계올림픽을 하는 그 짧은 기간을 위해서 KTX를 놓겠다는 거 아닙니까?

선대인 말도 안 되죠. 한 달 행사 하는 데 9조 원짜리 KTX 놓는 게 말이 되나요? 2004년에 골프장 정책 내놓았을 때도 전라남도 영암 같은 데다 골프특구를 만들겠다고 했어요.

우석훈 진짜 기가 막혀서. 해안선을 골프장으로 돌리자는 거예요. 그러면 전남이 엄청 잘산다면서요. 잘살긴 뭘 잘살아.

선대인 그게 잘 안 되니까 나온 게 F1 그랑프리 대회잖아요. 그 대회 개최하면 지역 경제가 살아날 것처럼 굴더니, 지금 벌써 수천억 원대 빚더미에 앉았어요. 이게 뭐 하는 짓이냐고요. 거기다 중앙정부에서는 그때 대회 합리화해준다면서 기업도시라는 걸 막 만들었는데, 그중에는 관광레저골프도시라는 것도 있어요.

김미화 이제 개발한다는 이야기만 들어도 지겨워요. 강 다 파헤치고 뭐 하는 건지.

우석훈 제가 이 싸움을 10년을 했는데 이긴 적이 거의 없어요.

김미화 이긴 적이 없지. 왜냐하면 그거 해서 돈 벌 사람들이 아주 악착같이 덤벼들 테니까. 평창 동계올림픽도 강원도민 여러분이 그렇게 즐거워하시고 기뻐하시니까 별로 드릴 말씀은 없는데, 한편으로 생각해보면, 내가 가진 자원이나 자연이 한번 망가지면 다시는 회복되지 않는 건데, 길게 보면 그런 자연을 가지고 있는 게 사실은 돈이 된다고요. 그런데 그걸 다 뭉개고 거기다 슬로프를 놓고 하지 않습니까? 지금 다른 나라에서는 우리 동네에서 동계올림픽 하지 말라고 데모를 하잖아요?

선대인 동계올림픽의 경제효과는 사실은 길게 따져야 하는 문제인데, 잠깐만 이야기를 하죠. 현대경제연구원에서 동계올림픽의 경제효과가 64조 원이라고 했어요. 개뻥이에요. 일단 그중에 절반 정도가 건설투자효과인데, 건설 투자는 꼭 올림픽이 아니라 어떤 건설 투자를 해도 그 정도의 경제효과는 나오게 되어 있어요. 그다음에 관광효과가 굉장히 뛰어나다고 나오고, 10년 동안 몇 십조 원의 경제효과가 발생한다는데 이것도 말이 안 됩니다. 예를 들어서 2002년에 월드컵하고 부산 아시안게임을 동시에 했잖아요. 그때도 관광객이 늘지 않았어요. 한국의 관광 수입은 환율에 연동되는 거예요. 원화 값이 싸지면 우르르 들어왔다가 원화 값이 비싸지면 줄어들고요. 그거 말고는 거의 효과가 없어요. 그런데 그걸 막 수십조 원씩 된다고 뻥튀기는 거예요.

진보든 보수든 정권만 잡으면 골프 내각, 필드형 정부

선대인 저는 골프를 무조건 치면 안 된다 그런 건 아니에요. 미국에 있을 때는 저도 한 번 쳐보고 싶은 생각이 들더라고요. 기본적으로 비용이 싸서 내가 돈 내고 할 수 있고, 환경적으로 그렇게 위험하지 않고, 우리처럼 음성적인 로비나 뇌물수수 거래의 현장이 아니잖아요?

우석훈 미국은 공무원 규정이 강해서 접대 골프 치면 당장 잘려요.

선대인 그런 조건이라면 얼마든지 칠 수 있죠.

우석훈 진보라는 사람들이 정권을 잡았을 때, 그때 골프장이 더 커졌다는 사실은 정말 반성해야 할 거예요.

선대인 이건 정말 심각한 문제인데, 제가 아까 '개발 한 방'이라고 이야기했듯이 2004년에는 골프장이 부족해서 골프장 이용료가 비싸다느니 난리를 치고, 이제는 골프장 가는 사람도 계속 줄어서 골프장도 도산 조짐을 보이는 데도 있거든요. 이게 뭐 하는 짓이냐고요. 한때는 골프장 부족하다고 막 지어대고, 몇 년 지나니까 골프장 과잉이라고 도산 위기에 빠진다고 난리치고, 회원권 값 폭락하고, 어떻게 한 치 앞을 내다보지 못하냐고요.

김미화 일단은 위에 있는 분들이 솔선수범을 해줬으면 좋겠고, 골프 내각, 필드형 정부, 이런 얘기는 이제 듣기 싫어요.

우석훈 총리가 골프장에서 장관들 모아놓고 회의하면 어쩌자는 거예요?

김미화 그러니까 말입니다. 그런 데서 회의를 안 하겠다고 선언을 해도 시원찮을 마당에 말이죠.

- 이상 7회(2012년 1월 11일 방송)